MANAGEMENT
ACCOUNTING

テキスト管理会計

竹森一正・長岡　正
皆川芳輝・林　慶雲　［著］

創成社

はしがき

　この『テキスト管理会計』は，名古屋地域の大学において管理会計論を講義している私たち4名が自分たちの講義の教科書として共同執筆したものである（刊行の時点で長岡は札幌学院大学へ転出している）。当然ながら，独学で管理会計を勉強しようとする方々や資格・検定の受験生にも役立つ内容である。

　管理会計論は，会計学の科目群の一部なのに計算が少なく，簿記や原価計算との一貫性にとまどうことが多いと聞いている。経営学の科目群に属すると思われることもありえよう。しかし，公認会計士試験の試験科目に「管理会計論」が入っており，日本商工会議所の簿記検定の「工業簿記・原価計算」が管理会計論の範囲から出題されることが多々あるから，会計学の学習の一環として必要なことは事実である。私達は，学生諸君が他の会計科目との比較から受ける違和感を乗り越えて，管理会計論が企業経営および社会生活に重要なツールであることを理解して欲しいと願っている。

　現代社会においては知識が極度に専門化し細分化する傾向となっているために，本来は一体となって会計という領域を形成している管理会計と財務会計がまったく別の分野であるかのような感を呈している。財務会計は，金融商品取引法や会社法などの法律および金融庁審議会の答申や国際会計機関による基準などの制度会計を学習するため，会計が財務会計のことだと誤解してしまうことも無理のないところである。管理会計との広がりが大きくなってきた理由がこんなところにあるのかもしれない。

　一方，管理会計の実務では，ビジネス・モデルを中心とした方法が急速な進展をみせているために，CSR（企業の社会的責任），BSC（バランスト・スコアカード），TOC（制約理論），JIT（ジャストインタイム）およびABC（活動基準原価計算）等の新しいトピックを学ぶことが管理会計論を学ぶことと考える傾向が強くなっている。しかし，ビジネス・モデルを勉強することは管理会計論の学習の一部ではあっても，管理会計自体を理解することではない。むしろ，諺にい

う「視覚障害者の群れが象をなでて，ある人は壁，ある人は筒，ある人は巨大な円柱と断じた」という類の誤りに陥る可能性がある。

　ステークホルダー間の情報伝達機能および利害調整機能としての財務諸表の役割の追求が財務会計の永遠の課題であるのと同様に，会計情報による意思決定と業績評価という管理会計の役割は変わることがない。むしろ社会の不安定さが増し，企業経営の氷河期ともいうべき受難の時代に備えるためには，管理会計による不確実性への対処は時代の要請として重要性は増すばかりであろう。両者の共通項は情報目的に応じて会計情報を理解し利用することにある。

　財務会計は制度会計とかなりの部分で重なり合うために，財務会計論の体系は大学によっても担当教員によっても講義内容にさほどの大きな違いはない。財務会計は，企業が資本市場からの資金供給を適正に受けるために財務諸表によって会計情報のディスクロージャーを行い，株主総会を節とする経営情報および資本の循環を形成する。それに対して管理会計論は，制度会計と重なる部分が少なく，実態は企業経営における自己完結した情報循環として行われる。そのために会計情報のディスクロージャーの測定と伝達によって，企業の管理階層間に管理会計情報を循環させ，経営管理者による意思決定を節とする企業内における経営情報の循環を形成する。

　管理会計は，企業の経済原理を基礎とする経営管理活動を対象とするので，制度会計のような統一的なシナリオはなく，百人百様の管理会計が存在する。そのため，管理会計の定義，体系，講義対象とする計算の種類，その計算方法などは大学によってもまた担当教員によってもさまざまである。内部統制，原価計算，原価管理および財務管理との関連，また実務例を取り上げる範囲等についても同様である。ただし，管理会計が論者によってさまざまに展開されてはいても，いくつかの共通点がある。私達4名は，その共通点を中心として，さらに追加が望ましいとする分野を含めて管理会計論の講義領域について合意した。参考にしたのは，Horngren他共著『管理会計・原価計算』である。この著書は，22章構成であり，これらを，第Ⅰ部 管理会計と原価計算論の基本，第Ⅱ部 意思決定のための会計情報，第Ⅲ部 計画・予算統制システム，第Ⅳ部

経営統制システムと業績評価，第Ⅴ部 品質管理と時間管理と戦略的コスト・マネジメントの5部に編成している［Horngren, C.T. et al. 2002. *Management and Cost Accounting*, the second edition, London, United Kingdom：Pearson Education］。

私達は，この体系を参考にして，第Ⅰ部に第1・2・3・4・5章，第Ⅱ部に第6・7・11・12・13・15・16・17章，第Ⅲ部と第Ⅳ部に第8・9・10章，第Ⅴ部に第14・18・19・20・21章を相当させた。しかし，精緻に比較考察すると異なった配置や構成が考えられるかもしれない。

私達4名は，それぞれが互いに補完しつつ共同執筆に当たった。最近の大学で一般的となった前期15週，後期15週の年間合計30週の講義を順調に進めることができることを目的とした。当書により管理会計論の講義を行う場合，前期7～8章，後期7～8章を選び，1週目を該当章の講義を行い，2週目を復習と練習問題という組合せによって講義進行することを考えている。また，会計の科目は計算問題を解くものという意識も強いので，章末の練習問題にはなるべく計算問題を出したので利用されたい。

中部大学・竹森一正は，第1・2・3・7～14・20章，名古屋学院大学・皆川芳輝は，第4・5・6章，名古屋外国語大学・林慶雲は，第15・16・17章，札幌学院大学・長岡正は，第18・19・21章，をそれぞれ担当した。竹森は，委任された範囲内で文体統一および全体の調整を行った。

最後に，創成社出版部西田徹氏に心より感謝を表します。

2009年4月　世界へ発信する日本の中央・名古屋より

中部大学　　　　　竹森一正
名古屋学院大学　　皆川芳輝
名古屋外国語大学　林　慶雲
札幌学院大学　　　長岡　正

（章建掲出順）

注：管理会計は，実務での事例や研究で取り上げられている現象やテーマを指し，管理会計論は，大学の講義科目としての会計学の科目群の中の1科目を指している。

目　次

はしがき

第1章　管理会計の意義と体系 ―― 1
　第1節　イギリスにおける管理会計の生成 …………………… 1
　第2節　アメリカにおける管理会計の生成 …………………… 3
　第3節　アメリカ会計学会における管理会計の研究 ………… 4
　第4節　アメリカにおける管理会計の研究の推移 …………… 5
　第5節　管理会計の体系 ………………………………………… 8
　第6節　管理会計と原価計算 …………………………………… 9

第2章　経営分析（1）― 収益性 ― ―― 14
　第1節　経営分析における財務諸表の重要性 ………………… 14
　第2節　金融商品取引法 ………………………………………… 15
　第3節　会社法 …………………………………………………… 16
　第4節　財務諸表の構造 ………………………………………… 17
　第5節　収益性の分析 …………………………………………… 19

第3章　経営分析（2）― 流動性 ― ―― 25
　第1節　流動性分析の重要性 …………………………………… 25

第4章　短期利益計画とCVP分析 ―― 33
　第1節　短期利益計画の意義 …………………………………… 33
　第2節　短期利益計画の構造 …………………………………… 34
　第3節　短期利益計画のための会計情報 ……………………… 36
　第4節　損益分岐点分析 ………………………………………… 40

第 5 節　製品組合せの決定 ……………………………………… 42

第 5 章　直接原価計算と利益計画 ─────────── 50
第 1 節　直接原価計算の特徴 …………………………………… 50
第 2 節　直接原価計算と全部原価計算による営業利益 ……… 51
第 3 節　期末製品在庫の評価方法が及ぼす直接原価計算による営業利益への影響 ……………………………………… 54

第 6 章　振替価格 ──────────────────── 65
第 1 節　事業部制組織と内部振替価格 ………………………… 65
第 2 節　内部振替価格の設定方法 ……………………………… 67
第 3 節　国際振替価格 …………………………………………… 72

第 7 章　資金運用表による資金管理 ──────────── 81
第 1 節　資金管理の重要性 ……………………………………… 81
第 2 節　黒字倒産―利益計上期の資金不足 …………………… 82
第 3 節　資金循環における運転資金 …………………………… 83
第 4 節　資金運用表の作成 ……………………………………… 84

第 8 章　責任会計 ─────────────────── 94
第 1 節　責任会計の意義 ………………………………………… 94
第 2 節　責任会計における企業組織の分類 …………………… 95
第 3 節　責任会計における部門別損益計算書 ………………… 97
第 4 節　部門別損益計算書の計算例 …………………………… 99

第 9 章　予算管理とバランスト・スコアカード ─────── 106
第 1 節　予算管理の意義 ………………………………………… 106

第2節　ホーングレンによる予算管理 ································ 107
　　　第3節　バランスト・スコアカード ·································· 109
　　　第4節　医療経営におけるバランスト・スコアカード ········ 111

第10章　ゼロベース予算 ─────────────── 118
　　　第1節　ゼロベース予算の意義と背景 ···················· 118
　　　第2節　ゼロベース予算の特質 ·························· 119
　　　第3節　デシジョン・パッケージ ························ 122
　　　第4節　全社デシジョン・パッケージの採否 ············ 124
　　　第5節　ZBBの事例──アメリカ・バーチ社のZBABC── ······ 126

第11章　ORによる意思決定 ─────────────── 130
　　　第1節　ORによる意思決定の意義 ······················ 130
　　　第2節　期待ペイオフによる意思決定 ·················· 131
　　　第3節　シミュレーションによる意思決定 ············· 133

第12章　原価企画と生産管理 ─────────────── 143
　　　第1節　原価企画の意義 ································ 143
　　　第2節　原価企画の構造 ································ 146
　　　第3節　原価企画とカイゼン予算 ······················· 148

第13章　活動基準原価計算 ─────────────── 153
　　　第1節　活動基準原価計算の意義 ······················· 153
　　　第2節　ABCにおける製造間接費の計算例 ··············· 154
　　　第3節　ABCとABM ·· 157

第14章 ライフサイクル・コスティング ── 162
- 第1節 ライフサイクル・コスティングの意義と体系 ……… 162
- 第2節 ライフサイクル・コスティングの成立の背景 ……… 165
- 第3節 ライフサイクル・コストの割引計算 ……………… 167
- 第4節 ライフサイクル・コスティングと環境会計 ………… 168
- 第5節 ライフサイクル・コストの計算例 ………………… 171

第15章 原価予測 ── 182
- 第1節 原価予測の意義 …………………………………… 182
- 第2節 回帰分析法 ………………………………………… 184
- 第3節 決定係数と相関係数 ……………………………… 187

第16章 設備投資経済性計算 ── 190
- 第1節 企業経営と設備投資 ……………………………… 190
- 第2節 設備投資の経済的効果 …………………………… 191
- 第3節 経済効果の計算方法 ……………………………… 193
- 第4節 ケーススタディ …………………………………… 194

第17章 在庫管理 ── 201
- 第1節 在庫管理の意義 …………………………………… 201
- 第2節 EOQ分析 …………………………………………… 204

第18章 広告費の管理 ── 208
- 第1節 広告費管理の特徴 ………………………………… 208
- 第2節 広告費の予算管理 ………………………………… 211
- 第3節 広告費の効率管理 ………………………………… 212
- 第4節 広告費管理の課題 ………………………………… 214

第19章 物流コストの管理 ―――――――――――――217

第1節 物流コスト管理の特徴 ………………………………… 217
第2節 物流コスト管理のガイドライン ……………………… 220
第3節 物流コストの管理手法 ………………………………… 223
第4節 物流費管理の課題 ……………………………………… 224

第20章 研究開発費の管理 ―――――――――――――228

第1節 研究開発費の管理の重要性 …………………………… 228
第2節 研究開発財務会計 ……………………………………… 230
第3節 研究開発管理会計 ……………………………………… 232

第21章 環境コストの管理 ―――――――――――――241

第1節 環境マネジメントと環境会計 ………………………… 241
第2節 環境コストの意義と種類 ……………………………… 244
第3節 環境コストの管理手法 ………………………………… 246
第4節 環境コスト管理の課題 ………………………………… 247

索　引　251

第1章 管理会計の意義と体系

キーワード
チャールス・バベッジ，原価技術者，科学的管理法，管理会計人協会，管理会計委員会報告書，ウェルシュ，ホーングレン，原価計算基準，CSR，環境保全コスト

学習のポイント
◎管理会計は，産業革命時の多量生産から発生した。
◎アメリカ会計学会「管理会計委員会報告書」は，要注目である。
◎ウェルシュとホーングレンは管理会計に大きな影響を与えた。

第1節 イギリスにおける管理会計の生成

（1）イギリスの産業革命と管理会計

　16世紀のイギリスにおいて産業革命が始まった。その始まりは，繊維工業であったが，そのための織機を生産するための製鉄業，アメリカやインドなどの海外植民地からの原材料を運送する海運業，エネルギー源である石炭を輸送するための鉄道業というように，連鎖的に産業が急速に発展した。この時代には，流通販売業者が製造業を支配し，販売する商品のための生産を行っていた。明治時代にわが国でも財閥という形で現れたこの経営形態は，経営者の創意工夫が流通と生産に発揮されて大きな成功を収めることとなった。この時代の企業家は，マンチェスターのサミュエル・タチトにみられるように，利益追求を動機として，奴隷貿易，戦争商人，戦利品投機などのあらゆる事業に参画する問屋形商人であり，その一環として綿生産のための繊維工業が育成されていった［琴野孝（1965）『イギリス産業革命史研究』早稲田大学出版部，p.65］。商品フローの上流に位置する製造業は，下流の流通サイドからの要求によって生産し，

その手段としての生産設備と雇用者の確保を行い，事業運営の過程で必然的に管理技術としての標準原価計算および直接原価計算の基礎が形成された。会計は，このような状況のなかでそれまでの決算のための会計に加えて，経営管理のための会計も行うようになった。これが管理会計の始まりとなった。

（2）チャールス・バベッジの貢献

わが国で明治時代（19世紀後半から20世紀初頭）に始まった産業革命との違いは，時代が異なることもあるが，イギリスでは時には国家の利害と衝突しても民間企業家の利潤動機を基礎としたことがある。このほかに，経営管理を分析し能率を高めるよう提言する独立の専門家が存在したこともイギリス産業革命の特徴である。チャールス・バベッジは，後者の特徴を代表する人物であり，1832年の著書『機械および諸工場の経済について』（On the Economy of Machinery and Manufacturers）において，当時の主要産業であった繊維工業の中心的部品である紬糸用の針の製造に関して原価と時間の観点から工場の詳細な分析を行い，原価分析表を作成した。これには材料費と賃金に減価償却費も加えられ，作業分析による能率向上をめざす標準原価管理を発表している（バベッジは，最終的には綿生産の自動化をめざしてこのような提言を行っていたようであるが，この他にもすべての人間の作業を自動化する夢を持っていた。今日，コンピュータの原型とされている歯車の組合せにより自動計算する階差機関という機械を提案したことでも有名である）［佐藤正雄（1993）『原価管理の理論―管理会計へのコスト・アプローチ』同文舘，p.262。］（イギリスの産業革命期の管理会計については，佐藤正雄「研究ノート：チャールス・バベッジの原価管理思想（Ⅴ）―著書第Ⅰ部「生産技術からみた経営管理の研究（3）について―」『千葉商大論叢』第45巻第4号，2008年4月，pp.73-85を参照せよ）。

第2節　アメリカにおける管理会計の生成

（1）第一次世界大戦の戦後復興需要と管理会計

　アメリカにおいては，19世紀後半に起こった南北戦争の戦後復興が一段落した時期にヨーロッパを主戦場とする第1次世界大戦が起こった。戦時中のイギリスの兵器庫としての好況に加えて，戦後復興のためヨーロッパ中から大量の注文が行われ，製造企業が拡大と好況を極めた。これがアメリカにおける産業革命の始まりであった。急ごしらえでしかも急拡大した生産体制を円滑に管理するためにイギリスにおけるバベッジのような独立した原価技術者（Cost engineer）が台頭して，意思決定のための原価計算が普及することとなった。急速な需要拡大に対応するために連続多量生産があらゆる産業において導入されていた状況のなかで，管理技術としての原価計算が注目され，アメリカ中の経営者にとって，このための管理方法を整備することが急務となった。

（2）テーラーの貢献

　R・テーラーは，製鉄業などをはじめとする企業の生産現場を実地調査し，特にこの時代の代表的な経営スタイルであったフォード自動車の大量生産方式の生産管理方法を調査し，1911年に，製品原価，特に直接労務費の切下げを主とする原価引下げをまとめ，『科学的管理の原理』（*The Principles of Scientific Management*）を刊行した（同書がいわゆる『科学的管理法』である）。これによって，アメリカ式の標準原価管理が大幅に進展することとなり，VEの立場からの生産管理およびアメリカ経営学の端緒ともなった。

　生産技術の啓蒙のための団体もNACA（全米原価会計人協会＜National Association of Cost Accountants＞，後に全米会計人協会＜National Association of Accountants＞と名称変更し，現在は管理会計人協会＜Institute of Management Accountants＞となっている）などが続々と設立され，新しい生産管理方法の普及・啓蒙に貢献した。

(3) マッケンジーの『予算統制論』と大恐慌

　生産と利益のバランスを計画するために予算が重要視され，1919年にはシカゴ大学教授であるマッケンジー（J. O. McKinsey）が世界初の管理会計文献である『予算統制論』（Budgetary Control）を刊行した。

　1930年代には大恐慌といわれた不況が世界中をおおい，アメリカも例外ではなかった。不況を克服するためにいろいろな経営上の改革が行われ，今日まで通用する経営管理手法が考案された。H・L・ガントは，今日もガント・チャートとして使われている経営管理図表を提案し，直接材料費と直接労務費の他に製造間接費の存在を発見し，製品への配賦を提案している。

(4) 直接原価計算から管理会計へ

　また，製靴会社の経理部長であったJ・B・ハリスは，1936年に決算会計のための原価計算とはまったく異なって，原価を固定費と変動費に分解する直接原価計算を考案し，この考え方を用いて原価分析を行い，意思決定する方法を発表した。このほかに，ネッペルやヘスなどは，直接原価計算を応用して，売上高・固定費・変動費の組合せによる利益図表を発表し，今日の利益計画の基礎を形成している。このように管理会計の基礎が徐々に形成されていった。

　アメリカにおけるこのような予算統制および原価管理への関心の高まりが経営管理のツールをさらに発展させることとなった。1つひとつの現場の手法は，いかに優れたものであっても，その企業だけの思いつきにすぎないが，情報交換されて実務家と学会とのフィードバックを行う過程で知識的に整備洗練され，今日の管理会計といわれる領域が形成されるようになった。

第3節　アメリカ会計学会における管理会計の研究

(1) アメリカ会計学会の管理会計委員会

　1953年に朝鮮戦争が終わると，アメリカでは真の意味で第2次世界大戦の戦後復興が始まり，復興需要のため大規模な設備投資が行われ経済の急速な拡

大が行われた。戦前，ヨーロッパは世界の中心であったが戦争の災禍ですぐに立直ることはできず，アメリカは名実ともに世界の政治経済社会の中心となった。企業経営は大規模かつ複雑化し，単発的な経営管理手法を集めた管理会計から統一性ある体系だった知識としての管理会計が求められるようになり，アメリカ会計学会（American Accounting Association, AAA）は，1958年に学会内に組織した「管理会計委員会」から「1958年度管理会計委員会報告書」(The Statement of 1958 Committee on Management Accounting) を発表し，管理会計の定義と研究方向を提言した。同委員会は，1959年，1960年，1962年および1972年に管理会計委員会報告書を発表しており，今日にいたる管理会計研究のスタートラインとなった。

（2）管理会計委員会報告書にみる管理会計の定義

1958年委員会による管理会計の定義は次のとおりである（訳は，西澤脩(2007)『原価・管理会計論』中央経済社，p.22）。

> 管理会計とは，企業の歴史的および計画的な経済的資料を処理するにあたって，経営管理者が合理的な経済目的の達成計画を設定し，またこれらの諸目的を達成するために合う目的的な意思決定を行うのを援助するため，当該目的に適合した技術および概念を適用することである（"Report of Committee on Management Accounting," *The Accounting Review*, April 1959）。

この後，アメリカ会計学会は，1966年にASOBAT（『基礎的会計理論報告書』）を刊行して，情報適合性，情報普遍性，情報計量可能性，情報客観性，という会計情報基準を発表し，わが国学会に大きな影響を及ぼした（American Accounting Association. 1966. *A Statement of Basic Accounting Theory*）。

第4節　アメリカにおける管理会計の研究の推移

（1）G・A・ウェルシュ

ウェルシュは1957年に『予算管理―計画設定と統制』を刊行し，典型的な

包括的予算プログラムを展開することによる経営管理の基本的機能および各種計算方法を体系的に示した。なかでも，予算と原価との関連性および資本回収と利益管理のための利益図表の作成と解説は，わが国にも大きな影響を与えた（同著の原題は，Welsch, G. A. 1957. *Budgeting : Planning and Control*, Englewood Cliffs, NJ：Prentice Hall。わが国では日本生産性本部が1961年に諸井勝之助訳による『企業予算』として刊行した）。ウェルシュは，予算管理について次のように定義している。

　予算管理は本質的に経営管理のプロセスである。企業予算は，将来の一定期間におけるすべての活動領域を包含する計画であるとともに，それは1企業全体およびその企業の下位部門につきトップ・マネジメントによってあらかじめ設定された方針，計画，目的，および目標を公式に表現したものである。（同訳書，p.21）

（2）C・T・ホーングレン

　ホーングレンは1965年に『経営管理統制のための会計序説』を刊行し，管理会計の意義，体系および利益図表，直接原価計算，割引キャッシュ・フローなどの各種計算方法を示し，管理会計の完成された姿を示した（同著の原題は，Horngren, C. T.. 1965. *Accounting for Management Control : An Introduction.* Englewood Cliffs, NJ：Prentice Hall）。ホーングレンは2002年の『管理会計・原価計算』において，管理会計を次のように定義している（Horngren, C. T. et al. 2002. *Management and Cost Accounting.* London, United Kingdom：Pearson Education, pp.5-6.）。

　管理会計とは，組織目標を達成しようとする管理者を第一義的に援助することを意図して財務情報およびその他の種類の情報を測定し報告する会計である。管理会計の目的は，1．全社的戦略および長期計画を策定すること，2．製品，顧客重視および価格設定のような資源配分の意思決定を行うこと，3．営業行為および営業活動のための原価計画および原価統制を行うこと，4．従業員の業績測定および評価を行うことである。

（3）『コーラー会計学辞典』

同辞典では，管理会計を次のように解説している（Cooper, W.W. and Ijiri, Y.. 1983. *Kohler's Dictionary for Accountants*. sixth edition. Englewood Cliffs, NJ： Prentice Hall. p.316.）。

　　管理会計とは，組織の様々な管理レベルにおける情報ニーズおよび統制のために設計されたか，そのために適用された会計である。管理会計の用語は，精密に検討されたものではないが，企業体の経理部長が責任を負っている業務設計およびその送達のための内部報告を拡張するに当たって普遍的な参照に用いられるものである。製品の生産数量，その品質，変更を勘案中または組織改正すべき営業領域を対象とする特別報告書および，故障または推定される非能率に関する調査報告書は，公認会計士の補佐もよく行っている現在の経理部長が実施したいと希望している多岐にわたる活動を明らかにする。管理会計において強調されることは，経営意思決定の実行に関連付けることができ，またそうなるように仕向けることができる，迅速で，権威がある，完全な報告書である。

（4）管理会計の定義のまとめ

以上の論議およびアメリカ会計学会管理会計委員会の定義より，管理会計を次のような特質をもつ会計領域であると結論付けることができる。

　　管理会計とは，経営管理者がトップ・マネジメントの設定した目的を実現するための個別部門またはプロジェクトの組織目標を達成するにあたって，経理部門が中心となって財務情報およびその他の数値による情報を用いて，予算管理などの経営管理制度の枠内において，計画を策定し，資源配分の意思決定を行い，業績を測定・評価するために必要とされた情報ニーズを満たしかつ統制するために設計された内部報告システムである。

第5節　管理会計の体系

　管理会計は，はしがきで述べたように制度会計とは異なり，企業の経済原理を基として成立する会計であるために，体系についても制度的に確定されたものはない。しかし，図表1－1にみられるように管理会計の研究者および学会によってさまざまな体系が提案されてきた。

図表1－1　管理会計における経営機能

AAA (1966年)		ベイヤー (1963年)	ASOBAT (1966年)		マックファランド (1966年)	アンソニー (1977年)
計画	個別計画	意思決定	計画	非提携的	資本投資を伴う個別計画	戦略会計
	期間計画			提携的	製品別・市場別個別利益計画	マネジメント・コントロール（予算管理を中心とする）
統制		業績評価	統制	非提携的	予算の編成と統制	
				提携的		オペレーショナル・コントロール

出所：西澤脩（1988）『管理会計論』中央経済社，p.27

（1）AAA（アメリカ会計学会）は，個別計画と期間計画（プロジェクト・プランニングとピリオド・プランニング）と統制の2枠3区分の体系を提案した。
（2）R・ベイヤーは意思決定会計と業績評価会計の体系を提案した。
（3）AAAのASOBATは計画会計と統制会計の体系を提案した。
（4）マックファランドは個別計画と製品別・市場別個別計画と予算の編成と統制の2枠3区分の体系を提案した。
（5）アンソニーは戦略会計とマネジメント・コントロールとオペレーショナル・コントロールの2枠3区分の体系を提案した。

　現在，わが国では管理会計を意思決定会計と業績評価会計よりなるとする見解，または計画会計と統制会計よりなるとする見解の2つの体系論が主流となっている。当書では，意思決定会計と計画会計，業績評価会計と統制会計とい

う2つのグループ化により管理会計の体系を考える。特に経営機能としての予算管理を中心として考える場合に意思決定会計または計画会計が重視されるとの立場をとる。

第6節　管理会計と原価計算

(1) 原価計算の財務会計機能と管理会計機能

　公認会計士試験の科目に「管理会計論」があり，このなかに「原価計算」を含むとされている。しかし，原価計算は管理会計と重なる部分があっても，異なる領域である。かつては，出題科目に「原価計算」があり，「管理会計」が含まれていたことを思えば，実務上はこの2つを1つの領域として考えられていることになるが，その相違点について理解することは必要である。

　原価計算は，財務会計のための原価計算と管理会計のための原価計算と2つの領域がある。歴史的には前述のとおり，バベッジにみられるように管理会計は原価計算から始まっている。その後の産業の発展につれて，能率管理を目的とする標準原価計算や利益管理を目的とする直接原価計算のように少なくとも100年間は原価計算の発展が管理会計の発展に寄与していた。

(2) 財務会計としての原価計算

　現代社会では株式購入という手続を経由した出資による経営参加がよく行われており，金融投資の場としての資本市場における財務諸表のディスクロージャーの重要性は大きい。財務諸表の作成義務化は法制上で可能であるが，その構造および計算方法の細部については公認会計士協会や会計学会の見解が尊重される。そのなかで，損益計算書の重要部分である売上原価および営業費（わが国の販売費および一般管理費）はその項目の重要性からガイドラインが設けられ，決算の粉飾を阻止する努力が払われた。アメリカではCASB（原価計算基準審議会）により『原価計算基準』が，わが国では大蔵省（現在の財務省）企業会計審議会により『原価計算基準』が設けられた。

このように，国または国に準ずる公式機関のガイドラインにより行う原価計算が財務会計のための原価計算であり，正しい財務情報を投資家に提供することを目的とする。これは，投資家のための情報であるので，売上高から当期純利益に至る計算過程の公正さを増すことを目的としている。しかし，意思決定にこの原価情報をそのまま使うことは困難である。ある大手自動車メーカーは損益計算書の明細としての原価計算の内訳を「材料費￥XXX，労務費￥XXX，経費￥XXX」と記しているのみである。これは，損益計算書の売上原価の詳細を最低限のレベルでディスクローズはしているが，これではどのような管理会計階層であっても意思決定に使うことはできない。

（3）管理会計としての原価計算

　管理会計のための原価計算は，財務諸表の作成過程で得られた原価情報を貨幣価値と物量値を共に目的別に再計算して意思決定および業績評価に役立てる。わが国では原価情報は，製造原価は売上原価で表示されるから，目的にそうように原価情報を再集計する処理が必要となる。たとえば，材料費であれば，直接材料費と間接材料費の区分に加えて製品別，地域別，顧客別分類を行う。営業費は販売費および一般管理費で表示されるから，同様に処理する。たとえば，研究開発費であれば，試験研究費の費目別，プロジェクト別，製品別分類，給料で表示された金額を研究プロジェクトごとに帰属分を再集計しての分類，減価償却費で表示された金額を各研究プロジェクトで使用した建物や機械や車両運搬具ごとに再集計しての分類，などの作業により管理会計のための原価情報が作成される。

（4）CSRと環境保全コスト

　最近CSRおよび環境会計の関連で重要視されている地球環境保全コストは，本来の目的として外部報告用である。この原始データを社内データベースを活用して再集計し分類することにより，環境保全材料費，環境保全労務費，環境保全経費，事業所別環境保全コスト，プロジェクト別環境保全コストなどのよ

うに，意思決定のために再集計することにより管理会計情報とすることができる。

■練習問題

問題1
浅田孝幸，上埜進，岡本清，上総康行，清水孝，西澤脩，R. T. Horngren，宮本寛爾等の著書を参考にしてあなた自身の管理会計の定義を作れ（学者名配列はアイウエオ順）。

問題2
管理会計は財務会計とどう違うか示せ。

問題3
アメリカ会計学会の管理会計委員会報告書の原文を探せ。

解　答

解答1
（1）諸教授の見解

氏　名	著書名	出版社	出版年	定　義	引用頁
浅田孝幸	管理会計のエッセンス	同文舘	2008	管理会計の目的は，計画設定，コントロールおよび意思決定に必要な情報を提供することである。（注1）	2
上埜　進	管理会計（第3版）	税務経理協会	2007	管理会計は，価値創出をめざす経営管理者の意思決定を支援することを目的に会計データや会計情報を彼らに適宜提供する会計実務。	2
岡本　清	管理会計（第2版）	中央経済社	2008	企業内部の経営管理者に経済的情報を提供する会計。（注2）	4

上総康行	管理会計論	新世社	1993	管理会計とは，営利企業に所属し，管理者集団を目標利益や経営計画にそう方向へと説得・リードする管理を目指して，専門経営者の企業目的の達成に関する会計情報を会計手段を用いて集計，総合，報告する過程である。	21
清水　孝	戦略管理会計	中央経済社	2001	経営管理者が，組織内部において計画，評価および統制を行い，当該組織の経営資源を適切に使用して会計責任を達成するために使用する財務情報の認識，測定，集計，分析，作成，解釈および伝達する過程である。	3
西澤　脩	原価・管理会計	中央経済社	2007	管理会計とは，経済的情報を認識・測定することによって，情報利用者に，情報に基づく判断および意思決定を下すことを可能にする過程。（注3）	23
Horngren	*Management and Cost Accounting*	Pearson Education	2002	価値を創造し，保護し，保守し，増大させ，その価値を公企業および私企業を問わず一般企業と非営利企業の双方のステークホルダーに伝達するために会計および財務管理の原則を適用することである。	897
宮本寛爾	管理会計概論	中央経済社	2006	管理会計は，経営管理者を援助することを目的として，経営管理者の意思決定や管理目的に役立つことを指向する会計である。（注4）	4

注1：ワシントン大学J・ジャンバルボ教授の翻訳書中の記述であり，正確には浅田教授は紹介者である。
注2：廣本敏郎，尾畑裕，挽文子との共著である。
注3：アメリカ会計学会『基礎的会計理論報告書』を参照した定義である。
注4：小菅正伸との共著である。アメリカ会計学会1958年度管理会計委員会報告書を参照している。

(2) 自己の見解の創造
① ほとんど全員が情報に重点を置いている。
② 経営管理者による利用も述べられている。
③ 意思決定のため述べられている。
④ 貨幣情報だけとは限定されていない。経済的情報，財務情報，会計情報と表現されている。
⑤ 新しい見解として非営利法人や公会計も範囲とされる。
⑥ 次のような定義を作ることができる。
　「管理会計は，あらゆる企業の経営管理者が行う意思決定を合理的に支援し，業績評価を行うために，財務およびその他の数値による管理会計情報を利用し，管理目的を達成できるようにする思想および実務体系である。」

解答2

企業会計	財務会計	管理会計
報 告 先	企業外部者	企業内部者
会計内容	決算報告	経営管理
会計用具	財務諸表	内部報告書
会計原理	会計法規	経済原理
実施程度	強制的	自主的
会計特質	法律会計	情報システム
会計主体	企業全体	部門・製品等
会計期間	事業年度	月間その他

出所：西澤脩（1992）『管理会計を語る』白桃書房，p.7

解答3

Management accounting is the application of appropriate techniques and concepts in processing the historical and projected economic data of entity to assist management in establishing a plan for reasonable economic objectives and in the making of rational decisions with a view toward achieving these objectives. "Report of Committee on Management Accounting," *The Accounting Review*, April 1959, p.210.

第2章　経営分析（1）― 収益性 ―

キーワード
企業会計原則，金融商品取引法，会社法，財務諸表規則，EDINET，会社計算規則，計算書類，電子公告規則，総資本経常利益率，売上高営業利益率

> **学習のポイント**
> ◎経営分析は，財務諸表分析として行われる。
> ◎収益性指標は，投下資本に対する利益を示す。
> ◎「総資本経常利益率」は，最重要な収益性指標である。

第1節　経営分析における財務諸表の重要性

　経営分析は財務諸表に記載された企業の財政状態および経営成績を一定の公式により指標値を求めて収益性，流動性および生産性を分析する会計手法をいう。経営分析は財務諸表分析ともいわれる。同じ内容であるのに2つの表現があるのは，ドイツ経営学を学んだ学者が経営分析（Betriebsanalyse）としてわが国に紹介し，アメリカ会計学を学んだ学者が財務諸表分析（Financial statements analysis）としてわが国に紹介したためである。いずれであっても財務諸表を基礎として企業の経営を分析することでは同じである。

　したがって経営分析を行うためには財務諸表をよく知る必要がある。財務諸表を理解できていると，指標を計算しなくても，財務諸表を一目みただけで「この企業は全体的によい（悪い）」，「この企業はよくまわっている（いない）」，「この企業は資金繰りがよい（悪い）」を判断することができる。計算によって，必要項目の数値を計算して具体的な収益性や流動性の指標を得ることができれば，さらに科学的かつ客観的な企業評価による経営分析を行うことができ

る。

　財務諸表は経営分析の重要な素材であり，関係する法律は金融商品取引法と会社法である。財務諸表のなかで損益計算書と貸借対照表は特に重要である。

第2節　金融商品取引法

(1) 金融商品取引法の意義

　金融商品取引法は，資本の取引を中心とする金融商品の取引を管理し規制する法律である。特に株式の取引に関して最も重要な法律である。所管省庁は財務省と金融庁である。この法律によって資本調達が法的秩序の下で規制され守られている。その手段としての財務諸表を作成することは，次のとおり上場する会社の義務とされている。

　　有価証券の発行者である会社は，(中略) 内閣府令で定めるところにより，事業年度ごとに，当該会社の商号，当該会社の属する企業集団及び当該会社の経理の状況その他事業の内容に関する重要な事項その他の公益又は投資者保護のため必要かつ適当なものとして内閣府令で定める事項を記載した報告書 (以下「有価証券報告書」という。) を，当該事業年度経過後三月以内 (中略) に，内閣総理大臣に提出しなければならない。(金融商品取引法第24条)

(2) 財務諸表規則

　この法律条文は財務諸表の提出義務を明らかにしているが，その内容や形式はまったく示していないから，提出者による恣意性を防ぐために内閣府令『財務諸表等の用語，様式及び作成方法に関する規則』(昭和38年11月27日大蔵省令第59号，最終改正：平成19年10月31日内閣府令第78号) によって様式および用語が細部にわたって定められている。この内閣府令の通称が『財務諸表規則』である。ここで定められている財務諸表は，貸借対照表 (第2章)，損益計算書 (第3章)，株主資本等変動報告書 (第4章) およびキャッシュ・フロー計算書 (第5章) である。企業会計の根本原理と会計情報開示の基本的様式を集大成

した『企業会計原則』(金融庁に置かれている企業会計審議会が提出した答申)は『財務諸表規則』で規定がないことがらについて「一般に公正妥当と認められる企業会計の基準※を優先して適用される」として尊重されるべきものとされている。ただし、金融庁令が優先するとしている(※この基準は『企業会計原則』を意味するとされる)。

(3) EDINET

　金融商品取引法は、会社が有価証券報告書を作成し内閣総理大臣に提出することを法律上の義務としている。有価証券報告書はその年度内の会社の重要なことがらを総合的に記載しており、財務諸表により経理状況を報告するとしている。貸借対照表によって財政状態を、また損益計算書によって経営成績を報告する。金融証券取引法ではこのように有価証券報告書を作成し、決算から3月以内に内閣総理大臣にインターネット経由で提出することを義務づけている。提出された有価証券報告書は金融庁によって電子開示のフォームに統一され、世界中の誰もがいつでもインターネットによって同庁のEDINET (Electronic Disclosure Network System) にアクセスしてパソコン上で閲覧することができる。

第3節　会社法

(1) 会社法の意義

　会社法は、会社の公正な経営および会社に資本を提供する株主の権利を定めている法律である。所管省庁は法務省である。会社法では計算書類(これは財務諸表を意味する法律用語である)の作成について次のように述べている。
1. 株式会社は、法務省令で定めるところにより、その成立の日における貸借対照表を作成しなければならない。
2. 株式会社は、法務省令で定めるところにより、各事業年度に係る計算書類(貸借対照表、損益計算書その他株式会社の財産及び損益の状況を示すために必

要かつ適当なものとして法務省令で定めるものをいう。）及び事業報告並びにこれらの附属明細書を作成しなければならない。（会社法第435条）

　この法律条文だけでは会社法はどのような財務諸表を必要とするかを示していないから，法務省令『会社計算規則』（平成18年2月7日法務省令第13号，最終改正：平成18年3月29日法務省令第28号）によって詳細が定められている。同規則第3編「計算関係書類」において，会社法で必要とされる財務諸表は，貸借対照表（第2章），損益計算書（第3章），株主資本等変動報告書（第4章），注記表（第5章）および附属明細書（第6章）である。『財務諸表規則』と異なりキャッシュ・フロー計算書は含まれていない。ここで定められている財務諸表は，「株式会社の会計は，一般に公正妥当と認められる企業会計の慣行に従うものとする。」（会社法第431条）の表現により『企業会計原則』を尊重すべきことが示されている（旧『商法』では第5章「商業帳簿」において第19条「商人の会計は，一般に公正妥当と認められる会計の慣行に従うものとする。」という表現により冒頭に近い箇所において『企業会計原則』を尊重する姿勢を示していた）。

（2）財務諸表要旨の公告

　会社法によって作成される財務諸表は，取締役会が定時総会に先立つ8週間前までに監査役会および会計監査人に提出せねばならない（監査特例法第12条）。また，取締役会は定時総会に財務諸表を提出して報告する義務を負い，「大会社」であれば，財務諸表の要旨を官報または日刊新聞紙上またはインターネット立上げを含む電子公告によって公告する義務を負っている（同法第16条）。その詳細は『電子公告規則』によっている。いずれの場合であっても財務諸表の公開が行われ，自由な閲覧が可能となっている。

第4節　財務諸表の構造

（1）『財務諸表規則』による定義

　『財務諸表規則』によれば，財務諸表とは，貸借対照表，損益計算書，株主

資本等変動報告書およびキャッシュ・フロー計算書であり，これらの細目を説明する附属明細書が含まれている。『会社計算規則』においても同様である。これらは旧法の時期に認められていた勘定式報告が廃止されて報告式のみが行われている。以下では，経営比率の計算公式の項目に対応する必要から連結財務諸表は利用せず，単独の貸借対照表と損益計算書を利用する（EDINETおよび会社のホームページなどでの有価証券報告書は連結財務諸表と単独の財務諸表を別々に示している）。

（2）貸借対照表
① 貸借対照表の役割と資産の構成
　貸借対照表の役割は，資産・負債・純資産の会計情報により財政状態を開示することである。報告式で作成されるために，通常の流動性配列では最上段に資産の部があり，流動資産，固定資産および繰延勘定の3部構成となっている。流動資産は，正式な分類が行われていないが，上部に当座資産（現金および預金と金融過程を通じて現金化されるもの），下部に棚卸資産（生産または流通過程を経て現金化されるもの）が記されている。固定資産は，①国税庁『償却資産の耐用年数表』に掲載されている2年以上の期間に減価償却により流動化を行う有形固定資産（土地を除く），②有償取得による法的権利または商業権などの無形固定資産および③投資の3部が記載されている。

② 負債の構成
　負債の部は，流動負債および固定資産の2部構成となっている。流動負債は1年以内に返済すべき債務が記されている。固定負債は，2年以上先に返済すべき債務が記されている。この一部として退職給与引当金も扱われている。

③ 純資産の構成
　純資産の部は，株主資本と評価・換算差額が記されているが，管理会計ではこの全体（純資産合計）を自己資本として扱っている。純資産合計の下に記されている負債純資産合計が管理会計でいう総資本である。

④　PQR株式会社の貸借対照表

　図表2-1は，PQR株式会社の貸借対照表である（有価証券報告書の一般的な記載スタイルに準拠して第139期および第140期の2期を示している。また，貸借対照表と株主資本等変動報告書を結合させた形式となっている。数値は筆者が学生諸君の計算練習のために作成したものであり，実在のものではない。注記番号欄の※印付番号は例示であり，この内容説明はない）。

（3）損益計算書

① 損益計算書の役割と計算区分

　損益計算書の役割は，収益・費用を，3つの損益計算の部に区分して各区分ごとの利益を示して経営成績を開示することである（損益計算の区分は特に明示されないことが多い）。第1は営業損益計算の部であり，営業利益（営業損失）が示される。第2は経常損益計算の部であり，経常利益（経常損失）が示される。第3は純損益計算の部であり，純利益（純損失）が示される。経営分析計算では売上高と営業利益と経常利益が主として用いられる。

② PQR株式会社の損益計算書

　図表2-2はPQR株式会社の損益計算書である（様式および数値ならびに注記番号欄事項は図表2-1に同じ）。

　経営分析は，以上の2つの財務諸表を中心として財務諸表分析を行う。分析公式は公的には中小企業庁から『中小企業の経営指標』を公表する際の説明資料として開示されているものがある。以下では，この中小企業庁方式を参考にした収益性分析（第2章第5節以降）と流動性分析（第3章）を検討する。

第5節　収益性の分析

　収益性分析とは，会社が利益を得る能力を分析することである。収益は売上やそれ以外の収入であり，利益は収益から費用を差引いた残額である。収益と利益とは異なる概念である。図表2-1および図表2-2の財務諸表の第139

図表2－1　貸借対照表（PQR株式会社）

区　分	注記番号	第139期（平成19年3月31日）金額（百万円）	構成比（％）	第140期（平成20年3月31日）金額（百万円）	構成比（％）
（資産の部）					
Ⅰ　流動資産					
1　現金及び預金		569,257		75,339	
2　受取手形	※1	543,932		483,603	
3　売掛金	※2	788,452		777,526	
4　有価証券		273,861		275,536	
5　製品		306,080		331,916	
6　原材料	※3	62,730		62,952	
7　仕掛品		328,125		334,740	
8　貯蔵品		26,589		27,713	
9　繰延税金資産		184,727		230,103	
10　関係会社短期貸付金	※4	138,966		223,013	
11　未収入金	※5	308,874		275,594	
12　その他		160,102		175,994	
13　貸倒引当金		△40		△17	
流動資産合計		3,691,655	49.2	3,273,912	45.2
Ⅱ　固定資産					
（1）有形固定資産	※6				
1　建物		631,801		666,897	
2　構築物		137,531		144,665	
3　機械及び装置		383,323		415,768	
4　車両及び運搬具		57,619		63,166	
5　工具器具及び備品		234,489		234,877	
6　土地		365,407		371,706	
7　建設仮勘定		245,709		284,099	
有形固定資産合計		2,060,879	27.8	2,181,178	30.1
（2）無形固定資産					
1　特許権	※7	38,704		48,724	
2　借地権		7,000		7,000	
3　商標権		3,162		4,242	
4　意匠権		1,414		1,140	
5　ソフトウェア		178,883		198,003	
6　その他		30,364		29,155	
無形固定資産合計		259,527	3.5	288,264	4.0
（3）投資その他の資産					
1　投資有価証券		196,395		168,734	
2　関係会社株式		544,952		563,075	
3　関係会社出資金		223,781		223,783	
4　関係会社長期貸付金		69,979		82,262	
5　長期前払費用		117,222		113,829	
6　繰延税金資産		231,970		239,543	
7　差入保証金		46,271		42,273	
8　その他		55,696		66,821	
9　貸倒引当金		△1,371		△741	
投資その他の資産合計		1,484,895	19.8	1,499,579	20.7
固定資産合計		3,805,301	50.8	3,969,021	54.8
資産合計		7,496,956	100.0	7,242,933	100.0

第2章 経営分析（1）— 収益性 —

区　　分	注記番号	第139期 (平成19年3月31日) 金額（百万円）	構成比（％）	第140期 (平成20年3月31日) 金額（百万円）	構成比（％）
（負債の部）					
Ⅰ　流動負債					
1　支払手形		47,413		49,396	
2　買掛金	※1	637,786		647,645	
3　短期借入金		190,934		307,352	
4　未払金		339,478		330,867	
5　未払費用		265,025		282,829	
6　未払法人税等		322,290		340,100	
7　前受金		20,248		20,543	
8　預り金		100,802		102,840	
9　製品保証等引当金		56,312		68,593	
10　賞与引当金		75,206		72,069	
11　役員賞与引当金		17,176		18,974	
12　設備支払手形		23,087		34,423	
13　その他		124,780		26,796	
流動負債合計		2,220,537	29.6	2,302,427	31.8
Ⅱ　固定負債					
1　転換社債		865,867		717,671	
2　退職給与引当金		1,028,858		805,238	
3　役員退職慰労引当金		934,771		637,986	
4　環境対策引当金		465,307		650,749	
固定負債合計		3,314,803	44.2	2,811,644	38.8
負債合計		5,535,340	73.8	5,114,071	70.6
（純資産の部）					
Ⅰ　株主資本					
（1）資本金		417,855	5.6	417,969	5.8
（2）資本剰余金					
1　資本準備金		553,290		553,376	
2　その他資本剰余金		14,832		15,811	
資本剰余金合計		568,122	7.6	569,187	7.9
（3）利益剰余金					
1　利益準備金		148,708		148,708	
2　その他利益剰余金					
特別償却準備金		111,736		87,715	
固定資産圧縮積立金		35,944		35,426	
別途積立金		111,800		111,800	
繰越利益剰余金		583,818		762,254	
利益剰余金合計		992,006	13.2	1,145,903	15.8
（4）自己株式		△76,629	△1.0	△75,415	△1.0
株主資本合計		1,901,354	25.4	2,057,644	28.4
Ⅱ　評価・換算差額等					
1　その他有価証券評価差額金		94,335	1.3	70,903	1.0
2　繰延ヘッジ損益		△34,073	△0.5	△35,299	△0.5
評価・換算差額等合計		60,262	0.8	35,609	0.5
純資産合計		1,961,616	26.2	2,128,862	29.4
負債純資産合計		7,496,956	100.0	7,242,933	100.0

図表2－2　損益計算書（PQR株式会社）

区　　分	注記番号	第139期 （平成18年4月1日から 平成19年3月31日まで） 金額（百万円）	構成比(%)	第140期 （平成19年4月1日から 平成20年3月31日まで） 金額（百万円）	構成比(%)
I　売上高	※1	8,652,167	100.0	9,290,387	100.0
II　売上原価					
1　製品期首たな卸高		1,711,284		1,591,616	
2　当期製品製造原価	※2	6,799,255		7,020,237	
合　計		8,510,539		8,611,850	
3　他勘定振替高	※3	747,916		584,298	
4　製品期末たな卸高		1,591,616　6,171,007	71.3	1,725,963　6,301,589	67.8
売上総利益		2,481,160	28.7	2,988,798	32.2
III　販売費及び一般管理費	※4	1,285,887	14.9	1,752,912	18.9
営業利益		1,195,273	13.8	1,235,886	13.3
IV　営業外収益					
1　受取利息		251,919		235,149	
2　受取配当金	※5	626,614		661,353	
3　特許権収入		871,196		911,248	
4　受取賃貸料		1,037,473		1,154,707	
5　雑収入		533,146　3,320,350	38.4	500,334　3,462,791	37.3
V　営業外費用					
1　支払利息		59,362		35,819	
2　社債利息		36,769		30,997	
3　たな卸資産廃却及び評価損		689,130		439,020	
4　貸与資産減価償却費		979,436		935,591	
5　為替差損		778,211		833,211	
6　雑損失		430,347　2,973,255	34.4	169,273　2,443,910	26.3
経常利益		1,542,368	17.8	2,254,767	24.3
VI　特別利益					
1　固定資産売却益	※6	97,001		104,906	
2　投資有価証券売却益		99,752		49,332	
3　関係会社株式売却益		86,856　283,609	3.3	541,130　695,367	7.5
VII　特別損失					
1　固定資産売廃却損	※7	100,931		62,201	
2　減損損失	※8	72,237		22,338	
3　投資有価証券売却損		5,831		3,436	
4　関係会社株式売却損		6,485　185,484	2.1	5,437　93,412	1.0
税引前当期純利益		1,640,493	19.0	2,856,722	30.7
法人税，住民税及び事業税	※9	250,037		236,719	
法人税等調整額	※10	△30,779　219,258	2.5	△76,466　160,253	1.7
当期純利益		1,421,235	16.4	2,696,469	29.0

期の数値により計算すると次のようになる。

（1）総資本経常利益率

総資本経常利益率 ＝ 経常利益 ÷ 総資本 ＝ 1,542,368 ÷ 7,496,956 ＝ 21％

収益性を総資本と経常利益との対比で測定する最も代表的な指標である。大きいほど優れた値である。総資本経常利益率は，営業のために投下した総資本（貸借対照表の貸方に示されている負債合計と純資産合計の総合計）の効果度を経常利益（経営管理者の努力によって達成できる総合的な利益であり，営業利益に営業外収益を加え，営業外費用を引いた金額）との対比によって計算する経営指標である。この指標の応用として考案された総資本営業利益率は，貸借対照表と損益計算書の重要な箇所の数値を使って計算する。

（2）売上高営業利益率

売上高営業利益率 ＝ 営業利益 ÷ 売上高 ＝ 1,195,273 ÷ 8,652,167 ＝ 14％

収益性を売上高と営業利益との対比で測定する指標である。大きいほど優れた値である。売上高営業利益率は，売上高（損益計算書のトップに示されている最も具体的な収益の成果）の効果度を営業利益（損益計算書の営業損益計算の部に示されており，売上高から売上原価と販売費および一般管理費を引いた残額）との対比によって計算する経営指標である。快調な時の指標値は高く，低迷な時にはゼロまたはマイナスになるなど，販売現場の業績を最も具体的に示す指標である。損益計算書分析の総合的指標といえる。

（3）総資本回転率

総資本回転率 ＝ 売上高 ÷ 総資本 ＝ 8,652,167 ÷ 7,496,956 ＝ 1.15回

収益性を総資本と売上高との対比で測定する指標である。大きいほど優れた

値である。総資本回転率は，営業のために投下した総資本の効率性を売上高との対比によって計算する経営指標である。高い経営効率で会社経営を行っている会社では高い値（3.57 など）を示し，低い経営効率ならば1未満の数値（0.68 など）となる。このように会社がどのように効果的に資本を運用しているかが明瞭にわかるので，多社間の経営効率を比較する場合によく利用されている（例：ホンダの総資本回転率はなぜトヨタより高いのか？）。

（4）固定資産回転率

固定資産回転率 ＝ 売上高 ÷ 固定資産 ＝ $8{,}652{,}167 \div 3{,}805{,}301 = 2.27$ 回

収益性を固定資産と売上高との対比で測定する指標である。大きいほど優れた値である。固定資産回転率は，総資本を基準とする収益性指標が分母（基準となる投下資本の合計）に総資本を用いるために，1年以内に現金化する流動資産と2年以上の将来に流動化・現金化する固定資産の合計である総資産から現金・預金などの流動資産を除いた固定資産（工場の生産設備や流通業界の大型店舗など減価償却によって現金化する有形固定資産と買入れた法律上の権利である無形固定資産の合計と投資合計）のみを売上高との対比によって計算する経営指標である。高い経営効率で会社経営を行っている会社では1を超える値（1.25 など）を示し，低い経営効率ならば1未満の数値（0.48 など）となる。固定資産回転率は，総資本回転率と同様に，多社間の経営効率の比較に有効である。

注：練習問題は第3章末にまとめて示している。

第3章 経営分析（2）— 流動性 —

キーワード
資金繰り，勘定合って銭足らず，資金循環における運転資金，固定性資金，粉飾決算，流動比率，当座比率，固定長期適合率

学習のポイント
◎流動性指標は，運転資本の循環の適正を明らかにする。
◎流動比率が代表的であるが，「当座比率」が適切である。
◎固定資産と資金とのバランスが「固定長期適合比率」である。

第1節　流動性分析の重要性

　流動性分析とは，会社の資金力を分析することである。資金力は，会社の営業循環のなかで回転している資本のことをいう。営業循環における資本の概略は次のように回転している。会社は，営業を行うために，メーカーであれば材料を購入して代金を支払い，それを製品に加工する人を雇って賃金を支払い，製造現場に発生するさまざまな費用を支払う。流通業であれば商品を仕入れて代金を支払い，販売現場に発生するさまざまな費用を支払う。これらの代金および費用の支払いは，現金購入であれば現金支払い，掛買いであれば買掛金となり，手形契約であれば支払手形となる。買掛金および支払手形は決済期日になれば相手先の銀行勘定への振込みを通じて支払いとなる。製品または商品は販売されて，現金販売であれば現金受取り，掛売りであれば売掛金，手形契約であれば受取手形を得る。売掛金および手形は決済期日になれば自社の銀行勘定への振込みを通じて現金となる（p.83の図表7－1「資金の流れ」を参照せよ）。
　流動資産または流動負債の各種の勘定科目の形を取りながら回転する資本

は，資金繰りの健全性を維持するために，入ってくる現金は出ていく現金より多いことが必要である。入ってくる現金よりも出ていく現金が多ければ，小切手および手形は決済不能となり銀行取引が停止されて倒産に追い込まれるからである。このような資金繰りの悪化を避けるために資金繰りの指標である流動性分析は重要である。

（1）流動比率

流動比率 ＝ 流動資産 ÷ 流動負債 ＝ 3,691,655 ÷ 2,220,537 ＝ 166％

流動比率は，資金繰りの状態を貸借対照表の流動資産合計と流動負債合計とを対比して測定する指標である。大きいほど優れた値である。流動比率は，営業循環のなかで循環する現金等価物の資産（棚卸資産を含む）と短期性負債とのバランスの程度を示す。最低100％が必要であり，中小企業庁では200％の維持を勧めている。この指標が悪化して99％以下となると，資金繰りが悪化したことを示すので，この原因となる売上高の減少がニュースとして報道されることが多々ある（「××社は本年×四半期において売上減少目立つ」など）。売上高の増減と流動比率の上下は密接な関係にある。売上高の減少は決算数値として外部報告されるので明らかとなるが，この時点で現金残高は確実に減少している。流動比率に代表される資金繰り悪化の状態は，社外では目立つことがなく進行するので，放置すると会社の体力は徐々に低下し，最終的に倒産に至る。流動比率は，収益性指標での好況企業の発見よりも，指標値の低下による倒産の兆候を示すことに意義がある。

（2）当座比率

当座比率 ＝ 当座資産 ÷ 流動負債 ＝ 2,623,302 ÷ 2,220,537 ＝ 118％

流動性を貸借対照表の当座資産合計と流動負債合計との対比で測定する指標である。大きいほど優れた値である。当座比率は，流動資産のなかから現金，

預金および債権として確定したすべての資産の合計である当座資産と流動負債との対比によって計算する経営指標であり，100％を超えることが理想である（当座資産は，管理会計上の区分を示す用語であり，財務会計である貸借対照表には区分項目として表示されない。ここでは当座資産 ＝ 現金及び預金 ＋ 受取手形 ＋ 売掛金 ＋ 有価証券 ＋ 関係会社短期貸付金 ＋ 未収入金 － 貸倒引当金 ＝ 569,257 ＋ 543,932 ＋ 788,452 ＋ 273,861 ＋ 138,966 ＋ 308,874 － 40 ＝ 2,623,302）。

　流動比率は，棚卸資産を含めた流動資産を分子にして比率を計算するために，売れなかったために在庫となっている商品や製品，倉庫に保管しているだけの材料などが大量にあるほど流動資産の値を大きくして，流動比率の値を大きくし，あたかも資金繰り状態が良好であるかのような誤った解釈を招く危険性がある。棚卸資産は，販売過程を通じて現金化が実現されるから，販売が低調であると現金化が悪化する。それにもかかわらず不良在庫によっても流動資産の値は大きくなるので，資金繰りの状況を正確に反映しなくなる。

　金額が大きければそれだけリスクも大きい棚卸資産を除いた当座資産を分子にする必要がある。当座比率は，貸借対照表の流動資産のなかの現金預金と債権として現金化して会社に還流してくる資本の総称である。具体的には，営業行為によって債権（契約の期日に現金を回収する請求権）となっている売掛金，受取手形，短期買付金および未収金などの合計をいう。当座比率によって資金繰りの正確な状態を把握することができる。指標値が99％を下回った場合で売上の低迷や減少傾向がみられる場合は，倒産の兆候である。

（3）固定長期適合率

　　固定長期適合率 ＝ 固定資産 ÷（固定負債 ＋ 純資産）
　　　　　　　　　＝ 3,805,301 ÷（3,314,803 ＋ 1,961,616）＝ 72％

　固定長期適合率は，固定資産が固定負債と純資産との固定性資金によりまかなわれている度合いを示す指標である。小さいほど優れた値であり，99％以下が必要である。このケースの計算結果は非常に優良であることを示してい

る。固定資産は，有形固定資産は減価償却により，無形固定資産は償却によって，投資は金融過程により長期的に回収されるから，最低2年以上の回収年数を必要とする。したがってその原資となる資本は，2年以上先に返済される（当年度の1年以内は返済が不要である）固定負債および株主資本・利益留保を主な内容とする純資産（返済が不要である）の2種類の資金である必要がある。1年以内に返済が必要な流動負債でまかなわれていれば，いつかは資本の調達と運用の時間差のために資金繰りが破綻するからである。指標値が100％を上回った場合は，資金繰りと回転率の悪化が進行しているので倒産の兆候である。

■練習問題

問題1

　PQR株式会社の第140期の貸借対照表および損益計算書に基づき，第2章・第3章で示した4つの収益性指標および3つの流動性指標を計算せよ。

問題2

　ライバル関係とされている2社の貸借対照表および損益計算書をEDINETにより検索して，4つの収益性指標および3つの流動性指標を計算し比較せよ（ライバル関係とは，たとえば，トヨタ自動車対本田技研，日立製作所対東芝，東京電力対関西電力，パナソニック対ソニー，マクドナルド・ジャパン対モスフードサービス，東武鉄道対京成電鉄などである。お断り：これらは学生諸君の計算練習のための例示として同種の企業の2社を記述したものであり，ライバル関係が実際に成立していることを意味していない）。

問題3

　流動性指標の信頼性を低下させるのは，棚卸資産の「製品」の肥大である。これは顧客の嗜好を判断ミスして大量の売れ残りを抱えた場合によく生じる。カルロス・ゴーンが日産自動車のCOOとして就任する前の同社6年間の貸借対照表と損益計算書を調べ，流動比率，当座比率および売上高営業利益率の3指標の推移を計算せよ。

解 答

解答1
PQR株式会社第140期経営分析

Ⅰ　収益性指標

1. 総資本経常利益率 $= \dfrac{2,254,767}{7,242,933} = 31\%$

2. 売上高営業利益率 $= \dfrac{1,235,866}{9,290,387} = 13\%$

3. 総資本回転率 $= \dfrac{9,290,387}{7,242,933} = 1.28$

4. 固定資産回転率 $= \dfrac{9,290,387}{3,969,021} = 2.34$

Ⅱ　流動性指標

5. 流動比率 $= \dfrac{3,273,912}{2,302,427} = 142\%$

6. 当座比率 $= \dfrac{1,887,481}{2,302,427} = 82\%$

7. 固定長期適合率 $= \dfrac{3,969,021}{(2,811,644 + 2,128,862)} = 80\%$

解答2
ライバル企業経営指標対比

1. 自動車業界のライバル社比較

	ライバル社名	トヨタ自動車	本田技研
	決算期	平20年3月期	2008年3月期
収益性指標	総資本経常利益率	15%	13%
	売上高営業利益率	9%	3%
	総資本回転率	1.16	1.53
	固定資産回転率	1.88	2.67
流動性指標	流動比率	156%	173%
	当座比率	112%	119%
	固定長期適合率	62%	76%

2．電機業界のライバル社比較

ライバル社名		日立製作所	東　芝
決算期		平20年3月期	2008年3月期
収益性指標	総資本経常利益率	−1%	2%
	売上高営業利益率	−3%	1%
	総資本回転率	0.77	1.03
	固定資産回転率	1.40	1.65
流動性指標	流動比率	87%	71%
	当座比率	69%	46%
	固定長期適合率	115%	133%

3．電力業界のライバル社比較

ライバル社名		東京電力	関西電力
決算期		平20年3月期	平20年3月期
収益性指標	総資本経常利益率	0.1%	0%
	売上高営業利益率		
	総資本回転率	0.40	0.40
	固定資産回転率	0.62	0.43
流動性指標	流動比率	35%	39%
	当座比率	21%	22%
	固定長期適合率	79%	110%

4．電気業界のライバル社比較

ライバル社名		パナソニック	ソニー
決算期		平20年3月期	2008年3月期
収益性指標	総資本経常利益率	5%	1%
	売上高営業利益率	3%	3%
	総資本回転率	1.06	1.02
	固定資産回転率	1.70	1.83
流動性指標	流動比率	97%	155%
	当座比率	40%	80%
	固定長期適合率	62%	78%

5．ファーストフード業界のライバル社比較

ライバル社名		マクドナルドJ	モスフード
決算期		平19年12月期	平20年3月期
収益性指標	総資本経常利益率	1%	3%
	売上高営業利益率	1%	1%
	総資本回転率	0.39	1.68
	固定資産回転率	0.47	1.68
流動性指標	流動比率	216%	278%
	当座比率	47%	191%
	固定長期適合率	89%	76%

6．私鉄業界のライバル社比較

ライバル社名		東武鉄道	京成電鉄
決算期		平20年3月期	平20年3月期
収益性指標	総資本経常利益率	2%	2%
	売上高営業利益率	20%	24%
	総資本回転率	0.12	0.11
	固定資産回転率	0.13	0.13
流動性指標	流動比率	26%	47%
	当座比率	6%	14%
	固定長期適合率	127%	124%

（注）計算の基となるデータは，2009年3月15日現在の直近の個別財務諸表である。

　　決算期の記載は原表による。

解答 3

　カルロス・ゴーン（Carlos Ghosn, 1954年3月9日生）氏は，1999年6月に日産自動車のCOO（最高執行責任者），2000年6月に社長，2001年に社長兼CEOとなり，経営の危機に瀕した日産自動車の再建を成功させた。同氏が着任するまでの6年間の流動比率および当座比率による流動性，ならびに売上高営業利益率による収益性の推移を見る。

日産自動車の流動性および収益性の推移（1993年度～1998年度）

(注：%を除き単位百万円)

決算書発表年	流動比率	当座比率	流動資産	当座資産	流動負債	売上高営業利益率	売上高	営業利益
1994	101%	65%	3,125,451	1,993,364	3,089,605	-2%	5,800,857	-144,017
1995	86%	53%	2,832,819	1,738,108	3,289,546	-2%	5,834,123	-105,509
1996	86%	56%	3,040,857	2,002,599	3,546,606	1%	6,039,107	41,311
1997	83%	55%	3,166,336	2,101,480	3,823,312	3%	6,658,875	196,523
1998	75%	47%	3,459,448	2,175,456	4,606,496	1%	6,564,637	84,346
1999	79%	51%	3,005,430	1,950,123	3,818,943	2%	6,580,001	109,722

　この流動性および収益性の推移によれば，ゴーン氏が就任する5年前と4年前が最悪の状態であったことが明らかとなる。経営が最悪のレベルを越えてやや上昇に転じたところでゴーン氏が，整えられた舞台の上で手腕を発揮したことが伺える。流動比率および当座比率が低迷のなかでゴーン氏が黒字倒産の危機的状況から，COOとして経営再建を成功させたことが，明らかとなる。

第4章 短期利益計画とCVP分析

キーワード
短期利益計画，原価分解，変動費，固定費，操業度，限界利益，貢献利益，損益分岐点分析，製品組合せ決定問題

学習のポイント
◎操業度（原価作用因の1つ）の変化と原価態様の関係を理解する。
◎費用の固変分解は利益計画に不可欠である。
◎限界利益・貢献利益は意思決定のための利益である。

第1節　短期利益計画の意義

　本章は，短期利益計画の策定に有用な管理会計について解説する。
　短期利益計画は，次期の利益目標を設定して，これを実現するために企業活動の全体を会計数字で組み立てる。この利益計画は，損益計画と資金計画から成る。損益計画は，利益目標の達成に向けて購買，生産，販売などの職能別諸活動を財務的に統合したものである。しかし，損益計画は資金計画の裏づけを必要とする。すなわち，経営活動の結果は，損益の関係だけでなく，資金調達による裏づけからもとらえられなければならない。
　短期利益計画の本質は，稼得利益に視座を置いて，企業活動の成果が全体としてどうなるかを表す点にある。この情報が経営管理において重要であることは言うまでもない。問題になるのは，企業活動の総合的成果をいかなる情報で表現するかである。企業活動は，購買，生産および販売など諸活動に区分される。それらは，その活動内容を表現するにあたり，いくつかの測定尺度を持つものの，ひとたび，その企業活動によって企業全体としていくら利益を得たか

を示そうとするならば，貨幣的情報をおいて他に適切な情報はない。その理由は，情報相互間の算術的操作可能性を持ち，したがって，各経営活動の結果が貨幣的情報によって表現できれば，それらに算術的操作を施すことによって，企業活動の成果が全体としてどうなるかを明示できるからである[1]。

　ここで，企業における会計情報の使命の1つとしては，個々の経営活動の結果を総合的に表現することがあげられる。すなわち，会計は，今期における個々の企業活動の結果として，いくらの利益が生じたかを明らかにし，あるいは来期において計画している企業活動によって，いくらの利益が発生するかを示す。かかる会計情報の特長は，会計が貨幣的情報に基礎を置くことから生まれる。しかしながら，会計情報が企業活動の可視化力をより一層強化し，将来の企業経営に関する予測能力を高めるためには，会計情報の拡大の一環として，売上高に影響を与える要因および原価作用因の正確な計算方法を開発することが重要である。

　また，次節で述べるように短期利益計画に影響を及ぼす要因にはいくつか存在し，その1つは長期利益計画である。長期利益計画は，短期利益計画の大枠を形成する。

第2節　短期利益計画の構造

　本節では，従来の研究に基づいて，短期利益計画の策定において，どのような意思決定が行われるかを説明する[2]。

　図表4-1によると，短期利益計画の策定は，トップ・マネジメントが長期利益計画の諸目標と次期における企業環境の変化に関する予測に基づいて短期利益目標を決定することから始まる。同図の「販売上および生産上の諸条件の設定」は，目標利益を達成するための販売製品種類，各製品の販売価格，製品組合せおよび製造方法に関する最初の意思決定である。次いで，これらの条件に基づいて売上高と原価を予測し，その差としての見積利益を計算し，それと目標利益との対比を行う。見積利益が目標利益を超えるならば，さらに当該短

図表4－1　短期利益計画の構造

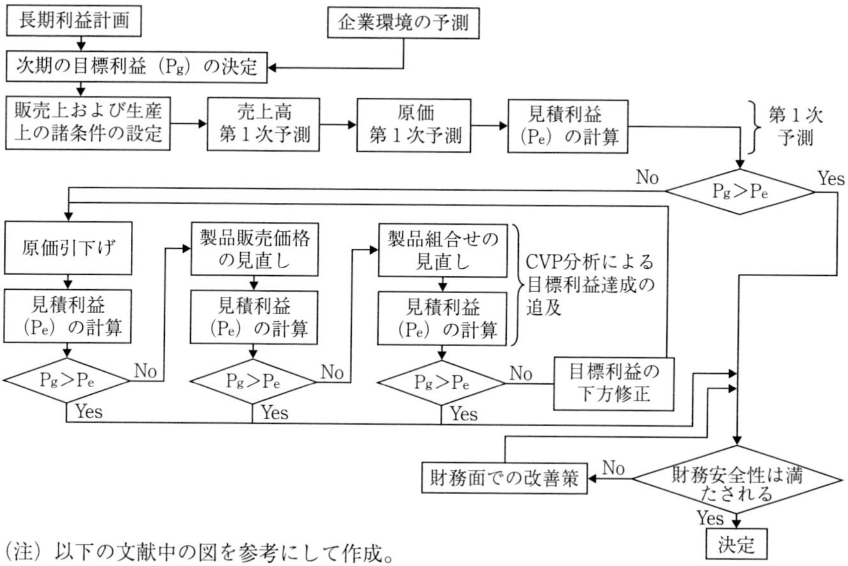

(注) 以下の文献中の図を参考にして作成。
　　Bonini, C. P.,1963. *Simulation of Information and Decision Systems in the Firm,* Prentice-Hall, p.43.
　　小林健吾（1976）『直接原価計算』同文舘，p.227。

期利益計画案は財務安全性を満たすかを評価する。短期利益計画が財務安全性を満足する場合には，短期利益計画が確定する。

　目標利益の追求では，CVP（Cost-volume-profit）分析が決定的に重要な役割を果たす。CVP分析は，原価，売上高，利益の3つの会計情報の間にどのような関係が成立するかを解明する。CVP分析の本質は，感度分析にある。感度分析によって，利益に影響を与えるとともに相互にも影響し合う諸要因のうちの1つが変化すると，利益はどうなるかが明らかになる。

第3節　短期利益計画のための会計情報

（1）原価情報

①　変動費および固定費

　前掲の図表4-1からわかるように，短期利益計画を設定するためには，売上高の変化によって原価がどのように変化し，その結果として，利益はどのようになるかを明らかにする必要がある。原価が売上高の変化に応じてどのように変化するかは，原価分解によって把握できる。

　原価の発生額は，さまざまな要因から影響を受ける。とりわけ重要な原価作用因の1つは，操業度である。これは，経営能力の利用度を表す単位である。操業度の測定尺度の例をあげると，図表4-2の通りである。以下では，販売量を操業度の最適な尺度とする。

図表4-2　操業度の測定

	金額で表す	物量で表す
投入から見る	直接材料費，直接労務費など	直接作業時間，機械運転時間など
産出から見る	売上高，生産高など	販売量，生産量など

　原価は，販売量が与える影響の視点から変動費と固定費に区分できる。変動費は，販売量の変化に対して比例的に増減する原価であり，一方，固定費は，販売量の変化とは無関係に発生し，販売量がゼロであってもその総額は変わらない。

　ここで，変動費と固定費それぞれの操業度1単位当たり原価に着目すると，まず総変動費は，上述の定義から明らかなように，特定の操業度における原価を基準として，操業度が2倍になれば2倍に，3倍になれば3倍に増加する。したがって，操業度1単位当たりの変動費は，操業度の変化によって変わるところがない。固定費に目を転ずると，その総額は，操業度が2倍になっても，3倍になっても常に一定である。このことは，ある特定の操業度に対する固定

費を当該操業度で除した操業度単位当たり固定費が，操業度の増加に反比例的に減少することを意味する。

ところで，原価の固定費あるいは変動費への分解には，次のような諸前提がある。すなわち，原価発生の動きが実際には操業度のみならず他の諸原価作用因によっても影響を受けるにもかかわらず，操業度以外の原価作用因が及ぼす原価態様への影響については考慮しない。また，一定の幅を持った操業度の範囲（これを正常操業度圏）に関して原価の動きを分析する。

短期利益計画の策定においては，原価・営業量・利益の関係が不可欠である。原価に関しては，それを変動費あるいは固定費に分解することが重要である。その理由は，売上高が変化したときに，その変化につれて比例的に変化する変動費と，まったく変化しない固定費に原価を分解しておけば，利益の変化を予測できるからである。

② 原価分解の方法[3]

原価の変動費あるいは固定費への分解方法には，会計的方法，統計的方法，工学的方法などがある。会計的方法と統計的方法は過去のデータを使用し，一方，工学的方法は新製品の原価分解のように過去のデータが使用できない場合に適用する。

まず，会計的方法は，会計担当者が勘定科目を精査することにより，原価を変動費あるいは固定費に分類する。

統計的方法に移ると，その主要な方法には，高低点法，最小２乗法がある。次に，このうち，最小２乗法を説明する。

今，観察点に対して最小２乗法を適用すると，それらに最も適合する傾向線が得られる。この傾向線は，総原価を TC，固定費を F，製品１単位を製造し販売するのに必要な変動費を v，販売量を X で表し，また，生産量と販売量は等しいとするならば，次のようになる。

$$TC = v \cdot X + F$$

ここで，図表４－３の観察点に基づいて最小２乗法による原価分解を行う。

図表4－3　原価と販売量

データ番号 n	総原価（万円）TC_i	販売量（個）X_i	X_i^2	$X_i \cdot TC_i$
1	307	630	396,900	193,410
2	345	1,040	1,081,600	358,800
3	340	840	705,600	285,600
4	356	930	864,900	331,080
5	349	1,070	1,144,900	373,430
6	359	1,010	1,020,100	362,590
7	344	900	810,000	309,600
8	318	670	448,900	213,060
9	312	640	409,600	199,680
10	332	820	672,400	272,240
合　計	3,362	8,550	7,554,900	2,899,490

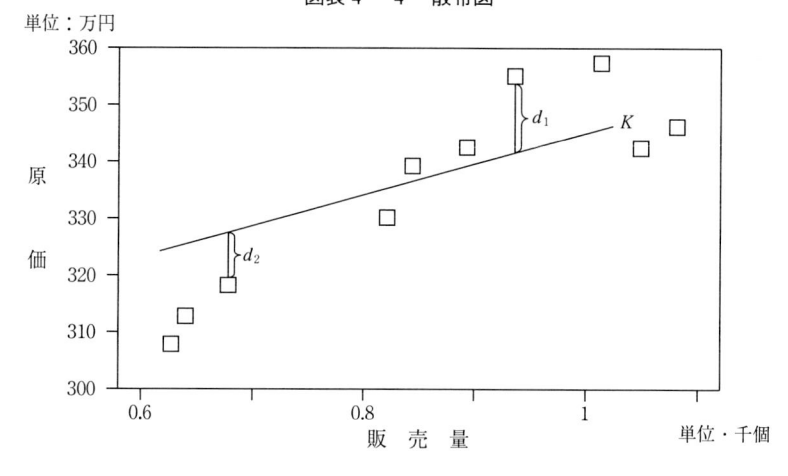

図表4－4　散布図

　10組のデータから図表4－4の散布図が作成できる。同図において，特定の販売量の下の原価実際発生額と原価推定値（直線K上の原価）の残差（すなわち，原価が販売量によって説明しきれないで残ってしまった散らばり）をd_1，d_2とする。同様に残りの残差をd_3，……，d_{10}として，

$$d = d_1 + d_2 + d_3 \cdots\cdots + d_{10}$$

と置けば，散布図におけるデータに最も適合する直線は，d の値が最小になるときに求められる。

しかしながら，残差の総和はゼロである。そこで，最小 2 乗法は d_i（あてはめられた直線と i 番目のデータとのそれぞれの残差）の値を 2 乗した値の総和，すなわち，

$$\sum d_i^2 = d_1^2 + d_2^2 + d_3^2 + \cdots\cdots + d_{10}^2$$

が最小になるように F と v を決定する。

最小 2 乗法の計算は，次の正規方程式をつくることからスタートする。

$$\begin{cases} n \cdot F + v \Sigma X_i = \Sigma TC_i \\ F \Sigma X_i + v \Sigma X_i^2 = \Sigma X_i \cdot TC_i \end{cases}$$

ただし，n は観察点の総数である。ここで，図表 4 − 3 のデータを正規方程式に代入すると，

$$\begin{cases} 10F + 8,550v = 3,362 \\ 8,550F + 7,554,900v = 2,899,490 \end{cases}$$

この連立方程式を解くと，$F ≒ 249$ 万円，$v = 1,021$ 円になる。

（2）利益情報

短期利益計画においては，すでに確保済みの物的資産および現在の専任従業員に関してそれ以上の設備投資や従業員の採用を実施せずに，したがって，それらの物的資産および専任従業員を所与として，その上で，できる限り多くの利益が出る操業度について計画する。この意味から，短期利益計画に役に立つ利益は，売上高から，操業度の変化に応じて比例的に変動する費用を差し引いた残額である[4]。全社的視点から，売上高から変動費を控除した利益を限界利

益と呼ぶ[5]。ちなみに，製品別などのセグメント別損益計算においては，セグメントごとに限界利益から跡付け可能な個別固定費を控除した利益を貢献利益と呼ぶ。

製品1単位当たり限界利益は，販売単価から単位当たり変動費を差し引いて求められる。固定費は，短期的に販売量によって影響を受けない。したがって，製品を1単位生産し販売するごとに，売上高は販売単価だけ増加し，一方，原価は単位当たり変動費だけ増加する。その結果として，単位当たり限界利益は，製品1単位の追加的な製造・販売による企業全体としての利益の増加額を示す。

第4節　損益分岐点分析

（1）損益分岐点における売上高あるいは売上量

損益分岐点における売上高は，欠損も利益も発生しない売上高を示す。それは，次の計算式によって算出できる。

売上高 － 総費用 ＝ 利益

売上高 －（総変動費 ＋ 総固定費）＝ 利益

売上高 － 総変動費 ＝ 総固定費 ＋ 利益

$$売上高\left(1 - \frac{総変動費}{売上高}\right) = 総固定費 + 利益$$

$$売上高 = \frac{総固定費 + 利益}{1 - \dfrac{総変動費}{売上高}}$$

ここで，損益分岐点では利益＝0であるから，

$$損益分岐点における売上高 = \frac{総固定費}{1 - \dfrac{総変動費}{売上高}}$$

上記の損益分岐点における売上高の計算式の右辺分母［1－（総変動費÷売上高）］は，さらに次のように展開できる。

$$1 - \frac{総変動費}{売上高} = \frac{売上高 - 総変動費}{売上高} = \frac{限界利益}{売上高} \Rightarrow 当該製品限界利益率$$

なお，損益分岐点分析は，次の仮定の下で行う。すなわち，①将来の企業活動によって生ずる売上高と原価は確実に予測できる。②売上高線と総原価線は直線で表すことができる。③発生した固定費が当期の収益で直接に回収できる[6]。

（2）目標利益達成点

損益分岐点にも増して重要な情報には，目標利益達成点，すなわち，目標利益の達成に必要な売上高がある。その計算式を示せば，次の通りである。

$$目標利益達成点 = \frac{固定費＋目標利益}{1 - \dfrac{変動費}{売上高}}$$

（3）損益分岐点比率

これは，損益分岐点における営業量（販売数量や売上高）が予算や実績の営業量に対して何％の位置にあるかを示す。つまり，

損益分岐点比率(％)＝損益分岐点における営業量÷予算または実績の営業量

この比率が100％より小さければ利益が出ており，小さければ小さいほど，たとえ製品の需要が大幅に減退したとしても，黒字の維持が可能である。

また，損益分岐点比率の数値を100％から引いた数値を安全余裕率と呼ぶ。

安全余裕率 ＝（売上高 － 損益分岐点売上高）÷ 売上高

第5節　製品組合せの決定

（1）セグメント別収益性の計算

　顧客別や製品別などのセグメントごとの収益性は，それぞれの収益から跡付け可能な原価を控除した貢献利益によって判定する。ここでは，セグメント別に跡付け可能な原価について説明する。

　変動費は，操業度と比例的に変化する原価であり，したがって，直接的にセグメント別に跡付けることができる。固定費に目を転ずると，セグメント別跡付け可能性の視点から，固定費は，個別固定費と共通固定費に区分される。個別固定費は，特定の製品製造のみに使用する機械設備の減価償却費など特定のセグメントに帰属可能な固定費であり，一方，共通固定費は，各セグメントにおいて共通に使用され，しかもセグメント別に直接的に跡付けられない固定的資源の消費額である。

　図表4－5のセグメント別損益計算書において，セグメント別収益性は，それぞれの収益から変動費および個別固定費を控除した貢献利益に基づいて判定する。共通固定費について，直接的にセグメントごとに配賦できないので，セグメント利益の合計から控除して，全社的営業利益を計算する。

　次項では，製品別収益性の分析について解説する。次項は，短期的な製品組合せに関する意思決定を取り上げる。その意思決定は，短期的な計画に関するものであり，固定費の影響をそれほど受けない。したがって，次項では，個別固定費を考慮しない。その結果として，製品別に売上高から変動費を控除した限界利益によって，製品別収益性を分析する。

図表4－5　セグメント別損益計算書

	Aセグメント	Bセグメント	合　計
売上高	200	300	500
変動費	120	100	220
限界利益	80	200	280
個別固定費	10	80	90
貢献利益	70	120	190
共通固定費			100
営業利益			90

（2）稀少経営資源と限界利益

　A社は製品X，Yを生産し販売している。この両製品に関するデータは，次の通りである。

	X製品	Y製品
販売単価（円）	1,600	3,000
1個当たり変動費（円）	900	1,800
製品の需要上限（個）	5,000	3,000
1個作るのに要する機械運転時間（時間）	4	8
機械運転最大可能総時間（時間）	40,000	

　それでは，できる限り多くの利益を得るには，各製品を何個製造し販売すればよいか。

　X製品，Y製品それぞれを需要いっぱい生産するのに要する機械運転時間数は，44,000時間（4時間／個×5,000個＋8時間／個×3,000個）であり，機械運転最大可能時間40,000時間を超えてしまう。したがって，利益を最大にするには，2つの製品の製造・販売に共通に制約となる機械運転時間をどのように割り振りするかが問題になる。

　この事例のように各製品の製造・販売に対する制約が1つだけ存在する場合

に最適製品組合せを決定するためには，各製品の製造・販売を共通に制限する稀少経営資源が各製品の生産・販売の上限を決定するのであるから，各製品の製造・販売を共通に制限する稀少経営資源の消費量1単位当たり限界利益の高い製品から順に，その稀少経営資源を割り当てなければならない。製品1個を作るのに要する稀少経営資消費量に関して，その稀少経営資源の消費量1単位当たり限界利益は，当該稀少経営資源を1単位だけその製品の製造に使用すると，企業全体としての利益が，ある基準に比べて増加する利益額である。したがって，できる限り多くの利益を得るためには，稀少経営資源の消費量1単位当たり限界利益の大きい順にその需要いっぱい製造していって，稀少経営資源を使用し尽くしたところで企業全体として製品製造の一切を止めることが重要である[7]。

X製品，Y製品それぞれについて，機械運転時間1時間当たり限界利益を計算すると，次の通りである。

	X製品	Y製品
1個当たり限界利益（円）	700	1,200
1個作るのに要する機械運転時間（時間）	4	8
機械運転時間1時間当たり限界利益	175	150

X製品の機械運転時間1時間当たり限界利益がY製品を上回るので，まずX製品を需要いっぱい（5,000個）製造すると，機械運転時間が20,000時間になる。これは，機械運転最大可能総時間（40,000時間）以下である。したがって，X製品の最適生産量は，5,000個である。機械運転時間の余裕は，20,000時間（40,000時間－4時間／個×5,000個＝20,000時間）である。この機械運転余裕時間でY製品をできる限り作ると，その生産量は2,500個（20,000時間÷8時間／個＝2,500個）である。これは，需要上限を超えない。

以上より，最適製品組合せは，X製品の最適生産量が5,000個，Y製品が2,500個である。

（3）LP モデル

最適製品組合せにおいて制約が2つ以上存在する場合は，LP（Linear Programming）が有力な手法になる。以下では，簡単な数値例を用いてLPによる最適製品組合せについて説明する。

甲社は，A，Bの2つの部門を持ち，2種類の製品X，Yを生産し販売している。甲社は，計画設定にLPを適用している。両部門および両製品の予測データは，次の通りである。ただし，生産したものはすべて計画期間中に販売できるものとする。

	A部門	B部門
最大稼働能力	30,000時間	20,000時間
製品Xを1単位完成させるのに必要な加工時間	0.2時間	0.4時間
製品Yを1単位完成させるのに必要な加工時間	0.3時間	0.1時間

	X製品	Y製品
販売単価	1,000円	700円
単位当たり変動費	750円	500円
単位当たり限界利益	250円	200円

LP問題の解法は，目的関数の設定 → 制約条件の決定 → 最適解の計算の3つのステップから成る。

本数値例の目的は，総限界利益を最大にするような製品組合せを見つけることである。これは，次の通りである。

最大化：$250x + 200y$

ただし，xおよびyは，それぞれ製品Xの生産量，製品Yの生産量である。この問題の制約条件は，次の3つである。

A部門の生産上の制約　　　$0.2x + 0.3y \leq 30,000$
B部門の生産上の制約　　　$0.4x + 0.1y \leq 20,000$
非負条件　　　　　　　　　$x \geq 0, \quad y \geq 0$

LP問題の解き方については，未知数が2つしかない場合は，図式解法によることが可能である。しかし，これ以上複雑な問題は，シンプレックス法（Simplex method）によらねばならない。本数値例は，図式解法が使用できる。

　図表4－6において，斜線を施した領域（線上も含む）は，制約条件のすべてを満たすが，斜線を施していない領域は，すべての制約条件を満たさない。したがって，解は，斜線を施した領域内に存在する。次に，目的関数：250 x＋200 y（＝Kとおく）について，｛x，y｝に任意の値を与える。これらの直線は，同図において破線で示した互いに平行ないくつかの直線である。制約条件の範囲内でできる限り大きいKの値が解である。図表4－6では，破線が点Bを通るときにKの値が最大になる。このときのKは，23,500,000円である[8]。

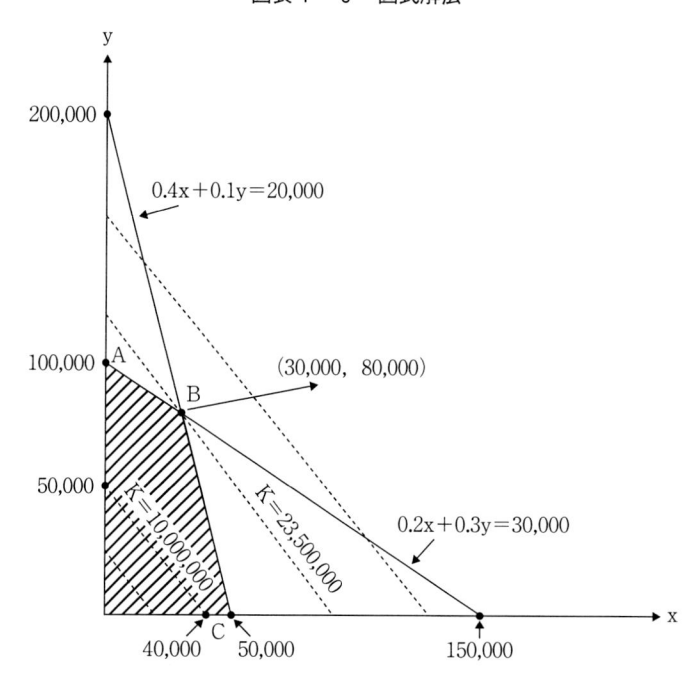

図表4－6　図式解法

【注】
1）ここでの会計情報の特性については，次の文献を参考にした。
　　牧戸孝郎（1975）『管理原価計算論』同文舘，p.14。
2）主に次の文献に基づく。
　　Bonini, C. P.. 1963. *Simulation of Information and Decision Systems in the Firm*, Prentice Hall, p.43.
　　小林健吾（1976）『直接原価計算』同文舘，p.227。
3）原価分解については，次の文献に基づく。
　　櫻井通晴（1979）『経営原価計算論』中央経済社，pp.380-392。
　　佐藤康男（1985）『管理会計』白桃書房，pp.133-158。
　　安川正彬（1980）『統計学入門［基礎編］』日本経済新聞社。
4）Horngren, C. T., Foster, G. and Datar, S..1994. *Cost Accounting：A Managerial Emphasis*, Prentice Hall, p.73.
5）アメリカでは，一般的には，売上高から変動費を控除した利益を貢献利益（contribution margin）と呼ぶ。末政芳信教授によると，貢献利益は何に対する貢献かによって，次の4つに分類される。すなわち，①統制不能原価および利益に対する貢献，②意思決定によって影響されない原価および利益に対する貢献，③共通費および利益に対する貢献，④固定費および利益に対する貢献である（末政芳信（1978）『利益図表の展開』国元書房，pp.21-22）。
6）損益分岐点分析の仮定は，次の文献に基づく。
　　岡本清（1994）『原価計算』国元書房，p.524。
7）ここでの制約条件の存在する場合の製品組合せ決定に関する議論は，次の文献を参考にした。
　　小林啓孝（1994）『現代原価計算講義』中央経済社，pp.345-397。
　　昆誠一（1994）『管理会計の展開』文眞堂，pp.48-72。
8）ここでの図式解法の説明は，次の文献に基づく。
　　牧戸孝郎（1979）「原価計算」『会計人コース』Vol.14，No.6，pp.42-43。

■練習問題

問題1[*]

A社はX製品1種類のみを製造し販売している。本年度におけるA社の損益データは，次の通りである。

売上高	600円／個×2,000個	1,200,000円
売上原価：		
変動費	400円／個×2,000個	800,000円
固定費	200,000円	200,000円
販売費及び一般管理費（固定費）		160,000円

損益分岐点における売上高および売上量を求めよ。

問題2

問題1のA社における損益分岐点比率を求めよ。

問題3[**]

B社は，X，Y製品を生産し販売している。次の資料に基づいて，利益が最大になる両製品生産量を求めよ。

	X製品	Y製品
月間需要上限（個）	5,000	3,000
販売単価（円）	200	400
製品1個当たり変動費（円）	140	300
製品1個当たり固定費（円）	20	20
製品1個を作るのに要する機械運転時間（時間）	4	8
機械運転最大可能時間（時間）	40,000	

[*] 次の文献を参考にした。
　　佐藤康男（2003）『管理会計テキスト』中央経済社，pp.42-43。
[**] 次の文献を参考にした。
　　Atkinson, A. A., Banker, R. D., Kaplan, R. S. and Young, S. M.. 1995. *Management Accounting*, Prentice-Hall, pp.346-347.

第4章 短期利益計画とCVP分析

解 答

解答1

損益分岐点における売上高 $= \dfrac{200,000円 + 160,000円}{1 - \dfrac{800,000円}{1,200,000円}} = 1,080,000円$

損益分岐点における売上量 $= 1,080,000円 \div 600円／個 = 1,800個$

解答2

1,800個 ÷ 2,000個 = 0.9，損益分岐点比率 → 90％

解答3

	X製品	Y製品
① 販売価格	200	400
② 単位変動費	140	300
③ 限界利益（①－②）	60	100
④ 製品1個の生産に要する機械運転時間	4	8
⑤ 機械運転時間単位当たり限界利益（③÷④）	15	12.5

　制約資源消費量（機械運転時間）単位当たり貢献利益をみると，X製品が高い。そこでその制約資源をX製品の生産に優先的に投入することによって，多くの利益が得られる。

・X製品をその需要上限まで生産するのに要する機械運転時間 → 5,000個 × @4時間 = 20,000時間 < 40,000時間

　X製品を需要上限まで生産しても，まだ機械時間には20,000時間余裕がある。その時間からY製品が2,500個（20,000時間÷@8時間）生産できる。したがって，最適製品組合せは，X製品が5,000個，Y製品が2,500個である。

第5章 直接原価計算と利益計画

キーワード
全部原価と部分原価，変動費と固定費，限界利益，貢献利益

学習のポイント
◎直接原価計算の特徴を理解する。
◎直接原価計算と全部原価計算の相違を学習する。
◎製品在庫の評価方法と直接原価計算下の利益の関係を理解する。

第1節 直接原価計算の特徴

　原価は，原価計算対象に集計される原価の範囲いかんによって全部原価と部分原価に区分される。全部原価は，一定の給付に対して生ずる全部の製造原価またはこれに販売費及び一般管理費を加えて集計したものであり，一方，部分原価は，そのうちの一部のみを集計したものである。

　直接原価計算は，部分原価に基づく原価計算の代表的な計算方式である。典型的な全部原価による原価計算は全部原価計算であり，これは，すべての製造原価を給付単位に集計する。

　直接原価計算による期間損益計算では，製造原価，ならびに販売費及び一般管理費を変動費あるいは固定費に分解した上で，まず売上高から変動売上原価，すなわち，「変動製造原価で評価した期首製品棚卸高＋変動製造原価による当期製造原価－変動製造原価で評価した期末製品棚卸高」を控除し，さらに変動販売費を差し引いて限界利益を計算する。営業利益は，限界利益から固定費を控除して求める[1)2)]。直接原価計算に基づく損益計算では，製造原価のうち，

図表5－1　直接原価計算による損益計算書

売上高		5,000
変動売上原価：		
期首製品棚卸高	1,800	
（＋）当期製造原価	500	
（－）期末製品棚卸高	150	2,150
製造限界利益		2,850
変動販売費		80
限界利益		2,770
固定費：		
固定製造原価	850	
固定販売費・一般管理費	250	1,100
営業利益		1,670

（注）変動売上原価の計算で用いる期首製品棚卸高，当期製造原価および期末製品棚卸高は，変動製造原価で評価する。

変動費部分は製品に集計し，固定費部分については，発生した期の期間費用とし，その期の売上総利益から控除する（図表5－1）。

このように，直接原価計算を制度としての原価計算に位置付けて継続的・経常的に実施するならば，CVP関係がいつでも分析できる[3]。すなわち，直接原価計算は，短期利益計画に役に立つCVPを明示する期間損益計算の一方法である。さらに，直接原価計算は，変動費と固定費の区分に基づく計算体系である。それゆえ，直接原価計算のもとでは，販売高の予測に基づく変動費計画と，設備投資計画によって影響を受ける固定費計画がそれぞれ効果的に策定できる。

第2節　直接原価計算と全部原価計算による営業利益

直接原価計算の勘定記入では，製品勘定は，完成品の変動製造原価のみを集計する。さらに，売上品の変動製造原価は，変動売上原価勘定を経て月次損益

勘定へ振り替える。

　直接原価計算と全部原価計算を期間損益計算の視点から比較すると，最も重要な差異の1つとしては，固定製造原価，つまり，製造費用中の固定費部分の計算方法があげられる。すなわち，直接原価計算では，当該期間における固定製造原価発生額を製品に配分するのではなく，むしろ，そっくりそのまま期間費用に計上して限界利益から差し引く。一方，全部原価計算においては，固定製造原価をいったん製品原価に算入し，その製品が販売されたときに売上原価の中に入れて売上高と対応させる。

　このように，全部原価計算は，固定製造原価を製品原価の中に含め，一方，直接原価計算は，製品原価に固定製造原価を含めない。この固定製造原価の計算方法の差異によって，両原価計算における売上高と営業利益の関係は，決定的に異なったものになる。つまり，全部原価計算に基づく損益計算書によると，しばしば，当期は前期に比べて売上高が増加したのに営業利益が減少し，逆に売上高が減少したのに営業利益が増加する。この現象の生起回避には，直接原価計算が威力を発揮する[4]。

　全部原価計算による営業利益は，必ずしも各期の売上高の変化と同じ方向に変化しない。その理由は，製品1単位当たり製造原価に算入される固定製造原価が製造量の変化に応じて変動するからである。まず，次の点を確認する。いま，一定の期間において，各期の製造量は異なるものの，新規の固定費発生はなく，したがって，固定費は一定とする。ここで，各期における同額の固定製造原価を製造量で除して計算する金額に焦点をあてると，製造量が多い期には，製品1単位当たり固定製造原価負担額が小さくなり，逆に製造量が少ない期には，製品1単位当たり固定製造原価負担額が大きくなる。また，当期における売上原価の計算において，前期繰越製品が存在する場合には，それらの製品に含まれる固定製造原価が当期の売上原価に計上される。

　したがって，全部原価計算による損益計算では，当期において販売された製品在庫品に含まれる固定製造原価の大きさが当期の売上原価に影響を及ぼす[5]。ここで重要なことは，当期において販売された製品在庫品に含まれる固定製造

原価額が，それらの製品在庫品の製造期間における製造量によって規定される点である。いま，ある会計年度における売上品の大部分は，前期に製造され売れ残った製品から成る場合，その会計年度における売上高と営業利益の関係は，前期において多量の製品が製造されたかによって決定的に異なったものになる。たとえば，たとえ当期において製品販売量が減少し売上高が減少しても，前期の製造量が多いならば，営業利益が増加する可能性がある。その理由は，前期に製造された製品は，量産に基づく製品1単位当たり固定製造費低減効果によって，製品1単位当たり製造原価が減少しており，当期売上品は，主にその製品単位原価の小さい前期の在庫品から成るため，その売上原価も小さいからである[6]。

　直接原価計算に目を転じ，営業利益の計算式を単純化して示すと，次のようになる。

$$OP_1 = P \cdot Q - v \cdot Q - F$$

ただし，OP_1 は利益，Pは製品の単価，Q は販売量，v は単位当たり変動費，F は固定費である。また，販売量と生産量は等しいとする。

　ここで，販売量が ΔQ だけ変化し $(Q + \Delta Q)$ のときの利益 (OP_2) は，次の通りである。ただし，追加の設備投資は行わないし（したがって，F は変化しない），変動費についても変化はないとする。

$$OP_2 = P(Q + \Delta Q) - v(Q + \Delta Q) - F$$

両利益の差を示せば，次の通りである。

$$OP_2 - OP_1 = (P - v)\Delta Q$$

上式において，$\Delta Q = 1$ のとき，製品1個を追加的に生産しそれが販売できれば，その企業の営業利益は製品1個当たり限界利益に相当する金額だけ増える。

　このように，直接原価計算によると，売上高と限界利益の間には比例的な関

係が成立するとともに，固定費については，その期間の発生額がすべてそのまま期間原価になるため，前期以前の期間における製造量の多寡が当期の営業利益に影響を及ぼさない。その結果として，直接原価計算の下での各期間の営業利益は，売上高と連動して変化する。

第3節　期末製品在庫の評価方法が及ぼす直接原価計算による営業利益への影響

本節では，直接原価計算と全部原価計算による営業利益の両者の間の関係を説明する。AおよびDは，それぞれ全部原価計算による営業利益，直接原価計算による営業利益であり，また，V^m，V^bおよびV^eは，それぞれ当期の製品変動製造原価，期首製品在庫に含まれる変動製造原価，期末製品在庫に含まれる変動製造原価を示し，さらに，F^m，F^bおよびF^eは，それぞれ当期の製品固定製造原価，期首製品在庫に含まれる固定製造原価，期末製品在庫に含まれる固定製造原価を表す。このとき，AおよびDは，次式で表される。

$$A = 売上高 - \underbrace{\{(V^b+F^b)+(V^m+F^m)-(V^e+F^e)\}}_{売上原価} - \underbrace{販売費及び一般管理費}_{期間原価}$$

$$D = 売上高 - \underbrace{\underbrace{(V^b+V^m-V^e)}_{変動売上原価} - 変動販売費}_{限界利益} - \underbrace{(固定販売費及び一般管理費+F^m)}_{期間原価}$$

したがって，

$$A - D = F^m - (F^b + F^m - F^e)$$

上式右辺の第1項のF^mは当期製品固定製造原価であり，また，第2項

($F^b + F^m - F^e$) は，固定製造原価分の売上原価である。ここで，当期における固定製造原価分の売上原価（$F^b + F^m - F^e$）は，さらに次のように分解できる[7]。まず，当期製品製造原価は，「期首仕掛品原価＋当期発生製造原価－期末仕掛品原価」によって計算されるので，F^m は，「期首仕掛品固定製造原価＋当期製品固定製造原価（F^m）－ 期末仕掛品固定製造原価」である。これより，

　当期における固定製造原価分の売上原価 ＝ 期首製品在庫に含まれる固定製造原価（F^b）＋ 期首仕掛品固定製造原価 ＋ 当期製品固定製造原価（F^m）－ 期末仕掛品固定製造原価 － 期末製品在庫に含まれる固定製造原価（F^e）

これを（$A-D$）の右辺に代入して整理すると，

$A - D = F^e +$ 期末仕掛品固定製造原価 $- F^b -$ 期首仕掛品固定製造原価

仕掛品が存在しない場合には，

$A - D = F^e - F^b$

以下では，仕掛品がないと仮定する。

　それでは，直接原価計算による営業利益と全部原価計算による営業利益との差は，いかなる要因によって規定されるのか。両者の差を規定する要因の1つとしては，先述の議論から明らかなように，生産量があげられる。実は，直接原価計算による営業利益と全部原価計算による営業利益との差を規定する要因には，もう1つある。それは，期末製品在庫の評価方法である。次には，Ijiri, Jaedicke and Livingstone（1965）および牧戸教授（1979）に基づいて，期末製品在庫の評価方法が与える影響を分析する[8]。以下では，図表5－2に示す記号を用いる。

（1） 先入先出法で行う場合[9]
　① 　$q^s > q^b$ の時
　　当期製品販売量が期首製品在庫量より大きい時には，期末製品在庫は当期製

図表 5 - 2　記号法

記　号	定　　義
q^s	当期製品販売量
q^m	当期製品製造量
q^b	期首製品在庫量
q^e	期末製品在庫量
V^m	当期の変動製造原価
V^b	期首製品在庫に含まれる変動製造原価
V^e	期末製品在庫に含まれる変動製造原価
F^m	当期の固定製造原価
F^b	期首製品在庫に含まれる固定製造原価
F^e	期末製品在庫に含まれる固定製造原価
A	全部原価計算による営業利益
D	直接原価計算による営業利益

造品のうちの売れ残ったと仮定される部分から構成されることになる。したがって，期末製品在庫に含まれる固定製造原価は，当期製造品のうちの売れ残ったと仮定される部分に含まれる固定製造原価である（図表 5 - 3（A）参照）。すなわち，

$$F^e = \frac{q^e}{q^m} F^m$$

そこで，

$$\begin{aligned} A - D &= F^e - F^b \\ &= \frac{q^e}{q^m} F^m - F^b \\ &= q^e \left(\frac{F^m}{q^m} - \frac{F^b}{q^e} \right) \end{aligned}$$

したがって，全部原価計算による営業利益と直接原価計算による営業利益との差 $(A - D)$ は，F^b / q^e に対する F^m / q^m の相対的な大きさによって規定される。

図表 5－3　先入先出法

（A）当期製品販売量 ＞ 期首製品在庫量　　（B）当期製品販売量 ≦ 期首製品在庫量

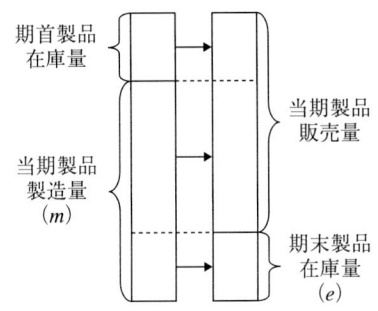

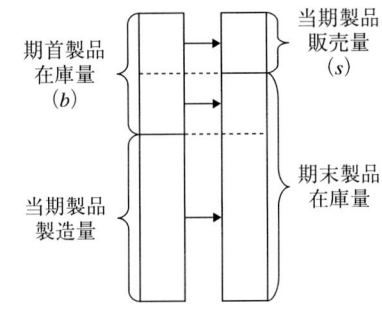

期末製品在庫の原価配分額
＝ 当期製品製造原価×(e/m)

期末製品在庫の原価配分額
＝ 期首製品在庫製造原価×$|(b-s)/b|$
　＋ 当期製品製造原価

② $q^s \leq q^b$ の時

当期製品販売量が期首製品在庫量以下の時には，期末製品在庫は期首製品在庫のうちの売れ残ったと仮定される部分と当期製造品から構成されることになる。したがって，期末製品在庫に含まれる固定製造原価は，期首製品在庫のうちの売れ残ったと仮定される部分に含まれる固定製造原価と当期製造品に含まれる固定製造原価から構成される（図表5－3（B）参照）。

$$F^e = \frac{q^b - q^s}{q^b} F^b + F^m$$

そこで，

$$\begin{aligned} A - D &= F^e - F^b \\ &= \left(\frac{q^b - q^s}{q^b} F^b + F^m \right) - F^b \\ &= F^b - \frac{q^s}{q^b} F^b + F^m - F^b \end{aligned}$$

$$= F^m - \frac{q^s}{q^b} F^b$$

$$= q^s \left(\frac{F^m}{q^s} - \frac{F^b}{q^b} \right)$$

（2）平均法で行う場合[10]

　平均法によると，期末製品在庫の評価は，期首製品在庫の原価と当期製造品の原価の平均原価で行われる。すなわち，

$$F^e = \frac{F^b + F^m}{q^e + q^s} q^e$$

$$= \frac{q^e}{q^e + q^s} (F^b + F^m)$$

そこで，

$$A - D = F^e - F^b$$

$$= \left\{ \frac{q^e}{q^e + q^s} (F^b + F^m) \right\} - F^b$$

$$= \frac{q^e}{q^e + q^s} \left\{ (F^b + F^m) - \frac{q^e + q^s}{q^e} F^b \right\}$$

$$= \frac{q^e}{q^e + q^s} \left(F^m - \frac{q^s}{q^e} F^b \right)$$

$$= \frac{q^s q^e}{q^e + q^s} \left(\frac{F^m}{q^s} - \frac{F^b}{q^e} \right)$$

（3）後入先出法で行う場合[11]

① $q^m > q^s$ の時

　当期製品製造量が当期製品販売量より大きい時には，期末製品在庫は当期製造品のうちの売れ残ったと仮定される部分と期首製品在庫から構成されることになる。したがって，期末製品在庫に含まれる固定製造原価は，当期製造品の

うちの売れ残ったと仮定される部分に含まれる固定製造原価と期首製品在庫に含まれる固定製造原価から成る（図表5－4（A）参照）。

図表5－4　後入先出法

（A）当期製品製造量＞当期製品販売量

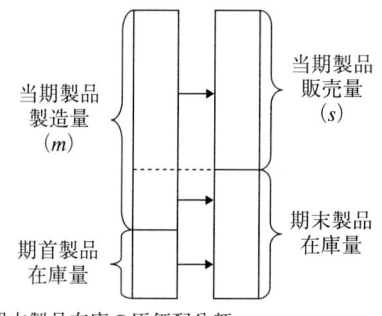

当期製品製造量（m）
期首製品在庫量
当期製品販売量（s）
期末製品在庫量

期末製品在庫の原価配分額
＝当期製品製造原価×$\{(m-s)/m\}$
＋期首製品在庫製造原価

（B）当期製品製造量≦当期製品販売量

当期製品製造量
期首製品在庫量（b）
当期製品販売量
期末製品在庫量（e）

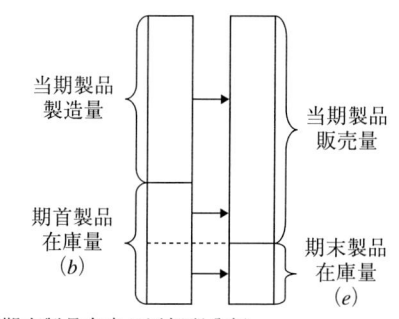

期末製品在庫の原価配分額
＝期首製品在庫製造原価×(e/b)

$$F^e = F^b + \frac{q^m - q^s}{q^m} F^m$$

そこで，

$$A - D = F^e - F^b$$
$$= \left(F^b + \frac{q^m - q^s}{q^m} F^m \right) - F^b$$
$$= \frac{q^m - q^s}{q^m} F^m$$

② $q^m \leq q^s$ の時

当期製品製造量が当期製品販売量以下の時には，期末製品在庫は期首製品在庫のうちの売れ残ったと仮定される部分である。したがって，期末製品在庫に含まれる固定製造原価は，期首製品在庫のうちの売れ残ったと仮定される部分に含まれる固定製造原価に等しい（図表5－4（B）参照）。

$$F^e = \frac{q^e}{q^b} F^b$$

そこで,

$$\begin{aligned}
A - D &= F^e - F^b \\
&= \frac{q^e}{q^b} F^b - F^b \\
&= \frac{q^e - q^b}{q^b} F^b \\
&= \frac{q^m - q^s}{q^b} F^b
\end{aligned}$$

【注】
1) ここでの直接原価計算による損益計算については，主に次の文献による。
　　小林健吾（1976）『直接原価計算』同文舘。
2) アメリカでは，一般的には，売上高から変動費を控除した利益を貢献利益と呼ぶ。
　　末政芳信教授によると，貢献利益は何に対する貢献かによって，次の４つに分類される。すなわち，①統制不能原価および利益に対する貢献，②意思決定によって影響されない原価および利益に対する貢献，③共通費および利益に対する貢献，④固定費および利益に対する貢献である（末政芳信（1978）『利益図表の展開』国元書房，pp.21-22）。
3) ここでの直接原価計算の特徴に関する議論は，次の文献に基づく。
　　岡本清（1994）『原価計算（五訂版）』国元書房，p.565。
4) ここでの直接原価計算と全部原価計算による営業利益の計算方法の差異に関する議論は，次の文献に基づく。
　　小林啓孝（1994）『現代原価計算講義』中央経済社，p.348。
5) ここでの全部原価計算による損益計算に及ぼす固定製造原価の影響に関する議論は，次の文献に基づく。
　　小林哲夫（1993）『現代原価計算論』中央経済社，p.39。
6) 5）と同様に，ここでの全部原価計算による損益計算に及ぼす固定製造原価の影響に関する議論は，次の文献に基づく。
　　小林哲夫，前掲書，p.39。

7) ここでの当期における固定製造原価分の売上原価の分解については，次の文献を参考にした。

　小林啓孝，前掲書，p.351。

8) ここでの期末製品在庫評価方法が及ぼす2つの原価計算方法による利益への影響に関する分析は，次の文献に基づく。

　牧戸孝郎（1979）「原価計算」『会計人コース』Vol.14, No.6, pp.39-48。

　Ijiri, Y., Jaedicke, R. K. and Livingstone, J. L.. 1965. "The Effect of Inventory Costing Methods on Full and Direct Costing," *The Journal of Accounting Research*, Spring, pp.63-74.

9) ここでの議論は，Ijiri, Jaedicke and Livingstone前掲書（pp.66-67），牧戸孝郎前掲論文（pp.47-48）に基づく。

10) ここでの議論は，Ijiri, Jaedicke and Livingstone前掲書（p.66），牧戸孝郎前掲論文（p.48）に基づく。

11) ここでの議論は，Ijiri, Jaedicke and Livingstone前掲書（pp.68-70），牧戸孝郎前掲論文（p.48）に基づく。

■練習問題

問題1

当社は，A製品を製造販売しており，下記のデータを入手した[*]。

（1）実際製造費用

	＜第1年度＞	＜第2年度＞
変動費		
直接材料費	1,000,000円	1,200,000円
直接労務費	800,000	850,000
製造間接費	600,000	650,000
計	2,400,000	2,700,000
固定費		
製造間接費	800,000	900,000
合　計	3,200,000	3,600,000

（2）第1年度および第2年度の両年度とも，期首仕掛品および期末仕掛品は存在しない。

（3）製品Aの製造量と販売量

	＜第1年度＞	＜第2年度＞
期首製品在庫量	2,000個	4,000個
当期完成品製造量	10,000	12,000
当期製品販売量	8,000	10,000
期末製品在庫量	4,000	6,000

（4）第1年度における期首製品在庫量2,000個に含まれる固定製造原価は，160,000円である。

（5）第2年度の全部実際原価計算による営業利益は，1,120,000円であった。

上記の条件に基づいて，期末製品在庫の評価方法つまり棚卸資産原価の配分法として（i）平均法，（ii）先入先出法および（iii）後入先出法が採用されている各ケースについて，第2年度の全部実際原価計算による営業利益を直接原価計算による営業利益に修正せよ。

問題2

直接原価計算とスループット会計における原価計算を比較せよ。

＊）この問題は，次の文献に基づく。

岡本清（1994）『原価計算（五訂版）』国元書房，pp.597-601。

> 解　答

【期末製品在庫の評価方法として平均法が採用されている場合】

先に示したように，期末製品在庫の評価方法として平均法が採用されている時，全部実際原価計算による営業利益と直接原価計算による営業利益との間には，次の関係が存在する。

$$A - D = \frac{q^s q^e}{q^e + q^s}\left(\frac{F^m}{q^s} - \frac{F^b}{q^b}\right)$$

$$D = A - \frac{q^s q^e}{q^e + q^s}\left(\frac{F^m}{q^s} - \frac{F^b}{q^e}\right)$$

条件より，第2年度について，A（全部原価計算による営業利益）= 1,120,000 円，q^e（期末製品在庫量）= 6,000 個，q^s（当期製品販売量）= 10,000 個，F^m（当期固定製造原価）= 900,000 円である。

第2年度の F^b（期首製品在庫に含まれる固定製造原価）は，次の通りである。第2年度の期首製品在庫の4,000個は，第1年度の期末製品在庫の4,000個である。棚卸資産原価の配分法として平均法が採用される場合，期末製品在庫に含まれる固定製造原価（F^e）は，｜（期首製品在庫に含まれる固定製造原価 ＋ 当期固定製造原価）÷（期末製品在庫量 ＋ 当期製品販売量）｜×期末製品在庫量，で計算できる。条件より，第1年度について，期首製品在庫に含まれる固定製造原価 = 160,000 円，当期固定製造原価 = 800,000 円，期末製品在庫量 = 4,000 個，当期製品販売量 = 8,000 個である。したがって，第1年度の期末製品在庫に含まれる固定製造原価，つまり，第2年度の期首製品在庫に含まれる固定製造原価（F^b）は，320,000 円である。

以上の数値に基づいて直接原価計算による営業利益（D）を計算すると，982,500 円になる。

【期末製品在庫の評価方法として先入先出法が採用されている場合】

棚卸資産原価の配分法として先入先出法が採用され，かつ当期製品販売量が期首製品在庫量より大きい時，全部実際原価計算による営業利益と直接原価計算による営業利益との間には，次の関係が存在する。

$$A - D = q^e\left(\frac{F^m}{q^m} - \frac{F^b}{q^e}\right)$$

$$D = A - q^e\left(\frac{F^m}{q^m} - \frac{F^b}{q^e}\right)$$

条件より，第2年度について，A（全部原価計算による営業利益）= 1,120,000 円，q^e（期末製品在庫量）= 6,000 個，F^m（当期固定製造原価）= 900,000 円，q^m（当期製造量）= 12,000 個である。

第2年度のF^b（期首製品在庫に含まれる固定製造原価）は，次の通りである。第2年度の期首製品在庫の4,000個は第1年度の期末製品在庫の4,000個である。先入先出法であるから，第1年度における8,000個の製品販売に対しては，まず期首製品在庫総量の2,000個の庫出しを行い，次いで，当期完成品10,000個の中から残りの6,000個の庫出しを行う。その結果として，第1年度の期末製品在庫は期中完成品のうちの売れ残り分と仮定される。ゆえに，第1年度の期末製品在庫に含まれる固定製造原価，したがって第2年度の期首製品在庫に含まれる固定製造原価は，第1年度において発生した製造費用中の固定費を第1年度の期中完成量で除して計算できる単位原価に，4,000個を乗じて計算した金額である。すなわち，

$$F^b = (800{,}000\text{円} \div 10{,}000\text{個}) \times 4{,}000\text{個} = 320{,}000\text{円}$$

　以上の結果より，D（直接原価計算による営業利益）$= 990{,}000$円である。

【期末製品在庫の評価方法として後入先出法が採用されている場合】

　棚卸資産原価の配分法として後入先出法が採用され，かつ当期完成品製造量が当期製品販売量より大きい時，全部実際原価計算による営業利益と直接原価計算による営業利益との間には，次の関係が存在する。

$$A - D = F^e - F^b$$
$$= \left(F^b + \frac{q^m - q^s}{q^m}F^m\right) - F^b$$
$$= \frac{q^m - q^s}{q^m}F^m$$

したがって，

$$D = 1{,}120{,}000 - \frac{12{,}000 - 10{,}000}{12{,}000} \times 900{,}000$$
$$= 970{,}000$$

第6章 振替価格

> **キーワード**
> 事業部制における内部振替価格,市価基準,移転価格税制

> **学習のポイント**
> ◎振替価格が与える事業部制への貢献について学習する。
> ◎振替価格設定の目的および設定方法を理解する。
> ◎移転価格税制における適正な移転価格決定方法を学習する。

第1節 事業部制組織と内部振替価格

(1) 事業部制組織

　本章は,事業部制における内部振替価格および多国籍企業の国際振替価格について考察する。

　今日,企業を取り巻く環境は,めまぐるしく変化している。たとえば,消費者ニーズは多様化し,また,製品のライフサイクルも短縮している。このような状況において,企業が存続し,かつ成長していくためには,環境の変化に対する適応能力を高めることが必要である。事業部制組織は,環境変化への対応能力を高めることができる。

　事業部制組織は,次の2つの基本的特徴を有する。すなわち,第1に,事業部制組織では,企業の組織が製品別,地域別あるいは職能別に複数の自律的単位に分割されている。第2に,事業部制組織は,事業部とは独立した本社部門を有する。

　占部（1977）によれば,事業部制組織は,環境変化への迅速かつ的確な対応

という視点から，次の長所を持つ[1]。まず，本社のトップ・マネジメントは，業務的な活動から解放され，戦略の策定と実施に専念することができる。さらに，各事業部は，製品別・顧客別・地域別などの視点から絞り込んだビジネスを集中的に遂行し，しかも自律的な意思決定権限を有するために，環境変化に対して迅速かつ的確に適応することができる。

このような事業部制組織においては，事業部は，外部の企業と取引するだけではなく，社内の事業部とも取引する。事業部間の取引，つまり，社内取引の対象になる財や用役に付けられる価格は，内部振替価格と呼ばれる。

（2）内部振替価格の目的

事業部制の導入目的の1つとしては，各事業部に対して権限を委譲し，企業全体としての利益増加に貢献するよう動機づけることがあげられる。しかしながら，本来的に，事業部の独立性が強まれば強まるだけ，本社のトップ・マネジメントとしては，各事業部における経営上の情報を把握することが困難になり，その結果，事業部の統制が実施し難くなる。この問題を克服するためには，本社のトップ・マネジメントは，企業全体と各事業部の目標の一致を達成するべく，事業部の収益性を評価し，それに基づいて，企業全体としての業績が向上するように，事業部間の資源配分を行わなければならない。この事業部の業績評価において，内部振替価格の決定は重要である。すなわち，内部振替価格が適切に設定されていない場合には，トップ・マネジメントの事業部に対する業績評価に狂いを生じ，その結果，高い成長力を持つ事業部への資金投下が行われない結果に至りかねない。

また，事業部利益は，事業部長の業績を評価するための基準の1つになる。そこには，利益によって業績を評価することにより，事業部長に対して企業者意識を高めることが意図されている。内部振替価格の設定方法いかんによって，事業部利益は，決定的に異なったものになる。もし，内部振替価格の設定が不適切であるならば，事業部長に対して企業者的行動を動機づけることはできない。この意味から，社内取引相手同士の両事業部長が相互に納得のいく公正か

つ客観的な内部振替価格を設定しなければならない。

　さらに，事業部長の意思決定や行動は，内部振替価格の決定方法から影響を受ける。たとえば，部品や製品を社内の事業部から購入する方がよいか，あるいは外部から購入すべきかに関する決定は，その部品または製品の内部振替価格によって影響を受ける。

　事業部長は，内部振替価格に基づいて事業部の利益増加につながる意思決定を行うが，この事業部長の決定は，企業全体としての利益増加をもたらさなければならない。したがって，事業部長は，自事業部の利益を高める機会を断念し，全社的成長に向けて意思決定し行動することが求められる状況に遭う。しかしながら，事業部長としては，業績評価が事業部利益に基づいて行われる以上，全社的利益増加につながる意思決定が，自事業部の利益増加に結びつかなければ，そのような意思決定を行おうとしない。したがって，内部振替価格は，各事業部長をして，全社的業績向上につながる意思決定を行わしめるように設定されなければならない。つまり，内部振替価格は，企業全体としての目標と事業部の目標の一致を促進しなければならない。

第2節　内部振替価格の設定方法

（1）市価基準の特徴

　内部振替の対象になる部品や製品が外部市場を持つ場合には，市価基準によって内部振替価格を設定すべきである。市価基準を適用することによって，本社のトップ・マネジメントは，最適な資源配分を決定できる。

　事業部制の目的は，業績評価を事業部利益に基づいて行うことにより，事業部長に利潤動機を持たせ，利益責任遂行の意欲を高めることにある。したがって，事業部制組織では，内部振替価格が事業部における利益業績の悪化に対する口実とされないように，社内取引を行う供給事業部と購入事業部の両事業部長が相互に納得のいく公正かつ客観的な内部振替価格を設定しなければならない。この条件を満たすのは，市価基準である。

さらに，市価基準は，市場の競争原理を企業内の各事業部に導入し，それによって，事業部の環境変化への適応を促進する。事業部長は，市場動向および技術進歩などの変化に対して迅速に適応しなければならない。それにもかかわらず，もし市価基準以外の方法によって内部振替価格が決定されるならば，事業部長は，市価に無関心になり，外部環境や競合会社の戦略の変化に対して迅速に対応できなくなる危険性がある。

(2) 市価基準モデル

市価基準によって内部振替価格を設定するにあたって，次の点を考慮する必要がある。すなわち，実際に外部市場で販売する場合には，販売促進費や受渡しのための諸費用などがかかり，また，外部市場より購入する場合には，買入手数料や引取費用などがかかる。この点を考慮して，供給事業部と購入事業が相互に納得するように内部振替価格を決定することが重要である。この問題について，Gould (1964) によって，最適な内部振替価格は，状況に応じて，購入市価，販売市価あるいは両者の中間の一定の価格に定まることが明らかにされている[2]。

Gould (1964) は，次の事業部制について分析を実施している。すなわち，①企業は，供給事業部と購入事業部から成り，供給事業部の製造する中間製造品を購入事業部がさらに加工して，最終製品を製造し販売する。②供給事業部は，自分の製造する中間製造品を内部振替価格によって購入事業部に販売することもできるし，また，外部市場において販売市価P_Sで販売することもできる。③購入事業部は，中間製造品を供給事業部から内部振替価格で購入することもできるし，また，外部市場から購入市価P_Bで購入することもできる[3]。ここで，Gould (1964) は，購入事業部が外部の企業に支払う購入市価および供給事業部が外部の企業から受け取る販売市価を次のように定義する。すなわち，購入市価は，外部購入に伴う副費を含み，一方，販売市価は，外部販売に伴う諸掛りを除く[4]。したがって，一般的には，購入市価の方が販売市価より高い[5]。

第6章 振替価格　69

　Gould（1964）によれば，最適な内部振替価格は，販売市価（P_S），購入市価（P_B）および供給事業部の限界原価曲線と購入事業部の純限界収益曲線の交点に対応する価格（P）の大小関係に依存する[6]。ここで，購入事業部の純限界収益は，最終製品の販売単価から，購入事業部における中間製造物の加工および最終製品の販売に係る限界原価を控除して計算する[7]。

　以下では，Gould（1964）に基づいて，（$P_B > P_S > P$）のケースを示す[8]（図表6－1参照[9]）。

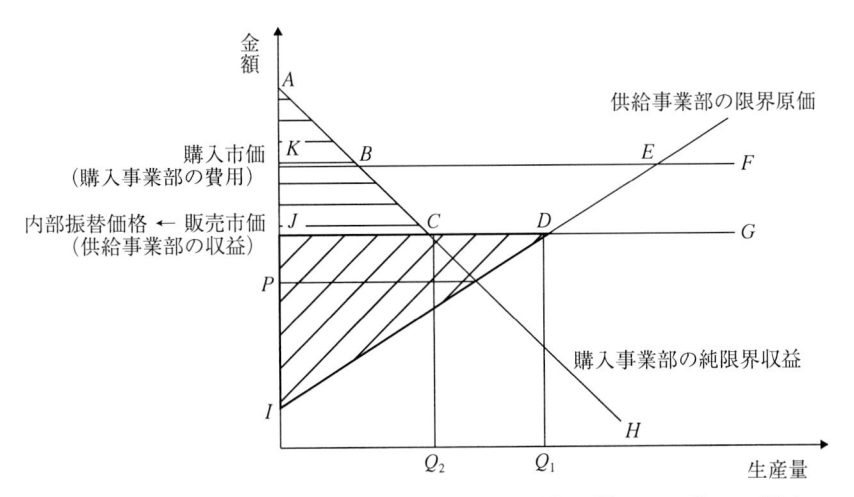

図表6－1　市価基準による内部振替価格

(注) 1. Gould, J. R.. 1964. "Internal Pricing in Firms When There are Costs of Using an Outside Market," *Journal of Business*, January, p.65 に基づいて作成。
　　 2. 販売市価と購入市価はともに中間製造物に対するものである。

　図表6－1において，会社全体として限界収益はACG，限界原価はIEFである。会社全体としての最大の利益$ACDI$（固定費控除前利益，図表6－1における斜線部分と横線部分の合計）を獲得するためには，両事業部は，次の意思決定を行う必要がある。すなわち，供給事業部は，中間製造物をQ_1単位作り，そのうちのQ_2単位を購入事業部に供給し，（$Q_1 - Q_2$）単位を外部市場において

販売する。購入事業部は，供給事業部から受け入れるQ_2単位の中間製造物に加工を施して，最終製品を完成させてその外部市場に供給する。

　この場合，事業部間の取引は，中間製造物の販売市価で実施することが重要である。この内部振替価格のもとで，供給事業部における限界収益と限界原価は，それぞれJG，IEであり，したがって，供給事業部ができる限り多くの利益を得るためには，Q_1単位の製造販売が必要である。その場合の供給事業部の最大の利益は，JDI（固定費控除前利益，図表6－1における斜線の部分）である。また，購入事業部における純限界収益はAHであり，限界原価については，中間製造物の購入市価が内部振替価格より高いのでJGである。したがって，購入事業部では，中間製造物をQ_2単位だけ供給事業部から受け入れ，それを最終製品市場で販売することにより，ACJ（固定費控除前利益，図表6－1における横線の部分）の利益が生まれる。既述のように，(Q_1-Q_2)単位の中間製造物については，供給事業部が外部市場で販売する。

　図表6－1において，内部振替価格を振替品の販売市価に基づいて設定することによって，両事業部が各自の利益増加の視点から行う意思決定は，企業全体としての業績向上につながる。つまり，企業全体としての目標と各事業部の目標が一致する。

　以上の議論は，供給事業部と購入事業部は，社内取引を忌避し，外部取引を行うことが許可されているとした。また，図表6－1による考察では，供給事業部は，購入事業部に対して必要な量の中間製造物を必ず供給することが前提とされている。この点に関し，供給事業部としては，社内取引と外部取引の限界収益は同じなので，社内取引を忌避する誘因は存在しない[10]。

（3）変動費基準と全部原価プラス基準

　内部振替価格の決定方法には，市価基準の他に，変動費基準，全部製造原価プラス利益基準などがある。しかし，これらの方法は，次の問題を抱える。すなわち，供給事業部が自分の変動費を内部振替価格として社内取引を行う場合，供給事業部は，固定費が回収できない。

供給事業部における全部製造原価に利益を加えた金額を内部振替価格とする場合には，供給事業部は，利益を出すことができる。しかしながら，内部振替価格の計算において，供給事業部において実際に発生した製造原価を用いると，供給事業部の不能率によるコスト・アップが購入事業部に転嫁されることになる。これを回避するためには，実際原価ではなく，標準原価を用いることが有効である。

（4）内部振替価格決定方法の基本思考

本節の第1項と第2項において，市価基準は，内部振替価格の種々の目的の相当数を同時に達成する点について解説した。

ここで，Horngren et al.（1994）に基づいて[11]，次の仮設事例を取り上げる。供給事業部が購入事業部にA製品を振り替える。供給事業部におけるA製品製造コストは，単位当たり変動費が20万円，単位当たり固定費負担額が10万円である。供給事業部は忌避宣言権（つまり，社内取引を拒否し外部販売する自由裁量権）を有する。供給事業部は，A製品を1個当たり120万円で外部に販売できる。また，供給事業部では，A製品製造について，生産キャパシティに余裕がないため，社内の購入事業部にA製品を引き渡すと，外部販売ができない。換言するならば，A製品を社内取引と外部販売の両方に使うことはできない。なお，供給事業部は，設備の拡大投資を行わない。

この事例において，供給事業部の受容可能な内部振替価格を考察する。まず，供給事業部がA製品を1個製造すると発生し，製造しないと発生しない増分支出原価を計算する。これは，A製品単位当たり変動費20万円である。供給事業部は，A製品を1個作って購入事業部に引き渡すにあたって，この増分支出原価20万円を超える利益を獲得しなければならない。

供給事業部が社内取引において回収しなければならないのは，その製品製造に関する増分支出原価だけではない。供給事業部は，社内取引を行うことから生ずる機会原価に相当する利益をも回収する必要がある。供給事業部では，A製品を1個製造して購入事業部に引き渡すと，それを外部市場に供給すること

から得られる利益が獲得できなくなる。したがって，供給事業部としては，A製品を1個製造して購入事業部に引き渡すためには，それによって生ずる機会原価を超える利益の獲得が条件になる。上述の Horngren *et al.*（1994）に基づく事例では，供給事業部がA製品を1個作って外部市場に供給する場合，増分利益100万円（A製品販売市価120万円 － 単位当たり変動費20万円）が発生し，これが機会原価になる。

以上より，供給事業部の受容可能なA製品1個当たり内部振替価格下限は，増分支出原価20万円に機会原価100万円を加えた金額（120万円）である[12]。

先述の事例では，内部振替価格を増分支出原価と機会原価の合計に基づいて決定する。これは，内部振替価格を市場価格あるいはそれに近似する価格に基づいて設定することに等しく，したがって，市価基準が多くの場合に有効な内部振替価格設定方法であることを意味する。

第3節　国際振替価格

企業が経営の多国籍化を遂げると，その企業グループ内の企業が国外関連企業に財・サービスを提供する。たとえば，ある国の子会社は，その本国親会社から提供された資金およびノウ・ハウに基づいて部品を生産し，さらにその部品は，完成品組立を行っている他の国の関連企業に販売されたとする。この場合，親会社が海外子会社に提供する貸付金およびノウ・ハウそれぞれの利子と使用料をいくらにするか，ならびに海外子会社間で売買される部品の価格をいくらにするかは，国際振替価格の決定問題である。

国際振替価格の金額いかんによって，各関連企業が計上する課税所得は，決定的に異なったものになる。さらに，国際振替価格が付けられる取引の当事者双方は，独立第三者ではなく，むしろいわば仲間同士（つまり，親会社とその海外子会社，あるいは異なる国・地域の子会社同士）である。したがって，国際振替価格は，多国籍企業における節税政策の手段になる。すなわち，各国の法人税率が異なる場合には，独立第三者間の国際取引の価格とかけ離れた対価で国際

振替価格を設定し，低税率国の関連企業に多額の課税所得を計上させることによって，企業グループ全体として納税額の減少を実現できる。かかる国際振替価格操作の実施に関する意思決定に影響を与える要因の1つには，移転価格税制が存在する。

移転価格税制が定める諸規則のうち，企業にとって最も重要なのは，適正な移転価格算定方法である。

現在，わが国の移転価格税制で定める移転価格算定方法は，図表6－2の通りである。税務調査対象法人とその国外関連者における棚卸資産または無形資産の売買取引について，その関連者同士の取引に類似する独立第三者との取引および比較可能な独立第三者同士の取引がいずれも存在しなければ，基本三法は適用できない。その場合には，取引単位営業利益法あるいは利益分割法によって独立企業間価格が算定される。

図表6－2　わが国の独立企業間価格の算定方法

移転価格算定方法	適用順位
① 基本三法 　(a) 独立価格比準法 　(b) 再販売価格基準法 　(c) 原価基準法	②および③に優先して適用する。
② 基本三法に準ずる方法 　(a) 独立価格比準法に準ずる方法 　(b) 再販売価格基準法に準ずる方法 　(c) 原価基準法に準ずる方法	①が適用できない場合に適用する。
③ その他政令で定める方法 　(a) 取引単位営業利益法 　(b) 取引単位営業利益法に準ずる方法 　(c) 寄与度利益分割法 　(d) 比較利益分割法 　(e) 残余利益分割法	②と③の適用には優先順位はない。

出所：川田剛（2007）『早見一覧　移転価格税制のポイント』（財経詳報社，p.17）に基づく。

【注】
1) ここでの事業部制の特長に関する議論は、次の文献に基づく。
   占部都美（1977）『事業部制と利益管理』白桃書房。
2) Gould, J. R.. 1964. "Internal Pricing in Firms When There are Costs of Using an Outside Market," *Journal of Business*, January, pp.61-67.
3) 同上論文, p.64.
4) 同上論文, p.64.
5) 同上論文, p.64.
6) 同上論文, pp.61-67.
7) 同上論文, p.65.
8) 同上論文, pp.64-65.
9) 同上論文, p.65.
10) ここでの市価基準の説明は、Gould, J. R. 前掲論文（pp.64-65.）に基づく。
11) Horngren, C. T., Foster, G. and Datar, S.. 1994. *Cost Accounting: A Managerial Emphasis*, Prentice Hall, pp.875-876.
12) 本項における議論は、次の文献に基づく。
   Horngren, C. T., Foster, G. and Datar, S., 前掲書, pp.875-876.
   Horngren *et al.* 前掲書（pp.875-876.）によれば、内部振替価格の諸目的のすべてを同時に達成する方法はないが、内部振替価格の設定において、その第1ステップとして、次の供給事業部の受容可能な振替品単位当たり内部振替価格下限を計算することは実践の上で有効である。すなわち、振替品を1単位追加的に社内取引すると発生する支出原価に、社内取引によって外部販売できなくなり、それによって生ずる振替品単位当たり機会原価を加え、これを内部振替価格の下限にする。

■練習問題

問題1
　内部振替価格の設定目的を述べよ。

問題2
　市価基準の特徴を述べよ。

問題 3

図表6－2の独立企業間価格算定の諸方法を調べよ。

解 答

解答 1
(1) 内部振替価格は，正確な事業部の業績評価に関するデータを作成し，企業内における資源の最適配分を可能にする。
(2) 内部振替価格は，事業部長をして，企業全体としての利益増加につながる意思決定を行わせるのに役に立つ。

解答 2
(1) 事業部制の目的は，業績評価を事業部利益に基づいて行うことにより，事業部長に利潤動機を持たせ，利益責任遂行の意欲を高めることにある。したがって，事業部制組織では，内部振替価格が利益業績の悪かったことに対する口実とされないように，社内取引を行う供給事業部と購入事業部の両事業部長が相互に納得のいく公正かつ客観的な内部振替価格を設定しなければならない。この条件を満たすのは，市価基準である。
(2) 市価基準は，市場の競争原理を企業内の各事業部に導入し，それによって，事業部の環境変化への適応を促進する。もし市価基準以外の方法によって内部振替価格が決定されるならば，事業部長は，市価に無関心になり，外部環境や競合会社の戦略の変化に対して迅速に対応できなくなる危険性がある。

解答 3 [*]
(1) 基本三法
　　独立価格比準法，再販売価格基準法および原価基準法は基本三法と呼ばれ，他の方法より優先的に適用される。基本三法は，独立第三者における比較可能な取引を独立企業間価格の算定基礎にする。この比較対象取引には，内部比較対象取引と外部比較対象取引がある。前者は，国外関連取引を行った法人が，独立第三者との間で行う取引であり，一方，後者は，まったく外部の企業同士の取引である。
　① 独立価格比準法
　　独立価格比準法は，同様な状況において独立第三者間で行われた同種の取引の対

価をもって適正な移転価格にする。
② 再販売価格基準法

　内部比較対象取引が存在する場合の再販売価格基準法の仕組みを図示すれば，図1の通りである。同法は，独立第三者との取引における比較可能な売上総利益率を，税務調査対象法人の申告価格が適正であるかを判定する際の基礎に置く。再販売価格基準法では，図1に示すように，独立第三者への再販売価格から，独立第三者との取引における売上総利益率を用いて算定する適正なマージンを控除した額が独立企業間価格になる。

図1　再販売価格基準法（内部比較対象取引が存在する場合）

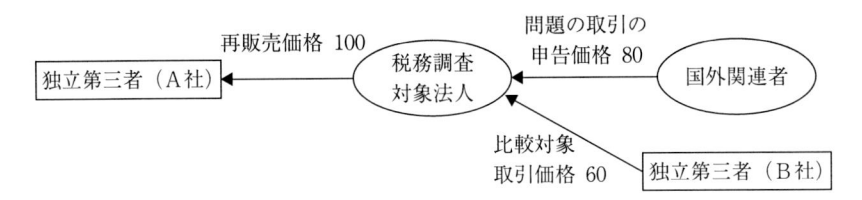

```
独立第三者（A社） ←再販売価格 100― 税務調査対象法人 ←問題の取引の申告価格 80― 国外関連者
                                          ↑
                                      比較対象取引価格 60
                                      独立第三者（B社）
```

・比較対象取引である第三者（B社）に支払った仕入価格に基づく売上総利益率＝(100－60)÷100＝0.4［ただし，ここでの100は再販売価格である。］
・再販売価格基準法に基づく独立企業間価格＝100（再販売価格）－100（再販売価格）×比較対象取引に基づく売上総利益率(0.4)＝60

③ 原価基準法

　図2は，原価基準法の仕組みを示す。同法は，再販売価格基準法と同様に独立第三者との取引価格による比較可能な売上総利益率（ただし製造原価に対する利益率）を独立企業間価格の算定基礎にする。原価基準法は，第三者への売上収入から製造原価を控除した金額を製造原価で除して適正な利益率を求める。さらに，この適正な利益率を製造原価に乗じて税務調査対象法人が得るべき売上総利益を求めて，それに製造原価を足して独立企業間価格を決定する。

図2　原価基準法（内部比較対象取引が存在する場合）

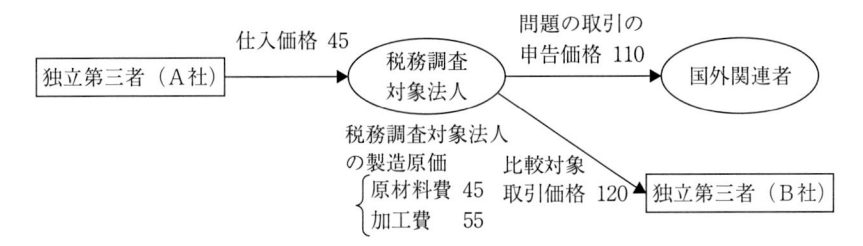

```
独立第三者（A社） ──仕入価格 45──→ 税務調査対象法人 ──問題の取引の申告価格 110──→ 国外関連者
                                          税務調査対象法人
                                          の製造原価         比較対象
                                          ｛原材料費 45    取引価格 120 ──→ 独立第三者（B社）
                                           加工費   55
```

・比較対象取引である第三者（B社）との取引価格に基づく製造原価対売上総利益率 ＝（120－100）÷100＝0.2［ただし，ここでの100は，原材料費45と加工費55の合計である。］
・原価基準法に基づく独立企業間価格＝100（原価）＋100（原価）×比較対象取引価格に基づく製造原価対売上総利益比率（0.2）＝120
（注）川田剛『早見一覧　移転価格税制のポイント』（財経詳報社，2007年，p.39）に基づいて作成。

（2）利益に基づく移転価格算定方法

　　税務調査対象法人とその国外関連者における棚卸資産または無形資産の売買取引について，その関連者同士の取引に類似する独立第三者との取引および比較可能な独立第三者同士の取引がいずれも存在しなければ，基本三法は適用できない。その場合には，取引単位営業利益法あるいは利益分割法によって独立企業間価格が算定される。

① 取引単位営業利益法

　　図3の例では，税務調査対象法人と国外関連者との間の取引価格70について，それが適正であるかを取引単位営業利益法によって調査する。税務調査対象法人は，営業利益14を申告している。取引単位営業利益法は，比較可能な独立第三者を決定し，その非関連者における売上高営業利益率を求める。

図3　国外関連者から資産を購入する取引に取引単位営業利益法を適用する場合

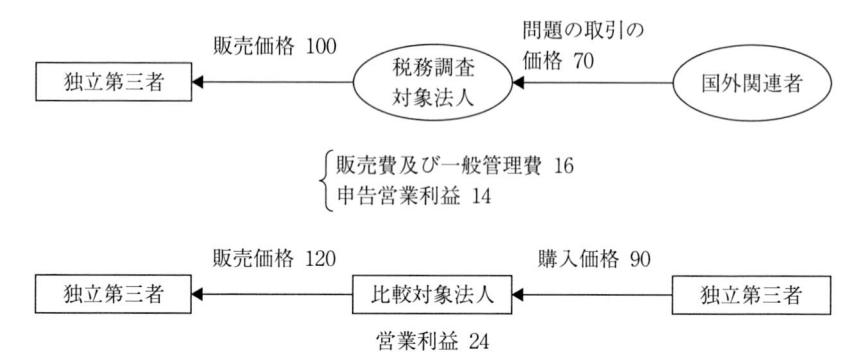

```
独立第三者 ←―販売価格 100―― 税務調査    ←―問題の取引の―― 国外関連者
                              対象法人        価格 70
                            { 販売費及び一般管理費 16
                            { 申告営業利益 14

独立第三者 ←―販売価格 120―― 比較対象法人 ←―購入価格 90―― 独立第三者
                            営業利益 24
```

- 比較対象法人における売上高営業利益率 = 24 ÷ 120 = 0.2
- 税務調査対象法人の適正な営業利益 = 100（再販売価格）× 0.2（比較対象法人における売上高営業利益率）= 20
- 取引単位営業利益に基づく独立企業間価格 = 100（再販売価格）－｛20（適正な営業利益）＋ 16（販売費及び一般管理費）｝= 64

② 利益分割法

利益分割法は，比較利益分割法，寄与度利益分割法および残余利益分割法から成る。比較利益分割法は，独立第三者同士の取引における比較対象利益分割比率に基づいて国外関連取引における合計利益を分割し，また，寄与度利益分割法は，経済的貢献度に応じて各関連企業に合算利益を配分する。さらに，利益分割法は，まず国外関連取引の両当事者に通常獲得されうる利益を配分し，残った部分を無形資産の価値などに応じて配分する。

（ア）比較利益分割法

図4によれば，問題取引に類似する独立第三者同士の取引においては，A社とB社の間の利益配分は6：4である。問題取引は，このA社とB社の取引を比較対象取引とすることができる。そこで，比較利益分割法は，P社とS社の取引における合計利益をP社：S社＝6：4に配分する。

図4　比較利益分割法

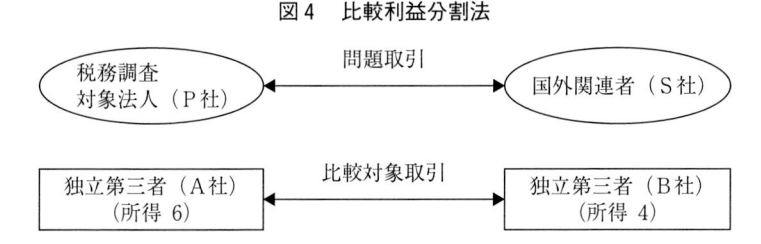

```
     税務調査           問題取引         国外関連者（S社）
  対象法人（P社）  ←――――――――→

   独立第三者（A社）   比較対象取引    独立第三者（B社）
     （所得 6）     ←――――――――→      （所得 4）
```

（注）望月文夫（2007）『日米移転価格税制の制度と適用』（大蔵財務協会，p.500）に基づいて作成。

（イ）寄与度利益分割法

　　寄与度利益分割法は，国外関連取引において，まず，その両当事者（両関連企業）が果たす機能分析を行い，その結果より各関連企業の相対的経済的貢献度を決定し，それに基づいて合算営業利益を配分する。相対的な経済的貢献度については，支出費用額（人件費および減価償却費などの固定資産関連費用），使用固定資産額，使用資本，売上高，研究開発費，役務の提供などを比較して決定する（五味雄治・大崎満（1996）『国際取引課税』財経詳報社，p.65）。

（ウ）残余利益分割法

　　残余利益分割法の最も重要な特徴の1つとして，無形資産の関連企業間国際取引における移転価格算定に有効であることがあげられる。無形資産を含む関連企業間国際取引への残余利益分割法の適用・運用プロセスは，次の2ステップに区分される。第1段階では，当該関連取引における購入側の関連企業について，その関連企業と同様な機能を遂行する独立企業の中から比較対象企業を選定し，それらの比較対象企業の財務比率に基づいて比較可能な利益を算出し，その比較可能利益を当該関連企業における無形資産の対価控除前利益から控除する。その結果として，残余利益が計算される。第2段階では，残余利益を経済的な貢献度に応じて関連企業に配分する。

　　次に，事例によって残余利益分割法を説明する[**]。

　　アメリカの親会社Aは，甲製品について特許を有している。A社は，その欧州子会社B社に甲製品の製造・販売ライセンスを供与したが，欧州子会社B社よりロイヤルティは受け取っていない。2007年度において，欧州子会社B社は，売上高7億ドル，ロイヤルティ控除前費用5億ドル，したがって，ロイヤルティ控除前利益2億ドルを計上した。なお，欧州子会社B社の固定資産は2億ドルであった。

税務当局は，残余利益分割法の適用を決定した。そこで，税務当局は，欧州子会社B社と同じ機能を遂行し，かつ甲製品の製造・販売ライセンスを持っていない欧州の独立第三者の中から比較対象企業を選定し，これらの比較対象企業の財務データに基づいて固定資産利益率の平均を求める。その比較可能な固定資産利益率は，10％になった。この比較対象利益率に基づくと，もし比較対象企業が欧州子会社B社の固定資産によって事業を行うとすれば，2,000万ドル（2億ドル×0.1）を得る。この2,000万ドルを欧州子会社B社のロイヤルティ控除前利益（2億ドル）から控除して算出される利益（1億8,000万ドル）が残余利益である。この残余利益は，甲製品に関する特許（無形資産）に帰属する。

残余利益分割法では，最終的に，無形資産が生み出したとみなされる残余利益を経済的貢献度に基づいて関連企業に配分する。そこで，上の事例において残余利益を研究開発費で配分するとし，また，アメリカ親会社A社と欧州子会社B社の比率を2：1とする。したがって，欧州子会社B社が親会社A社に対して支払うべき甲製品ライセンスの独立企業間ロイヤルティは，6,000万ドルである。これは，欧州子会社B社が甲製品ライセンスによって獲得した残余利益1億8,000万ドルの3分の1である。

＊）ここでの移転価格税制における独立企業間価格の算定方法に関する解説は，次の文献に基づく。
　　Wright, D. R.. 1993. *Understanding the New U. S. Transfer Pricing Rules*, Cooper & Lybrand.
　　川田剛（2007）『早見一覧　移転価格税制のポイント』財経詳報社。
　　五味雄治・大崎満（1996）『国際取引課税』財経詳報社。
　　望月文夫（2007）『日米移転価格税制の制度と適用』大蔵財務協会。
＊＊）残余利益分割法の事例は，次の2つの文献を参考にした。
　　Wright, D. R., *ibid*, pp.105-109.
　　五味雄治・大崎満，同上書，pp.68-70.

第7章 資金運用表による資金管理

> **キーワード**
> 学長期利益計画，短期利益計画，資金計画，利益目標，黒字倒産，資金循環，運転資金の流れ，固定資金の流れ，資金運用表

> **学習のポイント**
> ◎資金計画は，利益目標を達成させ倒産を避けるカナメである。
> ◎資金計画は，資金運用表ワークシートを作成する。
> ◎資金運用表により来期の計画の基とする。

第1節 資金管理の重要性

　管理会計においては，経営方針の下に長期利益計画が策定される。これは中期または短期利益計画に具体化され，その下で販売計画や生産計画が策定される。これらは，トップ・マネジメントやその他の経営管理者によって製造部や営業部などの個別部門の経営計画となって企業活動が営まれていく。資金計画は，この企業活動を円滑に進めて利益目標を達成させるカナメである。資金計画は，運転資金を主とする企業の資金循環を管理して利益目標を実現させる一方で，資金繰りも健全に進行させて，倒産を避けるという役割を持つ。

　倒産は，通常，売上不振や原価コスト高のために赤字が累積し，最終的に銀行取引停止となる事態である。黒字倒産は，これとは異なり，決算書では利益が出ているにもかかわらず資金繰りで入金が出金に届かずに銀行取引停止となる事態であり，最も注意せねばならないことである。会計的には，損益計算書や貸借対照表で利益が出ているのにもかかわらず，倒産することである（これは，突然の倒産となって現れ，新聞やテレビ報道で「会社更生法申請へ」や「民事再生法

申請へ」という見出しで世間を驚かすことが多い)。

かつて自動車業界最大手であった「日産自動車」,化粧品業界最大手の一角を誇っていた「カネボウ」,アラレやセンベイの業界トップであった「日東あられ」などの経営不振の例は枚挙にいとまがない(「日産自動車」だけはフランス自動車メーカーの支援を受けて経営再建したが,他の2社は粉飾決算を行っていたこともあって今日存在していない)。これらの倒産の端緒は「手形が落ちない」とか「小切手支払の残高が不足した」などが生じたことによる。資金管理は利益管理に優先することが証明されている。

第2節　黒字倒産─利益計上期の資金不足

黒字倒産は次のようなプロセスで起きる。損益計算書において,売上から売上原価や営業費および一般管理費を引いた後に営業利益が記載されており,さらに営業利益に営業外収益を加えて営業外費用を引いた後に経常利益が記載されており,当期利益も当期未処分利益も表示されていれば健全な企業であるという印象が生じる。契約企業はいつものとおりの売掛金と手形の決裁を,従業員はボーナスと次年度のベースアップを,投資家(株主)は,配当金を期待する。

しかし,売上のほとんどを手形で受取っていて,その手形代金が契約の期日に入金しなかったり,手形の振出元が倒産して入金が不可能になったりすると,損益計算書で利益があっても,現金が手元にないから経営は一挙に苦境に陥り,自社が振出した手形や小切手が決済できず銀行取引停止となる。後は会社更生法適用や民事再生法による存続か解散となる。企業にとっては利益が出ていなくとも資金収支が合っていることのほうが重要であるから,資金管理は利益計画に優先するといわれる理由である。

江戸時代の商家にはよく「勘定合って銭足らず」にならないようにと戒めた家訓が多かったようである。これは現代でいう黒字倒産を事前に防ぐ心構えである。黒字倒産にならないようにするために,経営の血液である現金を経営の規模に応じて適当なレベルで保つことが求められている。売上も原価も費用も

すべて現金支出で行われていれば，経営と資金の状態は，現金残高という目に見える形で管理できる。しかし，現実の資金は，図表7－1のように現金経済と信用経済がミックスした形で循環している。資金循環において現金経済と信用経済が組合わされて運用されるのが運転資金であるので，運転資金の管理が重要となる。

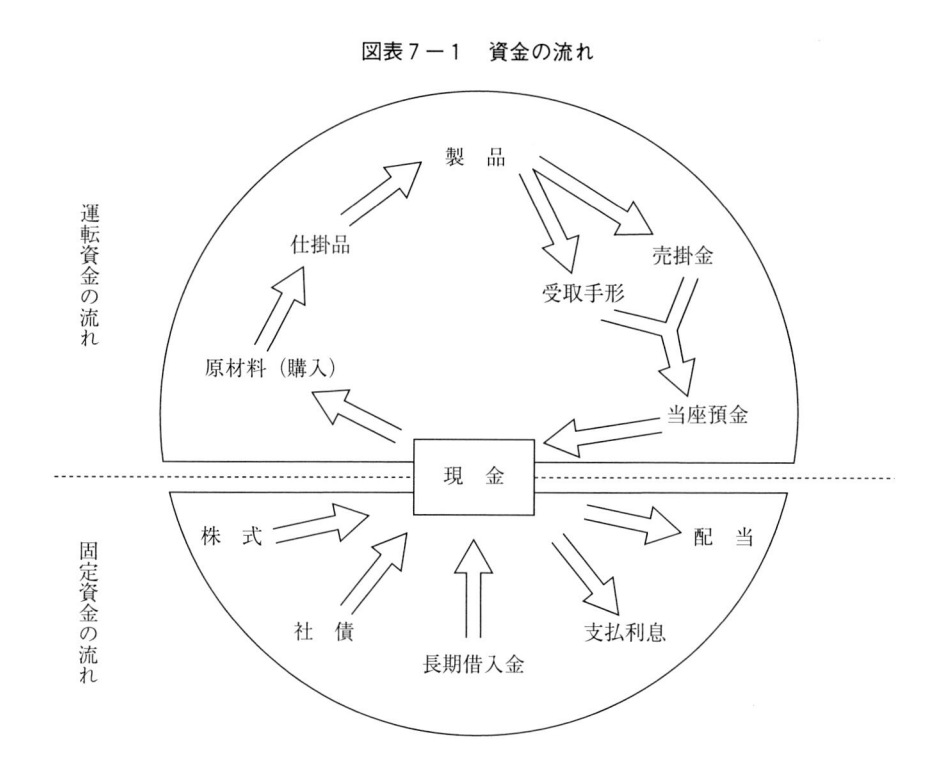

図表7－1　資金の流れ

第3節　資金循環における運転資金

図表7－1のように企業における資金は①運転資金，②設備資金，③現金・預金資金の三層構造のなかで循環している。発足にあたって企業は出資および負債借入により現金を得る。発足後は増資および社債発行および長期借入金に

よって設備資金を得る。この現金資金で設備資金の循環が始まり、投資として建物・機械設備を購入する。この建物・機械設備を使用して生産活動を行う。生産には材料が必要であり、現金または買掛金により材料を購入し、現金支払いにより労働者を雇い入れて加工作業して製品を製造する。ここで生産された製品は販売され、製品の販売代金として現金または売掛金または受取手形を得る。売掛金および受取手形は受取期日になると現金入金となり、現金・預金資金への循環が完結する。

　売上代金は手形や売掛で行われている（仕訳は「受取手形」や「売掛金」の借記、貸記は両方共に「売上」となる）ことが多く、手形の場合は決済期日に額面金額が現金で入金され、売掛金の場合は翌月〆（締め）後の現金の入金となる。これに材料の購入に使われる自社振出の手形や買掛金を現金で決済し、さらに労務費の現金支払が加わってこの部分の資金の循環は完結する。これらは本来、現金で行われる資金の循環に、信用と金融をミックスした運転資金の循環で行われ、その上で企業経営が行われていることを意味する。

　財務会計では、投資家が倒産という最悪の投資リスクを判断するため、旧証券取引法では、資金繰表の開示が求められてきたが、現在の金融商品取引法では、一部の大企業についてキャッシュ・フロー計算書の開示を制度化している。これは、管理会計においても役立つが、管理会計としては、資金の細部にわたる移動を分析するツールである資金運用表が重要である。資金運用表は資金運用表のワークシートから作成されるので、その作成を検討する。

第4節　資金運用表の作成

（1）資金増減表

　図表7－2は、資金運用表ワークシート作成の練習用に簡略化したPQR株式会社の貸借対照表である。

　図表7－3は、資金増減表であり、企業のなかを循環する資金の増減を分析する体系を示している。資金運用表は、運転資金と固定資金という2種類の資

図表7-2　比較貸借対照表

勘定科目	第47期	第48期	勘定科目	第47期	第48期
(借　方)			(貸　方)		
現金預金	14,142	32,514	買掛金	26,005	26,500
受取手形	13,590	27,960	支払手形	15,290	20,257
売掛金	23,606	47,063	短期借入金	16,060	28,034
有価証券	17,320	16,270	未払金	14,237	26,375
棚卸資産	25,822	26,443	預り金	22,280	18,020
その他	4,902	6,420	その他	3,806	2,761
土　地	44,838	385,627	長期借入金	74,938	97,712
建　物	271,611	273,736	社　債	131,931	291,413
車　両	42,887	48,705	退職給与引当金	40,833	174,548
備　品	35,418	25,611	資本金	136,018	185,740
投資有価証券	5,864	9,651	利益剰余金	18,602	28,640
合　計	500,000	900,000	合　計	500,000	900,000

図表7-3　資金増減表

表示	項目	運転資金 増加	運転資金 減少	固定資金 増加	固定資金 減少
借方	流動資産	前期＜当期	前期＞当期		
借方	固定資産			前期＞当期	前期＜当期
貸方	流動負債	前期＞当期	前期＜当期		
貸方	固定負債			前期＜当期	前期＞当期
貸方	自己資本			前期＜当期	前期＞当期

金に分類する。運転資金は貸借対照表の流動資産と流動負債として現れている1年以内で入り，1年以内で出て行く資金の循環である。固定資金は固定資産，固定負債，資本として現れている2年以上の期間で企業に滞留し，2年以上先に企業から出て行く資金の循環である（企業会計は1年基準＜ワンイヤールール＞であるので1年以内であれば流動であり，1年を越えれば固定の分類となる）。

　資金運用表は，資金が現金経済と信用経済という2つのタイプの循環過程を通してどのように推移したかを整理して2期間の資金の流れを分析し，結論と

して「正味運転資金の増加（減少）」を得る資金管理の分析ツールである。資金増減分析表は，次のような内容である。

1．流動資産の増加・・・増加。［例：現金が増えると資金が増える。］
2．流動資産の減少・・・減少。［例：現金が減ると資金が減る。］
3．固定資産の増加・・・減少。［例：建物増は建築会社にカネを払ったから。減価償却を経ないと回収できない。資金が減っただけ。］
4．固定資産の減少・・・増加。［例：建物減は不動産屋に売ったから。または減価償却費が増えたから。資金は増える。］
5．流動負債の増加・・・減少。［例：買掛金が増えると返済の現金が増える。資金が減る。］
6．流動負債の減少・・・増加。［例：買掛金が減ると返済の現金が少なくなる。結果的に資金が増える。］
7．固定負債の増加・・・増加。［例：社債が増えても今年は返済不要。今年は資金が増える。］
8．固定負債の減少・・・減少。［例：社債を償還。長期借入金を返済。現金返済なので資金が減る。］
9．自己資本の増加・・・増加。［例：利益増および増資で現金流入。返済不要なので資金が増える。］
10．自己資本の減少・・・減少。［例：減資の実施，資本剰余金や利益剰余金の取崩しで資金は減る。］

（2）資金運用表ワークシート

　資金増減表の分類に従って，資金運用表ワークシートに記入する。ワークシートは，図表7－4のように，勘定科目，比較貸借対照表，増減額，運転資金，固定資金の9列からなる4種類の表の組合せである。勘定科目欄の最後には列ごとの合計，正味運転資金の増加（減少），列ごとの総合計がある。最初の計算作業は，2期の比較貸借対照表の値から増減額を計算して増減額欄に記入する。

第7章　資金運用表による資金管理　87

図表7－4　資金運用表ワークシート

勘定科目	比較貸借対照表 第47期	比較貸借対照表 第48期	増減差額 借方	増減差額 貸方	運転資金 増加	運転資金 減少	固定資金 源泉	固定資金 使途
現金預金	14,142	32,514	18,372		18,372			
受取手形	13,590	27,960	14,370		14,370			
売掛金	23,606	47,063	23,457		23,457			
有価証券	17,320	16,270		1,050		1,050		
棚卸資産	25,822	26,443	621		621			
その他	4,902	6,420	1,518		1,518			
土　地	44,838	385,627	340,789					340,789
建　物	271,611	273,736	2,125					2,125
車　両	42,887	48,705	5,818					5,818
備　品	35,418	25,611		9,807			9,807	
投資有価証券	5,864	9,651	3,787					3,787
合　計	500,000	900,000						
買掛金	26,005	26,500	495			495		
支払手形	15,290	20,257	4,967			4,967		
短期借入金	16,060	28,034	11,974			11,974		
未払金	14,237	26,375	12,138			12,138		
預り金	22,280	18,020		4,260	4,260			
その他	3,806	2,761		1,045	1,045			
長期借入金	74,938	97,712	22,774				22,774	
社　債	131,931	291,413	159,482				159,482	
退職給与引当金	40,833	174,548	133,715				133,715	
資本金	136,018	185,740	49,722				49,722	
利益剰余金	18,602	28,640	10,038				10,038	
合　計	500,000	900,000						
小　計					63,643	30,624	385,538	352,519
正味運転資金の増加						33,019		33,019
合　計					63,643	63,643	385,538	385,538

増減額欄の流動資産，流動負債の記入額は，運転資金の欄へ転記する。固定資産，固定負債，自己資本の記入額は固定資金の欄へ転記する。運転資金と固定資金の欄への転記が終わるとそれぞれの列の小計を計算する。小計の金額が「増加列の小計＞減少列の小計」であれば「正味運転資金の増加」であり，「増加列の小計＜減少列の小計」であれば「正味運転資金の減少」である。

（資金運用表および資金運用表ワークシートは，西澤脩（1992）『管理会計を語る』白桃書房，pp.68-69を部分的に修正したフォームである。）

（3）資金運用表

　ワークシートが完成すると図表7－5のように資金運用表を作成する。資金運用表は，Ⅰ資金の源泉，Ⅱ資金の使途およびⅢ正味運転資金の増加（減少）の原因の3部よりできている。ⅠとⅡはワークシートの固定資金の欄から作成する。勘定科目は勘定のグループごとに，固定資産の減少，固定負債の増加，自己資本の増加のようにまとめを表示する。Ⅲは流動資産と流動負債の欄から作成する。Ⅲは増加要素を集めた前半部については，流動資産の増加と流動負債の減少を転記して，小計を記入する。後半部については，減少要素を集め，流動資産の減少と流動負債の増加を転記して，小計を記入する。両者の差引差額が正味運転資金の増加（減少）であり，Ⅱの最終行で求められた額と一致する。

図表7－5　資金運用表

Ⅰ　資金の源泉
（1）固定資産の減少
　　　備品の減少　　　　　　　　　　9,807　　　　9,807
（2）固定負債の増加
　　　長期借入金の増加　　　　　　22,774
　　　社債の増加　　　　　　　　 159,482
　　　退職給与引当金の増加　　　 133,715　　 315,971
（3）自己資本の増加
　　　資本金の増加　　　　　　　　49,722
　　　利益剰余金の増加　　　　　　10,038　　　59,760　　385,538
Ⅱ　資金の使途
（4）固定資産の増加
　　　土地の増加　　　　　　　　 340,789
　　　建物の増加　　　　　　　　　 2,125
　　　車両の増加　　　　　　　　　 5,818
　　　投資有価証券の増加　　　　　 3,787　　352,519　　352,519
（5）差引：正味運転資金の増加　　　　　　　　　　　　　33,019
Ⅲ　正味運転資金の増加の原因
　　　現金預金の増加　　　　　　　18,372
　　　受取手形の増加　　　　　　　14,370
　　　売掛金の増加　　　　　　　　23,457
　　　棚卸資産の増加　　　　　　　　 621
　　　その他の流動資産の増加　　　 1,518
　　　預り金の増加　　　　　　　　 4,260
　　　その他の流動負債の増加　　　 1,045　　　63,643
　　　有価証券の減少　　　　　　　 1,050
　　　買掛金の増加　　　　　　　　　 495
　　　支払手形の増加　　　　　　　 4,967
　　　短期借入金の増加　　　　　　11,974
　　　未払金の増加　　　　　　　　12,138　　　30,624
（6）差引：正味運転資金の増加　　　　　　　　33,019

■練習問題

問題1

図1の比較貸借対照表により資金運用表ワークシートを作成せよ。

図1　比較貸借対照表

勘定科目	第47期	第48期	勘定科目	第47期	第48期
（借　方）			（貸　方）		
現金預金	14,142	12,514	買掛金	26,005	26,500
受取手形	13,590	17,960	支払手形	15,290	20,257
売掛金	23,606	27,063	短期借入金	16,060	28,034
短期貸付金	17,320	16,270	前受金	14,237	26,375
棚卸資産	25,822	26,443	賞与引当金	22,280	18,020
未収金	4,902	6,420	その他	3,806	2,761
建　物	344,838	435,627	退職給与引当金	174,938	197,712
備　品	471,611	473,736	社債	331,931	291,413
特許権	42,887	48,705	長期借入金	240,833	274,548
投資有価証券	35,418	25,611	資本金	136,018	185,740
長期貸付金	5,864	9,651	利益剰余金	18,602	28,640
合　計	1,000,000	1,100,000	合　計	1,000,000	1,100,000

問題2

図2の比較貸借対照表により資金運用表ワークシートを作成せよ。

図2　比較貸借対照表

勘定科目	第20期	第21期	勘定科目	第20期	第21期
（借　方）			（貸　方）		
現金預金	70,257	82,390	買掛金	60,205	65,020
受取手形	93,604	83,803	支払手形	52,950	57,234
売掛金	40,287	52,670	短期借入金	16,080	11,380
短期貸付金	38,613	36,070	前受金	14,723	16,375
棚卸資産	30,682	44,316	賞与引当金	28,230	28,090
未収金	2,306	2,932	その他	3,806	3,761
建　物	81,205	74,050	退職給与引当金	18,937	17,712
備　品	74,672	75,503	社　債	31,031	41,300
特許権	1,020	1,042	長期借入金	120,856	74,548
投資有価証券	20,304	20,815	資本金	115,080	135,940
長期貸付金	27,050	26,409	利益剰余金	18,102	48,640
合　計	480,000	500,000	合　計	480,000	500,000

問題3

図3の比較貸借対照表により資金運用表ワークシートを作成せよ。

図3　比較貸借対照表

勘定科目	第125期	第126期	勘定科目	第125期	第126期
（借　方）			（貸　方）		
現金預金	88,514	90,872	買掛金	78,001	92,100
受取手形	79,798	85,015	支払手形	52,903	57,217
売掛金	93,202	94,760	短期借入金	68,604	34,027
製　品	65,080	65,814	前受金	42,321	17,415
原材料	25,094	26,843	未払金	80,220	80,211
仕掛品	49,893	41,065	賞与引当金	24,694	38,765
土　地	506,781	640,742	退職給与引当金	360,862	380,219
建　物	337,551	309,836	社　債	497,381	497,731
車両運搬具	241,103	223,404	長期借入金	95,640	91,300
備　品	29,271	28,253	資本金	230,824	256,480
子会社株式	35,901	36,204	資本剰余金	35,048	65,760
投資有価証券	56,812	57,192	利益剰余金	42,502	88,775
合　計	1,609,000	1,700,000	合　計	1,609,000	1,700,000

解答

解答1

資金運用表ワークシート

勘定科目	比較貸借対照表 第139期	比較貸借対照表 第140期	増減差額 借方	増減差額 貸方	運転資金 増加	運転資金 減少	固定資金 増加	固定資金 減少
現金及び預金	569,257	75,339		493,918		493,918		
受取手形	543,932	483,503		60,429		60,429		
売掛金	788,452	777,526		10,926		10,926		
有価証券	273,861	275,536	1,675		1,675			
製品	306,080	331,916	25,836		25,836			
原材料	62,730	62,952	222		222			
仕掛品	328,125	334,740	6,615		6,615			
未収入金	308,874	275,594		33,280		33,280		
その他	520,344	656,823	136,479		136,479			
有形固定資産	2,060,879	2,181,178	120,299					120,299
無形固定資産	259,527	288,264	28,737					28,737
投資その他の資産	1,484,895	1,499,579	14,684					14,684
合　計	7,506,956	7,242,950						
支払手形	47,413	49,396	1,983			1,983		
買掛金	637,786	647,645	9,859			9,859		
短期借入金	190,934	307,352	116,418			116,418		
未払金	339,478	330,867		8,611	8,611			
未払費用	265,025	282,829	17,804			17,804		
未払法人税等	332,290	340,100	7,810			7,810		
預り金	100,802	102,840	2,038			2,038		
製品保証等引当金	56,312	68,593	12,281			12,281		
その他	260,497	172,822		87,675	87,675			
固定負債	3,314,803	2,811,644		503,159				503,159
純資産合計	1,961,616	2,128,862		167,246			167,246	
合　計	7,506,956	7,242,950						
小　計					267,113	766,746	167,246	666,879
正味運転資金の減少					499,633		499,633	
合　計					766,746	766,746	666,879	666,879

解答 2

資金運用表ワークシート

合　計	2,013,014	2,202,315	小　計	201,708	174,700	460,926	342,583
			正味運転資金の増加		27,008		118,343
			合　計	201,708	201,708	460,926	460,926

（注）紙面の都合で資金運用表ワークシートの下段 3 行のみ示している。

解答 3

資金運用表ワークシート

合　計	2,013,014	2,202,315	小　計	605,124	578,116	1,381,760	1,263,752
			正味運転資金の増加		27,008		118,008
			合　計	605,124	605,124	1,381,760	1,381,760

（注）紙面の都合で資金運用表ワークシートの下段 3 行のみ示している。

第8章 責任会計

キーワード
責任会計，プロフィット・センター，コスト・センター，投資センター，部門別損益計算書，限界利益，貢献利益

学習のポイント
◎分権化組織の評価に部門別損益計算書を作成する。
◎プロフィット・センター，コスト・センター，投資センターの3組織がある。
◎部門別損益計算書は直接原価計算で作成することが多い。

第1節 責任会計の意義

（1）責任会計と管理会計の体系との関連

責任会計（Responsibility accounting）とは，企業組織を分割してあたかも社内に独立した会社ができたようなシステムを形成し，それぞれの組織が何をせねばならないかについておよび何をしてよいかという，責任と権限を明らかにして組織の管理者に与え，本社サイドで分権的管理を行い，業績を測定する会計である。企業社会は日々，激しい競争に明け暮れているために商品開発などのマーケティングや直接の販売活動の他に管理会計や組織運営におけるシステム面でのイノベーションも必要となる。

この背景として，大規模化した企業全体を1つのエンティティとして管理すると企業末端の細部にまで経営トップの方針や見解を徹底することは困難であるので，企業を製品別，地域別，顧客別などのように部・課やプロジェクトなどの小組織に分割して分権化した方が経営効率を高めることができるとされている。

（2） 企業における分権化組織のメリット

　このように企業を細分化して作られた各組織には部門管理者が配置され，組織業績は同時に部門管理者の業績であるので，各管理者がいかに企業に対して責任を果たしたかを明らかにすることができる。これは責任会計では利益責任といわれる。管理者とされた人々は，与えられた責任と権限を最大限に活用して業務を行い，売上を得て原価削減に努めて利益獲得に努力する。この結果は客観的な利益数値で示されるから業績評価のデータとして最大の測定尺度となる。企業は，このようにして，分割した小組織に部門管理者を配置して責任を分担させ，利益獲得に尽力する。ここにおかれた管理者は，利益を獲得するという自己に課された責任を果たすために各種の工夫を行い，その工夫を実行するための権限を実行できる。

（3） 分権組織と動機付けの促進

　管理者の実行の結果は，利益という数値で測定されるから，管理者にとっても最も信頼性ある動機付け（モチベーション，Motivation）の測定値となる。組織分化により管理者とされた人々は，同じ人間であっても大組織の中に配置された一般従業員の立場よりも，小組織の中で課長となり，細分化されて限定された責任と権限の下であっても動機付けは高いとされている。

　これは，「鶏頭となるも牛尾となるなかれ」の格言の示すように，小組織の中にいる方がヤル気を起こす機会が豊富に与えられるからであり，それが多くの行動に反映して利益貢献も優れた結果となる。

第2節　責任会計における企業組織の分類

　組織は，業務機能の性格別に，プロフィット・センター，コスト・センター，投資センターに分類され，次のような特徴を持っている。この3区分と職能別組織，事業部制組織またはカンパニー制を組合せて分権化組織が編成される。

（1）プロフィット・センター（Profit center）

　利益センターまたは利益中心点ともいう。利益獲得を行う営利活動を組織目的とする組織単位をいう。プロフィット・センターの管理者は，プロフィット（利益）を生み出すためにコスト・センター単位ごとの活動の種類および範囲を拡大してアイデアや創意工夫を取入れながら，総合的に顧客獲得を得る営業活動を展開して売上高を達成して利益を獲得することに努める。わが国におけるプロフィット・センターは，主要企業には製造業が多いために，利益と同時にコスト・センターによる生産と製造原価にも総合的に同時に責任を負うことが多い。

（2）コスト・センター（Cost center）

　原価センターまたは原価中心点ともいう。企業の中で原価または費用を発生させるのみである状態の企業組織である。工場などの生産現場はそれ自体では収益を生むことはなく，原価および費用を発生させるのみである。しかし，これが事業部制の下に置かれるとプロフィット・センターの一部として機能する。分権化された部門は，企業の中に作られた社内会社であり，その長である部音管理者が生産現場の生産および原価管理の責任，営業現場の指揮と管理による売上への責任という2側面での責任によって優れた収益性の実現が期待されるようになる。

　生産現場のようなコスト・センターとは別に，総務部，人事部，経理部，中央研究所および教育訓練センターのように特定の製品・商品との収益対応ができない純粋にコスト・センターの性格しか持たない部署もある。これらは利益を生まないので，無理に貨幣評価に換算した数値を用いての測定を行うのではなく，業務満足や目標達成度などの定性的評価によって業績測定を行う。

（3）投資センター（Investment center）

　管理者が投資，収益，費用のすべてに責任を持って利益獲得に当たる事業組織単位である。インベストメント・センターともいう。投資センターとされた

部門の管理者は与えられた業務を遂行するために，必要な投資を行い，それによって得られた生産設備を稼動させて生産を行い，その製品を販売して，売上を得て，利益を獲得する。ここでは，企業行動の第一歩が投資であるので，管理者は巨額の資金を申請してかつ決済して複雑な組織管理を行う権限を有するので，一定のレベル以上のトップ・マネジメントが担当することが多い。管理者は，まず投資を成功させ，その投資を有効活用して収益を得て利益を得る。このタイプの責任センターは，最先端の製品開発を伴う大規模プロジェクトに適用されることが多い。

第3節　責任会計における部門別損益計算書

（1）部門別損益計算書の意義

　責任会計においては，主としてプロフィット・センターとして分権化された部門を定期的に業績評価するために部門別損益計算書を作成する。この損益計算書は，部門別の利益獲得のレベルを測定することが目的であり，本社の管理担当のトップ・マネジメントのみが利用するために作成される計算書なので，『企業会計原則』や『財務諸表規則』などで定められている制度会計の中での損益計算書と異なることが多い。制度会計の損益計算書は，株主への配当金を支払う原資となる純利益の計算過程を示すことが目的であるから，様式は法律に基づいて強制されているが，部門別損益計算書は，企業によっても，また同じ企業であっても作成目的によって異なることがある。

　責任会計における部門別損益計算書は，部門管理者による利益貢献を測定することが目的であるから，企業によってその利益を得る過程をトップ・マネジメントがどのような関心を持っているかによって様々な損益計算書が作成される。また，環境問題を含むCSRへの関心が高まるにつれて，CO_2（二酸化炭素）削減などの環境対策の実現も管理者の業績として第3の利益概念を使用することも考えられるので，ケースバイケースによる損益計算書が作成される。

（2）部門別損益計算書におけるコスト概念

　部門別損益計算書は以上のように制度会計の損益計算書とは異なる目的で作成されるから，第1行目に表示される売上高以降のすべてが独自性が許される領域となる。制度会計においては，売上高の次には営業損益計算のための売上原価および販売費及び一般管理費が表示された後に営業利益が表示される。しかし，部門別損益計算書では，変動製造マージン，限界利益または貢献利益などが計算される。その計算過程では，次のようなコスト概念が利用されている。

　① 管理可能費と管理不能費

　コストを部門管理者にとっての管理可能費と管理不能費とに区分して，管理可能費を差引いた残額である利益をその部門の業績測定値とする方法である。この方法の長所は，部門管理者が管理可能費と定義されたコストについて原価または費用の削減に努力する義務を課されることである。組織的に削減への改善努力を行い，成功すれば管理可能費が小さくなり，損益計算書ではその削減分だけ利益額が大きくなり，管理者の業績が有利に評価される。他方，努力不足により削減額が小さいと利益額が小さくなり，その分だけ管理者の業績は不利に扱われる。

　管理可能費とされるのは，売上原価に属する大半の費目であり，特に直接材料費，直接労務費，直接経費および販売費の変動費である。管理不能費とされるのは，部門管理者にとって管理外の費目であり，製造間接費，販売費の固定費分および一般管理費がこれに相当する。管理不能費には，制度会計では営業損益計算から外れているので扱い不可能と思われている借入金の支払利息や社債の支払利息も管理不能費として計上することが可能である。

　投資センターの部門別損益計算書であれば，株式発行による多額の資金を投入することがあるので，予想配当率による配当金や社内金利を管理不能費として賦課することもある。

　② 変動費と固定費

　直接原価計算により費目を原価態様に即して，操業度に関連して増減する費

目を変動費とし，操業度の上下の変動に関係なく常に一定額のみ支出または発生する費目を固定費とする分類である。この場合，変動費とされた費目が売上高から先に差引かれ，その残額を限界利益または貢献利益と称する。次いで限界利益から固定費を差引き，営業利益を得る。この方法による場合は部門管理者の責任は限界利益の最大化である。営業利益は，固定費の費目を制度会計と同じにしてあれば損益計算書と合致する。前述のように固定費に支払利息，社内金利または配当金などが計上されれば制度会計とは異なる形式であるので，合致しない。この場合は営業利益と称するより別の管理会計上の利益名称が必要となる。

変動費とされるのは前述の管理不能費とほとんど同じ内容であり，原価では直接費，販売費及び一般管理費では販売費の変動費分である。固定費もほとんど同じであるが，製造間接費および販売費の固定費分と一般管理費である。ただし，製造間接費や販売費及び一般管理費であっても，操業操業度に関連付けて生産1単位ごとに配賦率を定めてあれば，これを変動費として扱うことも可能である。

第4節　部門別損益計算書の計算例

（1）管理可能費・管理不能費による部門別損益計算書

図表8－1の表のような売上予算が設定されたとする。

ここでは，5部門による業績評価会計が行われているとする。AからEの各部門の目標販売数量，販売単価および単位当たり予算変動費，目標販売数量×販売単価による売上高予算，が図表8－1に示されている。

この予算期間が過ぎて実際高が計上され，図表8－2のような実際数値が得られたとする。実際販売数量 × 実際販売単価による実際売上高が示されている。

第2表をもとにして図表8－3の部門別損益計算書を作成する。

第1行目が部門名，第2行目が売上高であり，実際販売数量 × 実際販売単

図表8－1　売上高予算表

部門名	A	B	C	D	E	計	
目標販売数量	7,000	6,000	9,000	10,000	8,000	40,000	個
目標販売単価	40	45	50	60	50	—	円
単位当たり予算変動費	25	35	20	40	30	—	〃
売上高予算	280,000	270,000	450,000	600,000	400,000	2,000,000	円

図表8－2　実際売上高表

部門名	A	B	C	D	E	計	
実際販売数量	8,000	7,500	13,000	12,000	8,500	49,000	個
実際販売単価	41	48	48	58	52	—	円
単位当たり実際変動費	29	38	19	45	28	—	〃
実際売上高	328,000	360,000	624,000	696,000	442,000	2,450,000	円

図表8－3　部門別損益計算書（管理可能費を中心とする場合）

部門名	A	B	C	D	E	計	
売上高	328,000	360,000	624,000	696,000	442,000	2,450,000	円
変動販売費	232,000	285,000	247,000	540,000	238,000	1,542,000	〃
限界利益	96,000	75,000	377,000	156,000	204,000	908,000	〃
限界利益率	29%	21%	60%	22%	46%	37%	
売上高予算実際高差異	48,000	90,000	174,000	96,000	42,000	450,000	〃
同比率	117%	133%	139%	116%	111%	123%	

（注）武田安弘編著（2001）『管理会計要説』創成社，pp.226-227（清水孝稿分）を一部参照した。

価により得られる。＜売上高 － 単位当たり変動費 × 販売数量＞によって得られたのが限界利益である。部門別業績評価としてはこの限界利益および売上高と限界利益との比率を示す限界利益率が評価尺度となる。部門管理者は自己の部門において，変動費がここでの管理可能費であり，この変動費の削減および売上高の増大によって会社の利益に貢献している。したがって限界利益は部門管理者の業績を最も正直に現す指標となる。本社で権限を握っている管理不能費はここでは一切表示されていないことも注目すべきであろう。

　限界利益率に関しては，第１位がＣ部門，第２位がＥ部門である。

　部門管理者の業績の１つに本社の支持による目標売上高の実現がある。したがって，部門管理者がいかに売上高の実現に努力したかも部門管理者の業績となるので，予算として提示された目標売上高と実際売上高との比較分析も需要である（売上高予算実際高差異）。ここではＣ部門が最高，Ｂ部門が第２位，Ａ部門が第３位であることが示されている。限界利益率との関連によりＣ部門管理者が最も優れた管理者であると結論づけられる。

（２）変動費・固定費による部門別損益計算書

　図表８－５は，図表８－４から導かれて作成される。図表８－４では，部門

図表８－４　部門別業績表

部門名	大　阪	横　浜	仙　台	東　京	名古屋	計	
売上高	1,920,000	1,260,000	1,260,000	2,070,000	1,800,000	8,310,000	円
販売数量	6,000	3,000	7,000	9,000	5,000	30,000	個
販売単価	320	420	180	230	360	－	円
変動売上原価	1,152,000	630,000	693,000	1,345,500	900,000	4,720,500	〃
変動販売費	192,000	189,000	252,000	372,600	450,000	1,455,600	〃

以上の他に本社管理の次の費目がある。

固定製造費・一般管理費	1,018,920

Pから部門Tまでの5部門の業績が記載されている。表の上半分は売上高と変動費であり，下半分は固定である固定製造費および一般管理費の合計額が示されている。各部門の売上高は販売数量×販売単価で求められ，ここから，変動製造原価を差引く。これによって得られる差額が変動製造マージンであり，図表8－3でいう限界利益に相当する。さらに変動販売費を差引くことによって貢献利益を得る。これも利益概念としては限界利益の一種である。貢献利益は変動費を製造原価と販売費に2分割して計算する場合に適用される利益概念であり，変動費を一括して差引いて求められる限界利益と称しても間違いではない。貢献利益から固定費（ここでは固定製造費と一般管理費）を差引くことによって営業利益を得る。ここで得られる営業利益の全部の部門の合計金額は制度会計での損益計算書の営業利益と金額的に一致する。部門管理者の業績評価のためには，貢献利益率および営業利益率を求めると，管理の重点の置き方が明らかとなるので有意義な業績評価を行うことができる。

図表8－5　部門別損益計算書（直接原価計算を中心とする場合）

部門名	大阪	横浜	仙台	東京	名古屋	計	
売上高	1,920,000	1,920,000	1,260,000	2,070,000	1,800,000	8,970,000	円
差引：変動売上原価	1,152,000	630,000	693,000	1,345,500	900,000	4,720,500	〃
変動製造マージン	768,000	1,290,000	567,000	724,500	900,000	4,249,500	〃
変動販売費	192,000	189,000	252,000	372,600	450,000	1,455,600	〃
貢献利益	576,000	1,101,000	315,000	351,900	450,000	2,793,900	〃
貢献利益率	30%	57%	25%	17%	25%	—	
固定製造費・一般管理費						1,018,920	〃
営業利益						1,774,980	〃
営業利益率						20%	

（注）武田安弘，前掲書，p.143（皆川芳輝稿分）および当書p.43（同教授稿分）を参照した。

■練習問題

問題1

責任会計において業績評価のための利益概念は，制度会計とは別に企業が経営目的に応じて自由に設定することができる。

どのような利益概念があるか，自由な考えで示せ。

問題2

次の資料により，図表8-3を参考に部門別損益計算書を作成せよ。

図1　売上高予算表

部門名	北海道	関東	東海	中国	九州	計	
目標販売数量	5,000	35,000	30,000	10,000	20,000	100,000	個
目標販売単価	100	84	92	88	96	―	円
単位当たり予算変動費	40	36	38	36	43	―	〃
売上高予算	500,000	2,940,000	2,760,000	880,000	1,920,000	9,000,000	円

図2　実際売上高表

部門名	北海道	関東	東海	中国	九州	計	
実際販売数量	5,500	42,000	29,400	9,900	25,000	111,800	個
実際販売単価	105	86	93	89	97	―	円
単位当たり実際変動費	45	41	39	33	42	―	〃
実際売上高	577,500	3,612,000	2,734,200	881,100	2,425,000	10,229,800	〃

問題 3

次の資料により，図表 8 − 5 を参考に部門別損益計算書を作成せよ。

図 3 　部門別業績表

部門名	インド	ネパール	モンゴル	香　港	韓　国	計	
売上高	660,000	125,000	168,000	210,000	410,000	1,573,000	円
販売数量	3,000	500	600	1,000	2,000	7,100	〃
販売単価	220	250	280	210	205	—	〃
変動売上原価	396,000	62,500	92,400	136,500	205,000	892,400	〃
変動販売費	132,000	31,250	42,000	58,800	143,500	407,550	〃

以上の他に本社管理の次の費目がある。

固定製造費・一般管理費	395,324

解　答

解答 1

（1）流通業の場合

　店舗直接利益 ＝ 売上高 − 仕入原価 − 人件費（賃貸料や光熱費，税金，本社営業費を考えず，その店舗での直接に得た利益のみで評価する）

（2）製造業の場合

　環境貢献利益 ＝ CO_2 排出量削減量（部門別損益計算書に欄外注記して環境貢献度を明示する）

解答 2

部門別損益計算書（管理可能費を中心とする場合）

部門名	北海道	関東	東海	中国	九州	計	
売上高	577,500	3,612,000	2,734,200	881,100	2,425,000	10,229,800	円
変動販売費	247,500	1,722,000	1,146,600	326,700	1,050,000	4,492,800	〃
限界利益	330,000	1,890,000	1,587,600	554,400	1,375,000	5,737,000	〃
限界利益率	57%	52%	58%	63%	57%	56%	
売上高予算実際高差異	77,500	672,000	−25,800	1,100	505,000	1,229,800	〃
同比率	116%	123%	99%	100%	126%	564%	

解答 3

部門別損益計算書（直接原価計算を中心とする場合）

部門名	インド	ネパール	モンゴル	香港	韓国	計	
売上高	660,000	660,000	168,000	210,000	410,000	2,108,000	円
差引：変動売上原価	396,000	62,500	92,400	136,500	205,000	892,400	〃
変動製造マージン	264,000	597,500	75,600	73,500	205,000	1,215,600	〃
変動販売費	132,000	31,250	42,000	58,800	143,500	407,550	〃
貢献利益	132,000	566,250	33,600	14,700	61,500	808,050	〃
貢献利益率	20%	86%	20%	7%	15%	—	
固定製造費・一般管理費						395,324	〃
営業利益						412,727	〃
営業利益率						20%	

第9章 予算管理とバランスト・スコアカード

キーワード
利益管理,調整機能,予算管理,バランスト・スコアカード,BSCのマネジメント・シート

学習のポイント
◎利益管理と予算管理は表裏一体である。
◎予算管理は,戦略分析の中核部分としての総合的経営計画システム。
◎バランスト・スコアカードは,4つの視点を基礎とする総合的システム。

第1節 予算管理の意義

　企業経営において利益と予算は,目標と手段の関係である。来期に10億円の利益(経常利益)を獲得するという目標は,その利益のもととなる目標売上高を達成せねばならない。仮に売上高経常利益率が10%であれば,経常利益10億円のために,売上高100億円を達成することが必要である。この売上高を実現するために,企業は,仕入れを行い,人を雇い,ロジスティクスを行い,広告宣伝を行う。場合によっては新店舗を増やさねばならない。これらは,すべて予算編成という行為により実現される。さらに予算執行中でもモニタリングは必要であり,予算期間が終了したら計画通りに売上高と経常利益が達成できたかを検証するという一連の予算管理を行わねばならない。すなわち,利益計画と予算管理は表裏一体である。
　予算管理(Budgeting)は,予算編成と予算統制からなる予算を中心とした総合的経営計画システムである。予算管理は,過去の実績に基づいて将来の経

営計画を策定して，それに経営資源としての予算を付与して企業活動の目標を達成し，目標利益を実現させる。

第2節　ホーングレンによる予算管理

　ホーングレン（Horngren）等は，予算管理を動機付けおよび責任会計と関連付けている。予算は，経営組織の計画と統制のために最も広く使われているツールであり，予算管理によって管理者は将来展望を行うことができ，それによってビジネス・チャンスをつかみ，問題を明らかにしてリスクを消減・減少させることができるとしている。

　予算（Budget）は，経営管理者が将来に計画活動を行う際に計量表示することであり，計画の調整と実行を援助することである。予算は，計画の財務面と非財務を共に扱い，将来の一定期間のフレームワークとなる。財務会計との関連では，予算損益計算書（Budgeted profit and loss statement），予算貸借対照表（Budgeted balance sheet），予算キャッシュ・フロー計算書（Budgeted statement of cash flow）が作成可能であると定義している（Horngren, *ibid.*, p.468）。

　予算管理は，次の予算サイクルに沿って運用される。
① 全社にわたる部門別の企業行動計画が作成され，トップ・マネジメントはこれを了承する。
② 達成目標を明らかにした行動計画フレームワークを作成する。
③ 計画と実際との差異を計算し，原因調査を行い，必要に応じて修正行動をとる。
④ 計画見直しとフィードバックを行い，次の計画を実行するための条件を変更する。

　各部門で個別に編成された予算は，図表9－1で示すように，全社レベルの財務方針の下で調整され，経営資源の獲得と利用に関する営業面の意思決定と経営資源を獲得するための資金に関する財務面の意思決定の2つを経て総合予算（Master budget）としてまとめられる。ここでは会計データを活用すること

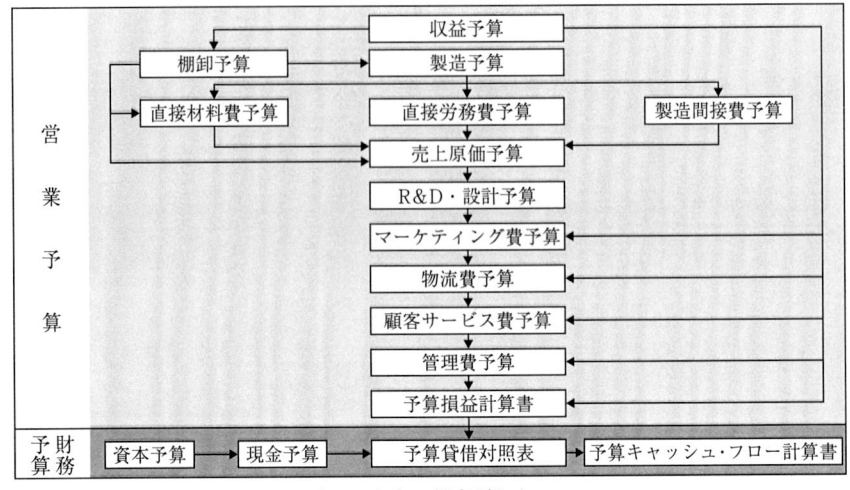

図表 9 − 1 総合予算のフレームワーク（WE社の事例）

```
                    ┌─────────────────┐
                    │   収益予算        │
                    └─────────────────┘
        ┌──────────┐  ┌─────────────────┐
        │ 棚卸予算  │  │   製造予算        │
        └──────────┘  └─────────────────┘
  ┌──────────────┐ ┌─────────────────┐ ┌──────────────┐
  │ 直接材料費予算 │ │ 直接労務費予算    │ │ 製造間接費予算 │
営└──────────────┘ └─────────────────┘ └──────────────┘
業                 ┌─────────────────┐
予                 │  売上原価予算     │
算                 └─────────────────┘
                   ┌─────────────────┐
                   │ R&D・設計予算    │
                   └─────────────────┘
                   ┌─────────────────┐
                   │ マーケティング費予算│
                   └─────────────────┘
                   ┌─────────────────┐
                   │   物流費予算      │
                   └─────────────────┘
                   ┌─────────────────┐
                   │ 顧客サービス費予算 │
                   └─────────────────┘
                   ┌─────────────────┐
                   │   管理費予算      │
                   └─────────────────┘
                   ┌─────────────────┐
                   │  予算損益計算書    │
                   └─────────────────┘
予財 ┌──────────┐→┌──────────┐ ┌─────────────┐ ┌──────────────────────┐
算務 │ 資本予算  │  │ 現金予算  │ │予算貸借対照表│ │予算キャッシュ・フロー計算書│
     └──────────┘  └──────────┘ └─────────────┘ └──────────────────────┘
```

（注）Horngren, *ibid.*, p. 476. レイアウトを一部変更した。

によって営業意思決定が行われ，予算遂行が円滑に行われる。

　予算は，全社的経営管理システムの最重要な部分である。予算により①工場増設を伴う計画の調整，②業績基準の設定，③部門間および部門内での調整やコミュニケーションの促進，④個人行動への動機付けおよび経営行動遂行への影響，が可能となる。

　予算管理は戦略分析の中核部分として実施される場合に最も役立つ。戦略とは，全社的目的を達成しようとする場合，組織能力を効率的に発揮して市場における機会を作りだすことであり，次の問題点を解明する役割を持つ（Horngren, *ibid.*, p.470）。

　ア．全社的目的の解明。

　イ．自社製品の販路を周辺地域，近隣地域，全国，全世界のいずれにするかを解明し，同上4市場が受けている影響要因を明瞭に分析し，自社が経済，産業，同業他社から受けている影響を明確化する。

　ウ．組織構造および財務構造を最も優れた状態に保つことができる組織形態

を分析する。
　エ．代替の戦略を実施した場合のリスクの提示および優先度１位の計画が失敗した場合の偶発リスクに対応する代替の計画を準備する。

第３節　バランスト・スコアカード

　予算管理における総合性および戦略性を中心として新しい視点から提案された総合的経営計画および調整の概念がバランスト・スコアカード（Balanced scorecard, BSC）である。BSCは1996年にR・S・キャプランとD・P・ノートンによって提案された経営管理システムである（Kaplan, R. S. and Norton, D. P.. 1996. *Balanced Scorecard : Translating Strategy into Action*, Boston, MA : Harvard Business School Press）。BSCは，財務的視点，顧客の視点，内部業務プロセスの視点，学習と成長の視点の４つの視点からできている。これらの視点から業績評価基準を設定し，短期的利益と長期的利益，全社目標と部門目標のバランス，株主・顧客・従業員などの利害関係者のバランスを維持しながら企業変革を推進する戦略マネジメント・システムである。
　BSCの特徴であるこれら４つの視点について清水孝教授（早稲田大学）は，次のような内容を示している。
　１．財務の視点・・・資本利益率，キャッシュ・フロー，収益性，最低のコスト，成長性。
　２．顧客の視点・・・ターゲットの客を常に喜ばせる。卸・小売の収益性改善。
　３．内部業務プロセスの視点・・・製品，サービスおよびプロフィット・センター相互開発，小売りの質などのマーケティング，競争者より早く低コストを達成，設備業績の改善などの製造，到着原価の削減，取引の最適化，在庫管理などのサプライ・取引および物流，健康，安全性および環境の業績，品質。
　４．学習と成長の視点・・・掛り合い，コア・コンピタンシーとコア・スキ

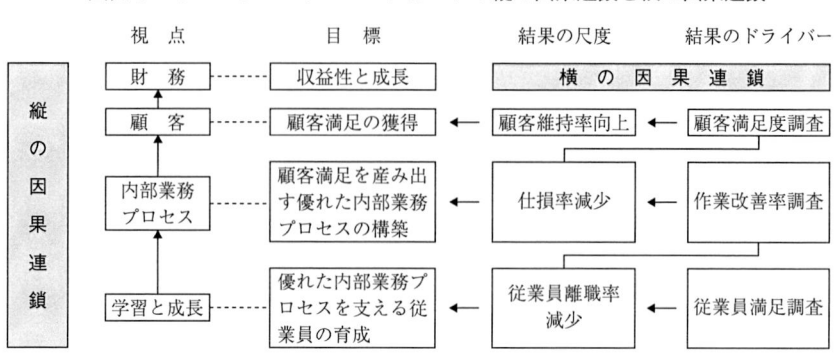

図表9-2　バランスト・スコアカードの縦の因果連鎖と横の因果連鎖

視点	目標	結果の尺度	結果のドライバー
財務	収益性と成長		
顧客	顧客満足の獲得	顧客維持率向上	顧客満足度調査
内部業務プロセス	顧客満足を産み出す優れた内部業務プロセスの構築	仕損率減少	作業改善率調査
学習と成長	優れた内部業務プロセスを支える従業員の育成	従業員離職率減少	従業員満足調査

（縦の因果連鎖／横の因果連鎖）

出所：清水孝（2001）『戦略管理会計』中央経済社，p.56（罫線と網掛けは筆者による加筆である）。

ル，戦略情報，戦略情報へのアクセス。

(清水孝，同上書，p.51)

　図表9-2では，以上の4つの視点とそれぞれの目標，結果の尺度，結果のドライバーをまとめて図示している。

　BSCが従来の経営管理システムと比べての特徴は，戦略を強調していることである。戦略は，第2次世界大戦中に発案された軍事技術であるが，管理会計においては，「3～5年にわたる中・長期」の目標を達成するシステム，または「中長期のマネジメント・コントロール・システムと短期のマネジメント・コントロール・システム」を整合的に実行するシステムと解釈されている（清水，同上書，p.55を参照）。

　吉川武男教授（横浜国立大学）は，BSCの発展過程を，第1世代は，業績を評価するツールであり，第2世代は，PDCA（Plan-Do-Check-Action）のサイクルを循環させることにより戦略的志向型組織へ変革するマネジメント・ツールとなり，第3世代は，過去の結果を評価し，将来に向けた戦略を策定する手法となったとしている。このような発展を遂げる過程で，BSCは，人事評価，情報化投資評価，リスク評価，SCM（Supply chain management），CPFR（Collaborative planning forecasting and replenishment），企業統合の進捗評価な

どの機能を順次備えるようになり，BSCは，予算に替わるシステムとなるであろうと結論付けている。

　吉川教授は，BSCを「戦略と計画の整合性ある目標を設定し，それらの目標に対するフィードバックを繰返すことによって，プロセスや従業員意識の変革を促し，戦略と計画を推進する戦略マネジメント・システムである」と定義している（吉川武男・ベリングポイント（2003）『バランス・スコアカード導入ハンドブック』東洋経済新報社，pp.1-2）。なお，同教授は，財務の視点を「株主に対してどのように行動すべきか」としている点には注目しておきたい。

　吉川教授は，事例として保険業のアメリカン・スカンディア社におけるBSCの適用例を紹介して，伝統的予算管理システムをBSCナビゲーターによる管理に変更したことにより，予算申請，予算調整，予算統制をBSCによって行うこととした結果，短期的視点および中長期的視点からの成長に見合えるようになり，売上および利益を改善したことを示している。

第4節　医療経営におけるバランスト・スコアカード

　わが国ではBSCの成功例は医療経営の分野で知られることが多い。医療は，事業の維持に巨費を必要とする反面，めざましい収益は期待できないという相反する特質がある。運営面でも新しい病気が次々と現れるから医師に最新の医学知識と治療技術を勉強してもらわねばならない反面，医師不足のための過剰勤務が現実である。経営面でも患者数は多いにもかかわらず，診療報酬の関係で収益不足・資金収支不足となり大幅累積赤字が日常化している。

　このような事情のために，従来の経営思想ではまったく問題解決ができないために，新しい経営思想であるBSCを導入して，患者満足，医師満足，看護師満足，経営者満足，行政満足という5方面のステークホルダーの満足を図ることが期待されている。

図表 9－3　部門の戦略目標と業績評価指標

視点	戦略目標	業績評価指標
財務的視点	戦略目標 医業費用の管理 ⇓ 医業費用の管理 ・給与費の適正化 ・医療消耗器具備品費の削減 ・委託費の削減	業績評価指標 病院1坪当たりの医業費用 ⇓ 部門の業績評価指標 ・部門1坪当たりの給与費 ・医師1人当たりの医療消耗器具備品費 ・委託費
顧客の視点	戦略目標 良好な患者との関係 ⇓ 良好な患者との関係 ・親切でていねいな説明と提案 ・安全で清潔な施設 ・医師や看護師への信頼	業績評価指標 顧客の収益性 ⇓ 顧客の収益性 ・カテゴリー別収益 ・患者定着率
社内ビジネスプロセスの視点	戦略目標 効率的病院システムの構築 ⇓ 効率的病院システムの構築 ・医事システム ・診療支援システム ・検査支援システム ・管理システム	業績評価指標 診察時間と待ち時間 ⇓ 診察時間と待ち時間 ・作業プロセス時間 ・医療機器の故障 ・作業ミス
学習と成長の視点	戦略目標 人的資源の最適化 ⇓ 人的資源の最適化 ・教育・訓練の強化 ・ジョブ・ローテーション	業績評価指標 従業員1人当たり収益 ⇓ 従業員1人当たり収益 ・従業員1人当たり売上高 ・従業員1人当たり費用 ・従業員定着率

出所：吉田博文編著（2006）『戦略医業経営の21章』医学通信社，p.41。

実務面では吉田博文公認会計士がMS（Management service, マネジメント・サービス）業務の一環として医療機関の経営改善指導に取り組んだ例があり，医療機関のBSCによる経営改善プロセスが図表9－3に示されている。

　研究面では，山口直也准教授（新潟大学）が，「広域自治体病院におけるBSCの導入」を報告している（日本管理会計学会2008年度全国大会）。山口准教授は，P県の県立病院からの経営相談を機に医療機関の経営改善に関与した先駆的役割を経験している。公立病院は，いずれも，破綻または破綻寸前の経営状態であり，累積赤字は膨大な額となっている。しかもそれを危機と感じている関係者は少ない。「真の危機は，危機を危機と感じていない時」という諺の通りの展開であり，経営の破綻から医療の質が低くなり，医療経営の崩壊から国民全体の健康と生命が脅かされる事態が目前に迫っている。ここにBSCによる経営革新と問題解決が試みられている意義は大きい。

図表9－4　病院におけるBSCの導入プロセス

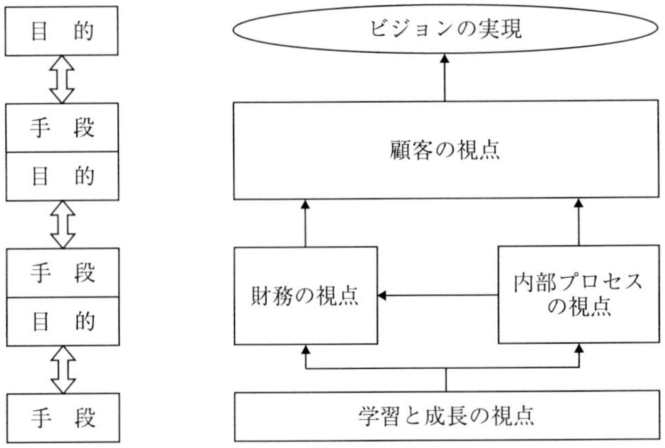

出所：山口直也（2008）日本管理会計学会2008年度全国大会配布資料，スライド第12。

図表9-5　病院におけるBSCのマネジメント・シート

ビジョン								
経営方針								
	戦略マップ（シナリオ）	戦略目標	CFS	業績評価法（KPI）	目標	実績	アクションプラン
顧客の視点							
財務の視点							
内部プロセスの視点							
学習と成長の視点							

　　　　　　　　　　　↑　　　　　　　　　　　　　　↑
　　　　　　戦略マップ：戦略の明確化・可視化　　　BSC：戦略の実践・評価

出所：山口同上資料，スライド第13。

図表9-6　病院におけるBSCの戦略マップ

戦略マップの構造（病院BSCの例）

財務の視点	収益増大戦略	生産性向上戦略
顧客の視点		
内部プロセスの視点		
学習と成長の視点		

出所：山口同上資料，スライド第16。

　山口准教授は，P県庁担当者からP県の県立病院は，毎年，単年度損失が続き，累積赤字が膨大な額となって対策が必要となり相談を受けた。そこでの目的は「顧客である患者満足と収益増による経営改善」というまったく相反する目標の同時実現であった。しかも，その中間には県職員でもある医師と看護師のための医師満足と看護師満足があった。山口准教授は，図表9-4のようなBSCの導入プロセスを作成した。このBSCは，図表右側上の「ビジョンの実

現」が具体的な解決のキーとなっている。ここでの顧客の視点は患者の視点である。財務の視点は収益体質への転換である。山口准教授は、次いで図表9－5のような「病院におけるBSCのマネジメント・シート」を作成した。図表によれば、顧客、財務、内部プロセス、学習と成長の4つの視点のそれぞれについて、戦略マップ、戦略目標、CFS、KPI、目標、実績、アクション・プランを明示することを求めた。戦略マップには戦略の明確化と可視化、BSCの実績には、BSC戦略の実践・評価を記入するよう求めた。県庁職員、病院スタッフ、医師、看護師などからの意見フィードバックから、図表9－6を得た。職業意識に加えてプライドが旺盛な職種の人々からの本音の意見と改善提案は最も根本的なデータを提供する。この推移については今後の成果が期待される。

　円滑なBSCの実施のためには、県庁から現場である病院への大幅な権限の委譲を行うこと、病院長を中心とするコミュニケーションが円滑化すること、病院全体が意識改革を行って医療経営問題への抜本的な解決を図ること、県議会からの統制をなくして病院独自で提案して即実行できるようにすることなどが必要とされている。

　P県の県立病院は、一般的医療が抱える問題の象徴的側面を抱えているので、全国的な意味を持っている。BSCを効果的に運用することにより医療機関の効果的な解決が期待されている。

■練習問題

問題1
　予算管理において、編成および統制の他に、調整の機能が多くの論者によって強調されている。予算管理における調整機能について、調べたことを記せ。引用の出所は、著者（出版年）『著書名』出版社，（コンマ），（コンマ）p.XXX（引用ページ）の形式で明記せよ。

問題 2

バランスト・スコアカードの「財務の視点」に割引キャッシュ・フローによる現在価値を入れるのは，どのような意義を持つか。

問題 3

バランスト・スコアカードは，いろいろなフォームがいろいろな目的ごとに提案されている。『会計』，『企業会計』，『日経ビジネス』，『フォーチュン』，『週刊ダイヤモンド』および単行書によって実例を探し，検討せよ。

解　答

解答 1

　解答例として，岡本清教授等が示している調整機能について示す。

　「たとえば，販売部長は販売部の業績を上げるために，顧客の好みに合わせてできるだけ多くの種類の製品を揃えておきたいと思うであろう。他方，製造部長は製造部の業績を上げるために，できるだけ少ない種類の製品を大量に生産することによって単位当たり製造原価を下げたいと思うであろう。このような部門間のギャップを調整し，各部門の活動を企業全体の共通の目標を向けてバランスをとるのが，企業予算の調整（coordination）職能である。」岡本清・廣本敏郎・尾畑裕・挽文子（2007）『管理会計』第2版，中央経済社，p.117。

解答 2

　解答例として，『アメリカ経営学会経営ハンドブック』の記述による割引キャッシュ・フローによる現在価値の意義について紹介している文章を次に示す。

　「キャッシュ・フローの正味現在価値は，第1に適切な係数によって将来のキャッシュ・フローを割引き，第2にすべての割引いたキャッシュ・フローを合計して得る。正味現在価値がゼロより大であればプロジェクトを受入れ，大でなければ却下する。この方法は，プロジェクト選択のために割引後のキャッシュ・インフローがキャッシュ・アウトフローを超えるべきであるということを前提とする。この方法の長所は，キャッシュ・フローの大きさと発生時点を問題なく扱えることである。」竹森一正（2005）『ライフサイクル・コストマネジメントの理論と応用』創成社，pp.57-58。

第9章 予算管理とバランスト・スコアカード 117

解答3

Horngrenが示している事例を解答例として示す。

バランスト・スコアカード（チップセット社2002年度の例）

視点	目標	尺度	内容	目標値	実績値	備考
財務	株主価値増	生産性増による営業利益増	コスト・遊休設備管理	2,000,000	2,100,000	
		成長による営業利益継続増	強力な顧客関係構築	3,000,000	3,420,000	
		収益継続増	強力な顧客関係構築	6%	6.48%	注1
顧客	市場占有率拡大	コミュニケーションネットワークでの市場占有率拡大	顧客の将来のニーズの認識	6%	7%	
		新規顧客開拓	新規顧客層開拓	5	6	注2
	顧客満足増	顧客満足調査	販売部門の顧客分析増	顧客の90%が1位2位評価	顧客の87%が1位2位評価	
内部ビジネス	製造能力改善	制御高級化による工程数減	R&Dと製造の組織化による制御高級化実施 販売部門の顧客分析増	75%	75%	
	製造能力と生産性向上	実行度合	問題原因の分析と品質改善	78%	79.30%	注3
	顧客への到達時間短縮	受注配送時間	受注発送体制見直し	30日	30日	
	指定日配達	即時発送	受注発送体制見直し	92%	90%	
学習と成長の視点	生産工程の熟練度向上	生産工程と品質管理の訓練を受講した従業員の比率	従業員訓練プログラム	90%	92%	
	労働者活性	生産工程管理のために活性化された現場労働者の比率	現場責任者を管理者よりも指導員として行動させる	85%	90%	
	従業員に組織目標を徹底	従業員満足度調査	チームワーク育成のための従業員参加・支援プログラム	従業員の80%が1位2位評価	顧客の88%が1位2位評価	
	情報システム能力向上	リアルタイム・フィードバックを行う生産工程の比率	オフライン・データ収集からの改善	80%	80%	
	生産工程の改善	生産工程の大幅改善点数	R&Dと製造の組織化による生産工程の修正	5	5	

（注） 1. （2002年度収益 − 2001年度収益）÷2001年度収益 ＝ (28,759,000 − 27,000,000)
 ÷27,000,000 ＝ 6.48%
 2. 顧客は2002年度に40から46へと増加した。
 3. 実行度合 ＝ CX1生産個数÷生産開始時CX1生産個数×100 ＝ 1,150,000÷
 1,450,000×100 ＝ 79.3%
出所：Horngren，同上書，p.749。レイアウト一部修正。

第10章 ゼロベース予算

> **キーワード**
> ゼロベース予算（ZBB），デシジョン・パッケージ（DP），全社デシジョン・パッケージ採否表，ZBB委員会，ZBABC

> **学習のポイント**
> ◎ゼロベース予算は，「ゼロ思考の経営」ツールである。
> ◎ZBBは，デシジョン・パッケージ（DP）から成り立っている。
> ◎全社のDPが揃ったら優先順に並べる。

第1節 ゼロベース予算の意義と背景

　2000年代に入って「ゼロベース」という言葉がよく聞かれるようになった。この言葉が出るのは，与党の国会議員が国家財政の再建や官庁制度の改革などについて特命の大臣として任命され，これから大胆な計画を実行しようとする場合に決意表明の一部として必ず発言されている。この言葉には，過去のいきさつや慣行やしがらみを一切排除するという固い意志が表されている。

　最近は政治家から最もよくこのゼロベースという言葉を聞くが，このゼロベースのもととなっているゼロベース予算は，1970年ころにアメリカのテキサス・インスツルメント社（以下TI）がやむにやまれず作りあげた新しい経営管理システムの名称である。

　当時はアメリカが世界の半導体市場そのものであったが，技術革新があまりに速いため，わずかの期間でシェアが入れ替わり，経営不振のために撤退や倒産する企業が続出していた。このような経営環境の下でTIは生残りを賭けて従来の予算管理方式を廃止して，過去のことは一切考慮せずに経営計画を行う

「ゼロベース予算（(Zero-base budgeting, ZBB)）」を考案し，生き残りと繁栄を達成した。これまでは積上げ式の予算管理であったが時間がかかりすぎるという欠点があった。TIにとっての課題は次期にシェア拡大，売上増大，利益増大を実現することであり，過去はすべてゼロとして扱うことにした。そのため，経営計画の根本はゼロベースで行うためにこの名称が付けられた。TIでは予算はZBBと呼ばれるようになり，TI経理部長のピーター・ピアーによって『ハーバード・ビジネス・レビュー』に紹介され，世に知られるようになった。この論文に感銘を受けた当時ジョージア知事のジミー・カーターは，州予算の削減にZBBを積極活用して，成功した。カーターは後に第39代アメリカ大統領となり，連邦予算の削減にZBBを活用した。ここからZBBは世界的脚光をあびることとなり，「ゼロ思考の経営」とも言われるほど現代における代表的経営管理思想となった（西澤脩（1992）『管理会計を語る』白桃書房，p.194）。

第2節　ゼロベース予算の特質

　ZBBがこれまでの予算管理方式とどう違うかは，変化の激しい経営環境に対応できる経営管理を行うことができるか否かである。これまでの予算管理方式を伝統的予算とすると，西澤教授によれば，伝統的予算とZBBの間には図表10－1に示すような相違点がある（西澤脩，同上書，p.199）。

（1）予算意識の相違点
1. 伝統的予算は，ノルマであり，強制的な押付けや命令という形で行われる。ZBBでは，予算は努力目標であり，各社員が合理的に納得した上で実施する経営計画に沿ってベストを尽くすことによって動機付けが与えられ，その分目標達成率が向上する。
2. 伝統的予算における予算統制は，未達成に対する懲罰の手段として行われ，昇給・賞与の査定や昇進のマイナス材料として積み上げられる。ZBBでは，目標管理であり，予算差異分析を通じて社員と上級者または部門管

図表10−1　伝統的予算とゼロベース予算

A. 予算意識の相違点

	伝統的予算		ゼロベース予算
予　算	ノルマ	⇒	努力目標
予算統制	懲罰の手段	⇒	目標管理
日本語	予算統制	⇒	予算管理
英　語	Budgetary control	⇒	Budgeting

B. 予算参加の相違点

	伝統的予算		ゼロベース予算
管理学説	科学的管理法	⇒	人間関係論 行動科学
編成順序	天下り式	⇒	積上げ式
予算本質	強圧的予算	⇒	参加的予算
予算行動	責任回避	⇒	動機付け

出所：西澤脩，同上書，p.199。

　理者と経営管理者とのコミュニケーションが図られ，予算に不利差異（マイナスの差異）が生じたとしても，その原因を明らかにすることによって，相互理解と次期予算と経営計画への参加が行われ，企業全体としての業績向上に結びつく。

3．用語の問題も重要である。予算統制は過去に予算管理全般を意味することもあったが，語感も悪く近年はあまり使われない。ZBBでは予算管理であり，予算編成，予算調整，経営計画実施，予算差異分析によるPLAN, DO, CHECKの循環を実現できる。

4．英語の場合，予算統制に対してBudgetary controlであり締め付けを感じさせるが，ZBBではBudgetingであり，行動を行う管理システムを感じさせられ，前向きの経営姿勢が強調される。

（2）予算参加の相違点

5．管理学説は，伝統的予算に関しては科学的管理法が基礎となっている。これは，20世紀前半の資本主義経済が未熟な時代の理論であり，製造現場の労働環境の管理を主体にしている。ZBBでは人間関係論や行動科学が基礎であり，サービス業やホワイト・カラー職種が拡大している現代の経営環境を前提とした理論である。この学説を基礎とすることによって目標達成と動機付けとの関連や労働と欲求・満足との関係が明らかにされ，高圧的労働環境は排除され，理解と納得による経営が行われる。

6．編成順序は，伝統的予算では上意下達方式である。経営方針を知らせるのは上から下へと一方的であり，下から上への情報フィードバックはない専制君主型経営である。このような経営タイプはいずれ消え去る運命である。ZBBでは積上げ方式であり，デシジョン・パッケージを作成する段階で部門管理者が作成するが，その作成作業は単独ではなく，部の全員が参加しての結果であるから，討論を経ての全員の意見が表明されている。

7．予算本質は，伝統的予算では強圧的予算であり，上からの押付けによる納得なしの目標達成が強制される。ZBBでは，参加的予算である。これは社会心理学に基づいた行動科学の成果を取り入れて形成されており，あらゆる人間行動は情報を共有して相互のコミュニケーションを行い，目標に関連するすべての人々が理解の上で参加することを意味する。

8．予算行動は，伝統的予算では，責任回避であり，トップ・マネジメントの方針が強圧的に上意下達される。この場合は，予算差異の不利差異が発生した場合の真の原因がトップ・マネジメントにあった場合は責任回避の手段として用いられてしまう。ZBBでは，動機付けである。これは，前述のとおり，ZBBでは行動科学に基づいた理論形成を行っており，その最たる中心概念が動機付けである。人間が仕事に対してヤル気が出る原因とプロセス，逆にヤル気をなくす原因とプロセスを明らかにすることによって人間の欲求段階の最高ランクである「自己実現」を実現する。

第3節　デシジョン・パッケージ

　ZBBは，デシジョン・ユニットの分析，デシジョン・パッケージの作成，全社デシジョン・パッケージの優先順位付けと採否からなる。したがって，デシジョン・パッケージはZBBの中心概念である。

（1）デシジョン・ユニット

　デシジョン・ユニット（Decision unit, DU）は，「意思決定単位」の意味である。DUは，業務を行う現場を特定した組織であり，事業部や部課係のような従来の職場組織の場合もあり，また特定目的を実行するために集められたプロジェクト・チームの場合もある。チームは，サークル，カンパニー，ユニットなどとさまざまな名称で称されることがある。1つの業務単位ごとに1つのDUが設定される。

（2）デシジョン・パッケージ

　デシジョン・パッケージ（Decision unit, DP）は，「意思決定のパック」の意味である。基本はDUであり，経営資源である人・物・金を付与して，業務のための単位であるDPが完成する。DPは，図表10－2のように作成される経営行動計画である。DPの作成は図表10－3のように一連のDPとして作成される。まず現行パッケージと新規パッケージとが作成される。現行パッケージについては，継続パッケージ，廃止パッケージ，代替パッケージの3案を作成する。継続パッケージは，現行業務を次年度も継続する場合に作成される。これに対して現行業務を次年度は廃止する場合に作成される。代替パッケージは，現行業務を継続はするが新しい方法で行う場合に作成される。このなかからDPの管理者とされたマネジャーがベストとしたDPを推薦パッケージとして決定する。

　図表10－3では，継続パッケージが推薦パッケージとされている。なお，

第10章　ゼロベース予算　123

図表10－2　デシジョン・パッケージ（例）

部門名	生産計画課
課　長	○野○郎
パッケージ名	生産計画の基準パッケージ
目　的	最低の生産計画サービスを行う。
プログラムの内容	2週間先までの生産計画を立てる（現在は4週間先まで）。
必要資源	200□年　○万円　（○人） 200△年　△万円　（△人） 増　減　◎万円　（◎人）
廃止パッケージ	当パッケージが却下されると，生産が納期に間に合わず，キャンセルされる。
増分パッケージ	①　長期計画係を1人（○万円）増員すると，現行通りのサービスが可能となる。 ②　さらに配送運転手1人（△万円）を増員すると，最高のサービスが可能となる。
代替パッケージ	計画設定を別組織によれば，○万円の経費が必要となるが，△人削減可能となり○万円削減できる。

出所：西澤脩，同上書，p.199。一部レイアウトを修正した。

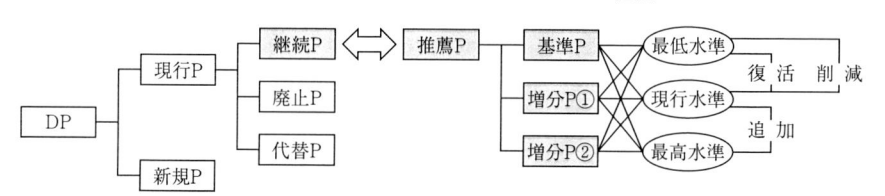

図表10－3　デシジョン・パッケージの種類

（注）図柄とレイアウトを部分的に修正している。
出所：西澤脩，同上書，p.201。

　推薦パッケージは，サービス水準をもとに，基準パッケージ，増分パッケージ①，増分パッケージ②を作成する。
　このようにZBBにおいてはDPについて廃止案や代替案を作成していくので，常に経営の見直しや再検討が行われるというメリットがある。

サービス水準は，投入する人数と費用で測定して，最低サービス水準を実行するDPを基準パッケージとする。基準パッケージは，設定段階で現行サービス水準を2～3割以上削減することが求められている。削減を復活したものが増分パッケージ①であり，さらに追加のサービス水準を遂行しようとするのが増分パッケージ②である。

第4節　全社デシジョン・パッケージの採否

　ZBBは，経理部で全社のDPを集めてから個別に審査して採否を決定する。ZBBにおける予算編成上の特徴は，会社の所定の総予算枠を超えるまで，全社的観点での優先順位に従い，採用が決定される。ただし，総枠を超える直前のDPまでが採用され，総枠を超えた後は一切のDPが廃棄DPの扱いとなる。伝統的予算管理であれば，提案された予算案の合計予算が予算総枠に及ばない場合は，最優先のDP以外は優先して予算を与えるが，他の予算案は一律に一定割合でカットした予算枠を与え，結局，提案されたすべての予算案を承認することが多い。この方法は社内の融和に役立つが，リスク対応力を弱め，大きな変化が起きると衰退する弱い経営体質に導く危険性がある。
　企業活動は常にリスクに脅かされており，経営環境の変化が激しい時には，取捨選択の意思決定がいかに迅速に行われるかが企業の存亡にかかわってくる。その点で最優先順位から順次予算額を与え，総額に近づいた時点でその他の案を一切承認しないという方法は，妥当なものである。
　図表10－4によれば，全社のDPが経理部に集められて後の採否の審査結果を示している。この図表の作成過程は次のように行われている。
　1．全社のDPが経理部に集められる。
　2．ZBB委員会を編成して，DPの査定を依頼して，相対評価としての優先順位を決定する。また，DPが経営に及ぼす貢献度合から絶対評価としての評価見解を記述する。これは，A（最優先），B（優先），C（見送りでない），D（見送り）の4ランクとする。

図表10－4　全社デシジョン・パッケージ採否表

優先順位	DP番号	DU部署	必要資源	累積金額	評価見解	採否結論
1	P53	P部1課	81,817	81,817	A	採
2	Q65	Q部3課	142,563	224,380	A	採
3	R41	R部1課	97,541	321,921	B	採
4	Q67	Q部2課	47,543	369,464	B	採
5	S28	S部4課	98,709	468,173	C	採
6	P36	P部2課	88,401	556,574	C	否
7	Q66	Q部1課	12,674	569,248	C	否
8	S25	S部8課	15,649	584,897	C	否
9	P48	P部3課	4,628	589,525	C	否
10	R40	R部2課	5,931	595,456	D	否

↑ 累積500,000以内
↓ 累積500,000超え

(注) 1．必要資源欄および累積金額は単位円である。
　　 2．採否評価欄において，Aは最優先，Bは優先，Cは見送りでない，Dは見送りを意味する。

3．すべてのDPを図表10－4のような「全社デシジョン・パッケージ採否表」に優先順位に従って記入する。表は，優先順位，DP番号，DU担当の部署名，必要資源額（要求予算額），累積予算金額，評価見解，採否結論の7項目より成る。

4．累積金額欄に累積したDP予算額を記入する。この欄の値は，当該のDPの予算額に前掲までのDPの累積金額を合計する。来期の総予算額が500,000万円である場合，優先順位5番のDP「S28」の累積金額が468,173円であり，ここまでを採用とする。次の優先順位6番のDP「P36」になると累積金額が556,574円であるので，6番以下をすべて棄却とする。

5．経営環境が厳しさを増した場合は，評価結果がCランクにされている優先順位5番のDP「S28」を追加棄却の候補とする。優先順位1から順位4までは評価結果がAまたはBにランクされているので，経営の柱とする。さらに最悪の経営状態となった場合は追々加棄却としてBランクの優先順位3位と4位を棄却する。

第5節　ZBBの事例 ―アメリカ・バーチ社のZBABC―

　アメリカのバーチ社は，中西部の浴室設備メーカーであり，6製造部門と1補助部門からなる。同社は，伝統的原価計算システムを行っていたが，より効率を高めるためにゼロベースによるABC（Zero-base activity-based costing, ZBABC）にシステム変更を行った。これは，ZBBを応用したABCであり，合理的原価計算ができるようになった。バーチ社の従来の原価計算は，実際原価計算であり，棚卸は期末に年1回のみであった。製造間接費の配賦は直接労務費基準で行っていた。このような旧態然のシステムであるにもかかわらず，現場技術者および経営管理者が若く労働意欲が高いために業績は好調であった。このような状態のなかでコンサルタントを依頼して経営改善を試みた。

　その結果，図表10－5のような新しいドライバーを設定した。事例は鏡事業部であり，製造間接費の配賦基準を現場の作業ごとに1つひとつ設定した。
①　鏡裁断作業には，鏡表面の面積をドライバーとした。
②　鏡の裏面と背面の安全処理には，鏡の外周寸法とした。
③　斜め処理には，楕円鏡の生産数とした。
④　穴あけには，穴の数とした。

　このように，これまでの計算方法を破棄してゼロベースで検討して新たに図表10－5のように作業ごとに適切なドライバーを設定して，従業員および経営管理者の満足をもたらした（MacArthur, J. B.. 1993. "Zero-Base Activity-Based Costing," *Cost Management*, Vol.6 No.4, pp.45-50.）。

図表10－5　鏡事業部の活動と活動ドライバー

活　動	活動ドライバー
鏡裁断	鏡表面の面積
裏面背面安全処理	鏡の外周寸法
斜め処理	楕円鏡生産数
穴あけ	穴の数

■練習問題

問題1
　ZBB（ゼロベース予算）を適用すると効果があがる分野が官庁会計であるといわれている理由を考えよ。

問題2
　あなたの就活（就職活動）のDP（デシジョン・パッケージ）を作成せよ。この場合，業務単位であるDU（デシジョン・ユニット）はあなた自身である。

問題3
　わが国でかつてZBBを実行して成功した企業等がある。西澤脩（1980）『ゼロベース予算の導入と事例』（税務経理協会）によれば，久光製薬，日本石油，ニッカウイスキー，信州精機，神奈川県がある（現在存在していない企業を除く）。これらの企業等が予算管理においていかなる特色を有しているか調査せよ。

解　答

解答1
　わが国の官庁会計は，前年実績主義であり，実績基盤主義である。また，官僚主導であるといわれている。歴代の政府は方針として常に財政改革と公務員改革をあげていた。しかし，そのためには，前年実績を無視またはゼロベースとせねば何も進まない。わが国では政策の計画立案と遂行に官僚の果たす役割が大きいので，新たに当該担当大臣に任命されたスピーチとして実績やしがらみを考慮しないで改革を進める決意をアピールするために「ゼロベースでやります」の発言となる。

解答2　　　　　　　　　　デシジョン・パッケージ（例）

A. 就活デシジョン・パッケージ（男子編）

デシジョン・ユニット	△山△男
指導教授	○下○兵衛教授（准教授）
パッケージ名	就活20XX
目　的	自己実現できる職場を得る。
プログラムの内容	5月GWまでに内定1社。7月末までに本命。公務員試験にも合格。
必要資源	4月　　5日　　　　10,000円 5月　　8日　　　　12,000円 6月　　10日　　　　20,000円 7月　　10日　　　　22,500円 8月　　8日　　　　16,000円 9月　　8日　　　　3,000円 合　計　　49日　　　　83,500円
廃止パッケージ	大学院進学の場合はキャンセル。卒論未完成ならキャンセル。
増分パッケージ	①　英語検定で750点をとれば，より高い職種を希望できる。 ②　母の実家の関係からコネを働かせば政府系のかなりの企業体が可能となる。
代替パッケージ	夜間大学院通学の制度があれば優先。高卒役員が20%以上なら優先。専門性高い官庁または県が後援する法人であれば最優先。

B. 就活デシジョン・パッケージ（女子編）

デシジョン・ユニット	△谷△子
指導教授	○崎○五郎教授（准教授）
パッケージ名	就活20XX
目　的	自己実現できる職場を得る。
プログラムの内容	2週間先までの就活計画を立てる。（現在は4週間先まで）
必要資源	4月　　6日　　　　9,000円 5月　　10日　　　　17,500円 6月　　11日　　　　20,000円 7月　　12日　　　　24,000円 8月　　10日　　　　25,000円 9月　　3日　　　　6,000円 合　計　　52日　　　　101,500円
廃止パッケージ	パワハラ・セクハラ日常化ならキャンセル。 女子平均年齢が20歳前後ならキャンセル。
増分パッケージ	①　日商検定で1級をとれば，会計の専門性が高い職種を希望できる。 ②　指導教授の紹介をもらってゼミOBの先輩の企業へ運動すれば効果が高い。
代替パッケージ	夜間大学院通学の制度があれば優先。出産保護や育児保護の制度充実を優先。社内保育所があれば，最優先。

（注）図表10－2を参照した。このようなスケジュール表を作って就活するとよい。

解答 3

　西澤脩（1980）『ゼロベース予算の導入と事例』税務経理協会を参照してZBBの成功例を見よ。

第11章 ORによる意思決定

キーワード
ペイオフ表，マキシミン原理，マキシマックス原理，主観確率分布，乱数，モンテカルロ・シミュレーション

学習のポイント
◎4種類のペイオフを得て，マキシミン原理を行う。
◎モンテカルロ・シミュレーションは，主観確率分布と乱数によってモデルを作動させる。

第1節　ORによる意思決定の意義

　管理会計は，第1章において定義したように「他の分野の知識を」利用して「意思決定を援助する」とされている。広い知識を取り入れて，予算管理や原価管理をより科学的に行い，効率性を高めることができるからである。ORはOperations Researchの略語であり，元来は軍事用語である。ORは，第2次世界大戦中のアメリカが情報も武器とするという軍の方針の下で大きな発展を見せたため，多くの有能な人々がこの担当となった。これらの人々が戦後に復員して自らが携った軍事作戦の分析手法を一般に利用可能な意思決定手法に修正して経営系の大学やビジネス・スクール（経営大学院）の教材や研究テーマとして紹介した。これらは今日，Operations Researchという分野として総称されることとなった。したがってORは，わが国では「オペレーションズ・リサーチ」であるが，アメリカでは自国語であるから，「作戦研究」である。現代においては「営業研究」と解釈できる。

　軍事用語としてのORの目的は，①敵の損害（死傷者を含めて）を多くする，

②味方の損害（同上）を少なくする，③目標とする作戦を成功させる，を同時に実現する最適な作戦を立てることである。そのためには，敵と味方の行動を一定の条件の下で模擬的に実現して試行を繰り返して，最も有利な作戦を選ぶ。戦争映画のなかで作戦本部に置かれた板やテーブルの上に敵味方の軍勢を置き，コマのように動かして実勢状況を分析しているシーンが見られることがある。そこで行われている意思決定技法がORである。

　ビジネス・ツールとしてのORのなかでよく知られているのが期待ペイオフを利用したマキシミン原理と主観確率分布を利用したシミュレーション（モンテカルロ・シミュレーション）である。

第2節　期待ペイオフによる意思決定

（1）期待ペイオフに基づくマキシミン原理

　マキシミン（Maximum of minimum, Maximin）原理は，将来行う企業行動によって得られる結果についてペイオフ（利得）表を作成して，企業行動の結果を予想して，最も利益が多いという代替案よりも最も損失が少ないという代替案を選択する意思決定の手法である。資料として次のデータが与えられている場合のマキシミン原理による意思決定を考える。

［資　料］
　ア．企業行動A案（a）は，積極的予想である。実行に50,000円を要して，状況が好調なら100,000円を得る。現状で推移するなら60,000円を得る。
　イ．企業行動B案（b）は，保守的予想である。実行に30,000円を要して，状況が好調なら60,000円を得る。現状で推移するなら50,000円を得る。

［解　答］ペイオフ表を作成する。
　①　好調時の場合は次のペイオフが予想される。
　　A案　10,000 － 5,000 ＝ 5,000
　　B案　6,000 － 3,000 ＝ 3,000
　②　現状の場合は次のペイオフが予想される。

A案　6,000 － 5,000 ＝ 1,000
B案　5,000 － 3,000 ＝ 2,000

③　ペイオフ表（マキシミン）を作成する。

　行動A案を a，B案を b とする。また，状況を「自然の状態」と呼び，好調な状況を S_1，現状の状況を S_2 とする。上で計算した行動別の状況ごとのペイオフを次のようにペイオフ表にまとめる。

図表11－1　ペイオフ表（マキシミン）

		自然の状態 S_1	S_2	行動別最小値
行	a	5,000	1,000	1,000
動	b	3,000	2,000	2,000※

※　最小値の中の最大値である。ゆえに，行動 b を選択する。

　a のペイオフは，S_1 では5,000であり，S_2 では1,000である。2つの値のうち最小値は1,000であるから，「行動別最小値」は1,000となる。b のペイオフは，S_1 では3,000であり，S_2 では2,000であるから，2つの値のうち最小値は2,000である。a と b の「行動別最小値」を比較すれば，2つのミン（Minimum）のうちマキシ（Maximum）は2,000となる。

④　ペイオフ表（マキシミン）から意思決定を行う。

　こうして得た2つの最小値（min）のうち，最大（max）のペイオフを得る行動B案が採択案となる。マキシミン原理の語源である Maximum of minimum は「最小のなかの最大」の意味である。

⑤　マキシミン原理による意思決定の特徴

　マキシミン原理により決定される代替案は，企業行動別に予想される状態の下でのペイオフの最小値のなかで大きいペイオフ値を得る企業行動である。すなわち，楽観的な S_1 の状態でもたらされるペイオフの予想値を出す企業行動 a よりも現状を示す S_2 の状態でもたらされるペイオフの予想値を出す企業行動 b を選択する（「最小のなかの最大」は，楽観的に最大の利益を得る

案を取るよりも損害を最小にできる結果を得る考え方である)。

(2) 期待ペイオフに基づくマキシマックス原理
① マキシマックス原理のためのペイオフ表

マキシマックス (Maximum of maximum, Maximax) 原理は，図表11－1のペイオフ表の最右端を「行動別最大値」と修正して，行動によって得られる結果の大きい値を選び，さらにそのなかで最大のペイオフを得る行動を選択する方法である。マキシマックス原理によるペイオフ表は次のようになる。

図表11－2　ペイオフ表（マキシマックス）

		自然の状態		行動別
		S_1	S_2	最大値
行	a	5,000	1,000	5,000※
動	b	3,000	2,000	3,000

※　最大値のなかの最大値である。

② マキシマックス原理による意思決定

マキシマックス原理では行動別のペイオフのなかから最大値を選び，さらにそのなかの最大値を得る行動を選択するから行動A案が意思決定結果として選択される。

③ マキシマックス原理による意思決定の特徴

マキシマックス原理では，損失の発生を避けるよりも，最も利益が多い代替案を選択する意思決定の手法である。この場合，将来の環境変化の不確実性は楽観的に考え，場合によっては無視して実行する。

第3節　シミュレーションによる意思決定

(1) モンテカルロ・シミュレーションの意義

シミュレーション (Simulation) は，元来は「見せかけ」や「ふりをする」

程度の言葉である。シミュレーションは，ORと同様に第2次世界大戦後に企業経営その他のための手法として広く紹介されるようになり，最近では，大型旅客機や新幹線の操縦，原子炉など高度電気機器の運転などについての訓練装置がよく知られる。初心者がこれらの操作を現実に行うと万が一の場合には人命や地域社会に甚大な損害が生じることもあるが，シミュレーションであれば実験装置（シミュレーター）のコスト負担のみで訓練することができる。

『研究社新英和大辞典』によれば，Simulationの文化系分野の専門用語は次のように示されている（『研究社新英和大辞典』第5版，研究社，1982年，pp.1973-1974。番号は原著による）。

2．a（訓練や実験用の）模擬実験，シミュレーション．b［経済］シミュレーション（(モデルによる経済または経営実験手法)）．

4．［社会学］シミュレーション（(現実の複雑な事象の解明のために，数理モデルなどを用いて模擬実験すること)）．

いずれの分野においても「モデル」を構築してそのなかで実験を行う。

シミュレーションを経営意思決定の用具として発展させたものが，モンテカルロ・シミュレーション（Monte-Carlo simulation）である。これは，対象とする企業行動に対して確率分布を得て，数学上のモデルのなかでどのような結果を得るかをテストすることである。欧米の賭博場（カジノ）の代表的ゲームの1つであるトランプ・ゲームの場合，親および相手のカードの動きを観察してどのようなカードがどのような頻度で出されるかについて分布（確率分布）を得ようとする努力が行われる。これが，勝つ確率（または負けない確率）を推定して，有利な勝負を行おうとすることが伝統的な考えである。モンテカルロ・シミュレーションの名称の由来は，確率分布を得てから乱数発生により実験に入るから，カジノでの行為に似た意思決定方法であり，有名なカジノがあるモナコ公国の都市モンテカルロ（カルロ山の意味）をもじったことのようである。

（２）モンテカルロ・シミュレーションによる経営意思決定

　モンテカルロ・シミュレーションは，a．分析する行動が発生頻度別に持っている確率分布を調べる，b．行動をモデル化する，c．乱数を発生させる，d．モデルによる試行の結果を分析する，の4段階からなっている（モンテカルロ・シミュレーションをパソコンソフトによって実験する場合，組み込まれている確率分布は正規分布なので，これを消去して，調査によって得た確率分布を設定せねばならない）。ここでは，事例としてモンテカルロ・シミュレーションによるウドンの自動販売機の増設の可否についての意思決定を検討する。

[資　料]

　国道沿いの自社所有地に飲食用自動販売機を設置している業者O氏は，1台のウドンの自動販売機を設置している。同機はコイン投入して注文ボタン・オンから3分後に調理したウドンを提供する。しかし，ある時，昼時は混雑しているとの苦情を受けたので，1台増設して2台体制とすることを決定した。自動販売機業者に相談したところ，高額で1分間調理の新鋭機と低額で3分調理の現行機の2つが示された。O氏は，第Ⅰ案として現行の3分調理機A1台のみで済ます，第Ⅱ案として現行の3分調理機Aと新鋭1分調理機Bの2台とする，第Ⅲ案として現行と新規購入の3分調理機C2台とする，の3案をモンテカルロ・シミュレーションにより比較して客の様子を調査することとした。

　① 確率分布

　O氏は，昼食時を12時から13時の1時間として自動販売機の稼動状況を調査した。その結果，図表11－3の結果を得た。これは客の来店パターンであり，客が1分間隔で来るのは15％，2分間隔で来るのは30％，3分間隔で来るのは20％，4分間隔で来るのは11％，5分間隔で来るのは8％，6分間隔で来るのは6％，7分間隔で来るのは4％，8分間隔で来るのは3％，9分間隔で来るのは2％，10分以上の間隔で来るのは1％，ということを示している。

　それぞれの来店間隔に付けられている割当乱数は，シミュレーションを実行する際に取り出す乱数カードの数字である。たとえば，1分間隔での来店客は

15%であるから，100人中の15人である。乱数カードをひいて00番から14番に該当すれば，この15%に入る客ということになる。

図表11－3　確率分布

来店間隔（分）	確率	割当乱数
1	15%	00～14
2	30%	15～44
3	20%	45～64
4	11%	65～75
5	8%	76～83
6	6%	84～89
7	4%	90～93
8	3%	94～96
9	2%	97～98
10	1%	99

② 乱　数

図表11－4は，乱数カードを引いた結果を順に並べたものである。したがって1番目の客は乱数61であるから3分間隔の客であり，12：03来店である。2番目の客は乱数15であるから2分間隔の客であり，12：05来店である（12：03＋2）。3番目の客は乱数08であるから1分間隔の客であり，12：06来店である（12：05＋1）。以後，同様に乱数の数字にしたがって来店間隔を得て，前の客の来店時間に足して来店時間を得る。来店時間が12：59になったら実験は終了する。

図表11－4　乱　数

61	15	08	77	11	13	58	18	24
76	47	21	29	68	43	46	03	50
37	23	54	55	95	01	16	70	25

③　客の行動

客は来店時に調理機が使用中であれば「帰る」とする。第Ⅱ案において客は

第11章　ORによる意思決定　137

Bを使用し，Bが使用中であればAを使用する。また第Ⅲ案において客はCを使用し，Cが使用中であればAを使用する，とする。

④　モンテカルロ・シミュレーション計算表

　図表11－5モンテカルロ・シミュレーション計算表により，乱数による客の来店間隔を得て，客がモデルのなかで3案のそれぞれについてどのように反応するかを調査する。来店時間は図表11－4の解説のように乱数からそれに対応する来店時間を得る。来店時間に基づき，3案は次のようにモデル化された状況で実験される。

　たとえば12：03に来店した乱数61番，12：05に来店した15番および12：06に来店した08番の客は3案において次のように行動する。

　a．第Ⅰ案・・・61番客は，A機を12：03から12：06で利用する（表ではA12：03－12：06）。15番の客は，来店時間12：05に61番がA機を利用中なので帰る。08番の客も，来店時間12：06に61番がA機を利用中なので帰る。

　b．第Ⅱ案・・・すべての客はB機・A機の順に利用するものとする。61番客は，Bを12：03から12：04で利用する（表ではB12：03－12：04）。15番の客は，来店時間12：05にＢＡともに空いておりBを12：05から12：08で利用する（表ではB12：05－12：08）。08番の客は，来店時間12：06にAが空いておりA機を12：06から12：09で利用する（表ではA12：06－12：09）。

　c．第Ⅲ案・・・すべての客はC機・A機の順に利用するものとする。61番客は，Cを12：03から12：06で利用する（表ではC12：03－12：06）。15番の客は，来店時間12：05にCが使用中であるので，Aを12：05から12：08で利用する（表ではA12：05－12：08）。08番の客は，来店時間12：06に61番がC機を，23番がA機を利用中なので帰る。

　この作業を23番目に来店する55番の客まで繰返す。

図表11－5　モンテカルロ・シミュレーション計算表

試行番号	乱数	来店時間	第Ⅰ案	第Ⅱ案	第Ⅲ案
1	61	12：03	A12：03－12：06	B12：03－12：04	C12：03－12：06
2	15	12：05	帰　る	B12：05－12：06	A12：05－12：08
3	08	12：06	帰　る	A12：06－12：09	帰　る
4	77	12：11	A12：11－12：14	B12：11－12：12	C12：11－12：14
5	11	12：12	帰　る	A12：12－12：15	A12：12－12：15
6	13	12：13	帰　る	B12：13－12：14	帰　る
7	58	12：16	A12：16－12：19	B12：16－12：17	C12：16－12：19
8	18	12：18	帰　る	B12：18－12：19	A12：18－12：21
9	24	12：20	A12：20－12：23	B12：19－12：20	C12：20－12：23
10	76	12：25	A12：25－12：28	B12：25－12：26	C12：25－12：28
11	60	12：28	帰　る	B12：28－12：29	C12：28－12：31
12	47	12：31	A12：31－12：34	B12：30－12：31	A12：31－12：34
13	21	12：33	帰　る	B12：33－12：34	C12：33－12：36
14	29	12：35	A12：35－12：38	B12：35－12：36	A12：35－12：38
15	68	12：39	A12：39－12：42	B12：39－12：40	C12：39－12：42
16	43	12：41	帰　る	B12：41－12：42	A12：41－12：44
17	46	12：44	A12：44－12：47	B12：44－12：45	C12：44－12：47
18	03	12：45	帰　る	A12：45－12：48	A12：45－12：48
19	50	12：48	A12：48－12：51	B12：48－12：49	C12：48－12：51
20	37	12：50	帰　る	B12：50－12：51	A12：50－12：53
21	23	12：52	A12：52－12：55	B12：52－12：53	C12：52－12：55
22	54	12：55	帰　る	B12：55－12：56	A12：55－12：58
23	55	12：58	A12：58－13：01	B12：58－12：59	C12：58－13：01
24	95	13：06	終　了	終　了	終　了
実験結果		買った客	12（52％）	23（100％）	21（91％）
		帰った客	11（48％）	0（　0％）	2（　9％）

⑤　実験結果

　実験結果は，図表11－5の最下段のとおりである。昼時の来店客は23人であった。そのうち，第Ⅰ案では，ウドンを買うことができた客は12人（52％），

帰った客は11人（48%）である。第Ⅱ案では，ウドンを買うことができた客は23人（100%），帰った客は0人（0%）である。第Ⅲ案では，ウドンを買うことができた客は21人（91%），帰った客は2人（9%）である。第Ⅰ案では来客の約半数が帰ってしまうので自販機の増設は可とされる。ただし，第Ⅱ案では来客の全員にウドンを提供できるので理想的であるが投資額は大きい。第Ⅲ案では来客の9%の客を逃がすが投資額は少ない。第Ⅱ案か第Ⅲ案かの選択は経営者の判断しだいとなる。

■練習問題

問題1

大学生P君は歩合給払いの配達のアルバイトをすることとした。中古バイクのショップで80,000円の125ccを発見した。このバイクを使うと状況がよい（軽い荷物が多い，晴天が続く，配達先に迷わずに到着する，常に在宅者がいるなど）場合，150,000円稼げる。状況がよくない（前述と逆）場合，100,000円稼げる。一方，50,000円の50cc原付車も発見した。この原付車を使うと状況がよい（同上）場合，100,000円稼げる。状況がよくない（同上）場合，80,000円稼げる。以上の条件をもとにマキシミンおよびマキシマックスによるペイオフ表を作成せよ。なお，バイクも原付車もアルバイト専用であり，アルバイト中に故障はなく，事故も違反もゼロであるとする。

問題2

図表11－3の客の来店間隔の確率分布を利用して図表11－5と同じモンテカルロ・シミュレーション計算表および実験結果を作成せよ。ただし，図1のように乱数は発生すると仮定，その他の実験条件は138-139頁に同じとする。

図1　乱数

31	30	66	16	6	26	29	36	12
67	24	41	15	86	21	64	13	90
11	46	27	92	47	02	08	30	17

問題3

　Q空港のR航空では，航空券の自動発行機が1台ある。客が料金を投入して航空券を得るまで2分を要している。最近，朝夕のラッシュ時間帯に混雑していてなかなか使えないとの苦情が多数寄せられ，増設を検討することとした。航空券自動発行機のメーカーに相談したところ，1分で発行する新鋭機を勧められた。別のメーカーでは短時間発行の新鋭機は在庫がないが，2分発行の再生新品を格安で提供するとの申出を受けた。事務長S氏は，客の行動をモデル化してシミュレーションで実験することとした。図表11－5にならい，次の資料に基づきモンテカルロ・シミュレーション計算表を作成し，最下段に実験結果を記せ。客の来店間隔と乱数対応は図2，乱数の発生は図3のとおりとする。計算表は図表11－5を参考に作成せよ。実験は7：00から7：59の間とする。

　なお，現在稼動中の発行機はX，新鋭機はY，再生新品はZとする。現在機種Xのみによる増設なしはA案，新鋭機Yと現在機Xの2台体制はB案，再生新品Zと現在機Xの2台体制はC案とする。客は，B案の場合にはまず新鋭機Yを，次に現在機Xを使うとする。C案の場合にはまず再生新品Zを，次いで現在機Xを使うとする。使えない客は帰るとする。

図2　確率分布

来店間隔（分）	確率	割当乱数
1	25%	00～24
2	25%	25～49
3	15%	50～64
4	20%	65～84
5	5%	85～89
6	6%	90～95
7	2%	96～97
8	1%	98
9	1%	99

図3　乱数

01	16	08	74	10	23	38	19	22
36	45	11	28	18	33	26	13	55
73	20	64	85	93	03	56	60	52

解 答

解答1

ペイオフ表

		自然の状態 S_1	S_2	行動別最小値	行動別最大値
行動	a	70,000	20,000	20,000	70,000 ※※
	b	50,000	30,000	30,000 ※	50,000

※ マキシミンでは30,000円のペイオフをとるのでB案（125ccバイク）採用。
※※ マキシマックスでは70,000円のペイオフをとるのでA案（50cc原付車）採用。

解答2

モンテカルロ・シミュレーション計算表

試行番号	乱数	来店時間	第Ⅰ案	第Ⅱ案	第Ⅲ案
1	31	12:02	A12:02-12:05	B12:02-12:03	C12:02-12:05
2	30	12:04	帰 る	A12:04-12:07	A12:04-12:07
3	66	12:08	A12:08-12:11	B12:08-12:09	C12:08-12:11
4	16	12:09	帰 る	A12:09-12:12	A12:09-12:12
5	6	12:10	帰 る	B12:10-12:11	帰 る
6	26	12:12	A12:12-12:15	B12:12-12:13	C12:12-12:15
7	29	12:14	帰 る	B12:14-12:15	帰 る
8	36	12:16	A12:16-12:19	B12:16-12:17	C12:16-12:19
9	12	12:17	帰 る	A12:17-12:20	A12:17-12:20
10	67	12:21	A12:21-12:24	B12:21-12:22	C12:21-12:24
11	24	12:23	帰 る	B12:23-12:24	A12:23-12:26
12	41	12:25	A12:25-12:28	B12:25-12:26	C12:25-12:28
13	15	12:26	帰 る	A12:26-12:29	帰 る
14	86	12:32	A12:32-12:35	B12:32-12:33	A12:32-12:35
15	21	12:34	帰 る	B12:34-12:35	C12:34-12:37
16	64	12:37	A12:37-12:40	B12:37-12:38	A12:37-12:40
17	13	12:38	帰 る	A12:38-12:41	C12:38-12:41
18	90	12:45	A12:45-12:48	B12:45-12:46	C12:45-12:48
19	11	12:46	帰 る	A12:46-12:49	A12:46-12:49
20	46	12:49	A12:49-12:52	B12:49-12:50	C12:49-12:51
21	27	12:51	帰 る	B12:51-12:54	A12:51-12:54
22	92	12:58	A12:58-13:01	B12:58-12:59	C12:58-13:01
実験結果		買った客	11 (50%)	22 (100%)	19 (86%)
		帰った客	11 (50%)	0 (0%)	3 (14%)

解答3

モンテカルロ・シミュレーション計算表

試行番号	乱数	来店時間	A 案	B 案	C 案
1	01	7:01	X7:01-7:03	Y7:01-7:02	Z7:01-7:03
2	16	7:02	帰 る	X7:02-7:04	X7:02-7:04
3	08	7::03	帰 る	Y7:03-7:04	帰 る
4	74	7:07	X7:07-7:09	Y7:07-7:08	Z7:07-7:09
5	10	7:08	帰 る	X7:08-7:10	X7:08-7:10
6	23	7:09	帰 る	Y7:10-7:11	Z7:09-7:11
7	38	7:11	X7:11-7:14	Y7:11-7:12	X7:11-7:13
8	19	7:12	帰 る	X7:12-7:14	Z7:12-7:14
9	22	7:13	帰 る	Y7:13-7:15	帰 る
10	36	7:15	X7:15-7:17	X7:15-7:17	Z7:15-7:17
11	45	7:17	帰 る	Y7:17-17:18	X7:17-7:19
12	11	7:18	X7:18-7:20	X7:18-7:20	Z7:18-7:20
13	28	7:20	帰 る	Y7:20-7:21	X7:20-7:22
14	18	7:21	X7:21-7:23	X7:21-7:23	Z7:21-7:23
15	33	7:23	帰 る	Y7:23-7:24	X7:23-7:25
16	26	7:25	X7:25-7:27	Y7:25-7:26	Z7:25-7:27
17	13	7:26	帰 る	X7:26-7:28	X7:26-7:28
18	55	7:29	X7:29-7:31	Y7:29-7:30	Z7:29-7:31
19	73	7:33	X7:33-7:35	Y7:33-7:34	Z7:33-7:35
20	20	7:34	帰 る	X7:34-7:36	X7:34-7:36
21	64	7:37	X7:37-7:39	Y7:37-7:38	Z7:37-7:39
22	85	7:42	X7:42-7:44	Y7:42-7:43	Z7:42-7:44
23	93	7:48	X7:48-7:50	Y7:48-7:49	Z7:48-7:50
24	03	7:49	帰 る	X7:49-7:51	X7:49-7:51
25	56	7:52	X7:52-7:54	Y7:52-7:53	Z7:52-7:54
26	60	7:55	X7:55-7:57	Y7:55-7:56	Z7:55-7:57
27	52	7:58	X7:58-8:00	Y7:58-7:59	Z7:58-8:00
28	17	7:59	帰 る	X7:59-8:01	X7:59-8:01
実験結果	買った客		15 (54%)	28 (100%)	26 (93%)
	帰った客		13 (46%)	0 (0%)	2 (7%)

第12章　原価企画と生産管理

> **キーワード**
> トヨタ生産システム，トヨタ学，大野耐一，原価企画，戦略的原価管理，目標原価，プロジェクト・リーダー，原価管理活動VE，DTC，TQC

> **学習のポイント**
> ◎原価企画は，一連のシステム化された管理のフローである。
> ◎原価企画がアメリカへ渡って，カイゼン予算と称された。
> ◎カイゼン予算は，利益（見積利益）獲得を目的とする。

第1節　原価企画の意義

（1）日本的経営の時代背景

　わが国は第2次大戦後，自国の経済復興を行い，ついでアメリカを中心とする欧米諸国への輸出品の生産に努力した。最初は繊維などの軽工業から始まったが，徐々に造船や電気製品などの重工業および量産工業製品へと進展した。1950年代はわが国の経営者や技術者が（社）日本能率協会などのツアーに参加してアメリカの工業技術を習得していたが，1960年代になるとアメリカにおける大半の量産工業品の生活用品はMade in Japan（日本製）となった。1980年代になるとわが国の工業製品の地位は世界最高水準となり，この原因をさぐるための研究がアメリカにおいてJapanese Management（日本的経営）のタイトルの下で行われるようになり，大学においても日本的経営を学ぶための講座が多く持たれるようになった。

（2）トヨタ自動車と「トヨタ学」

　自動車はアメリカ人にとって生活の最大の中心であり，日本製自動車の優秀さから日本の自動車の生産方式が注目されるようになった。門田安弘教授（目白大学）によるアメリカでの書籍『トヨタ生産システム：生産管理への実践的方法』（Monden, Y. 1983. *Toyota Production System: Practical Approach to Production Management*, Norcross, GA: Industrial Engineering and Management Press, Institute of Industrial Engineers.）の影響もあって，トヨタ自動車の生産技術が世界的に注目されるところとなり，原価企画（Target costing）やカンバン方式（Just-in-time, JIT）やカイゼン（Kaizen）が世界中に広まった。これらは現在でも管理会計や原価計算の研究者ばかりでなくVE（Value engineering）の研究者によっても研究が続けられている。多くの内外のジャーナリストによるトヨタ解説本も多く出版され，いわゆる「トヨタ学」が暗黙に形成されている。

（3）戦後不況と「トヨタ学」の原点

　トヨタ方式とされる経営技法は，日本中の企業が戦後直後の不況のために倒産ギリギリの苦境へ追い込まれ，そのなかで考え出されていた無数の逆況乗切りの方策の1つである。大半の企業は好況の到来と共にそれらの方策を捨て去ったが，トヨタ自動車では現在までも謙虚に継続していることに特徴がある。経営がどん底の状態に陥れば，経営再建は銀行にも同業他社にも頼ることはできない。その場合，生産現場を調査して改善することから始めることが常である。トヨタ自動車では，大野耐一（オオノタエイチ）をはじめとする現場技術者が，部品が組立現場への積置きから生産投入までにかなりの時間を待機に費やしていることに注目してこの時間をムダとして扱い，このムダの短縮に努力したことから始まっている。この時間を短縮すれば金利も含めた原価低減が実現できることになる。また，作業員の動作からムダを取り除いても原価軽減となる。新車の概念形成から設計までの年月数の短縮も時間のムダを省く原価軽減である。これらの手順を実行すると製品の品質改善も同時に実現することが

可能となり，原価企画が全社に普及した。

（4）原価企画の意義と体系

　原価企画は，1963年にトヨタ自動車で開発設計段階での原価管理を意味する管理手法として集大成され，1965年のカローラの開発に初めて用いられたとされている。日産自動車でも1966年発売のサニーの開発の際に原価企画に相当する手法を取り入れている。これは，第1次オイルショックなどによって社会環境が激変したため，製品のライフサイクルが非常に短縮し，これに対応するために原価企画の思想を取り入れる必要が生じたからである。このような事情のために，原価企画はマーケティング戦略，製品戦略，コスト戦略などと一体となり，取引先企業と共に企業集団活動として実行する総合的手法として発展し，現在，中長期利益計画において重要な位置を占め，製品別利益の企画と管理の中心となった。この思想は多くの企業で採用されることとなり，パナソニック（旧松下電器），シャープ，東芝，日立製作所，カシオ，キヤノン，村田機械，日産自動車などでも行われている。

　原価企画は，狭義には戦略的原価管理を目的とするものであり，「開発設計する新製品などが目標原価の枠内で開発設計，製造，販売，使用・廃棄されるように，取引先企業を含む全社的活動によって，この目標を達成させる一連の管理活動のこと」をいう（上野一郎監修（2007）『VEハンドブック』日本バリュー・エンジニアリング協会，p.564）。また，広義には狭義の原価企画を発展させた製品別利益の企画と管理を目的としたものであり，「新製品などの開発にあたり，目標機能とその達成水準，目標価格，目標売上高，目標原価，目標利益，目標日程などを設定し，製品企画から開発設計，製造準備，製造，販売，使用，廃棄などにわたる全活動において，これらの目標を取引先企業を含む全社的活動によって達成するように管理すること」である（上野一郎，同上書）。

第2節　原価企画の構造

(1) 原価企画の進め方

　原価企画は，図表12－1のように進められる。

図表12－1　原価企画の進め方

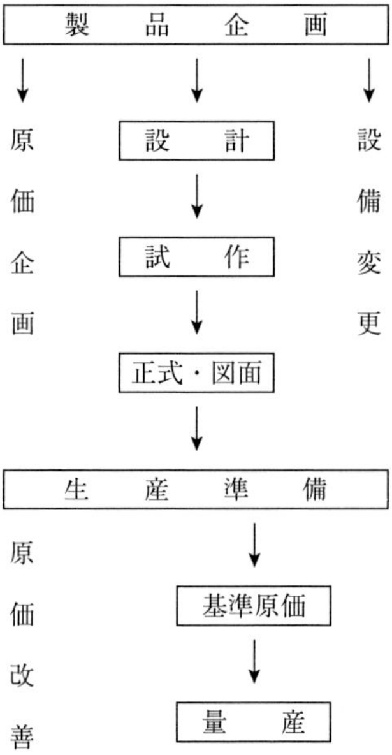

```
            製　品　企　画
         ↓       ↓       ↓
  原     設　計        設
  価       ↓          備
  企     試　作        変
  画       ↓          更
        正式・図面
            ↓
         生　産　準　備
  原         ↓
  価       基準原価
  改         ↓
  善       量　産
```

　出所：田中隆雄（1991）『フィールド・スタディ　現代の
　　　　管理会計システム』中央経済社，p.29。

　マーティング調査などによって次期の主力商品となる製品の概念が固まると，その製品企画を製作する。これを担当するスタッフは，営業，製造，経理，研究および広報などから集められ，プロジェクトを形成し，製品企画方針として，①新たな製品の顧客となる人々の性別，職業別および収入別分布，②最も強くアピールするチャームポイント，③提案する新しく楽しい生活スタイル，

④購買意欲を刺激する価格帯，⑤既存の車種への不満や要望の取込みなどを決定する。このチームは随時に緊急性のある意思決定（時には意志決定もある）や巨額の資金による投資が必要となり，外国やわが国内の他企業との間での交渉などを行うこともあるから，プロジェクト・リーダーには社長自身または常務クラスが当たる。当然，製品企画の事務所は，本社内に設置してトップの判断を迅速に得る態勢を整える。

製品企画ができると，原価企画の手順に従って，設計が行われる。製品企画プロジェクトと設計・製造部門との間での何回かの意見のフィードバックを経て設計完了となると，試作品（プロトタイプ）が製作される。

さらにこの試作品をもととして何回かのフィードバックを行い，トップと製品企画と製造現場との間で満足ある同意が形成されると，量産に備えて設備変更が行われ，量産用の設計が改めて作成される。量産体制の生産準備が終了するとプロジェクトのなかに原価管理部門担当者が参加して，原価改善の手順に従って，基準原価を計算して設計図面に加え，現場の研修による準備体制の徹底が図られ，量産が開始される。この原価改善は利益計画のなかで獲得すべき目標利益を実現することが計画されている。

（2）原価企画とVE

原価企画は，狭義にとらえる場合と広義にとらえる場合の2つの解釈を行うことができる。

① 狭義の原価企画

新製品の開発設計段階において実施する原価管理としてとらえる考え方である。この場合，原価企画は，生産現場の管理手法として機能し，開発設計段階および生産準備段階において，従来の原価管理の手法を取り入れる一方で，VEやDTC（Design-to-cost）の考え，方法論および手法を応用して取り入れて総合的コストダウンを図る。

② 広義の原価企画

上記の狭義の原価企画に加えて，全社的利益計画の観点から新製品に関して

ライフサイクル・コストを考慮してその製品の全ライフサイクル段階についてコストを予測して利益を企画して管理しつつ開発する。

　VEは，原価企画の重要な一部であるが，原価企画はVEの一部ではない。VEは，ライフサイクル・コストで必要な機能を確実に達成するために，第1原則として使用者優先の原則，第2原則として機能本位の原則，第3原則として創造による変更の原則，第4原則としてチームデザインの原則，第5原則として価値向上の原則の5原則の下に実施される，製品やサービスの機能の研究を行う組織的努力の総称である。このため，VEは製品やサービスを対象として分析し，そのライフサイクル・コストを最小にする。これは価値を高くする企業行動が善であるとのVEの発祥のころからの中心である。そのため，特定の生産現場を組織的に分析して機能を高め，コストダウンを図る最適の行動および組織を選択する。

第3節　原価企画とカイゼン予算

（1）競争激化と原価企画

　第1節で述べたように，戦後の不況時には多くの企業で無数の努力が払われており，原価企画という用語こそ使わなくとも同じことは日本中で行われていたようである。トヨタの場合は，企業全体の業績を向上させるための起死回生の手段として行われた一環であるから，原価企画は単に工場の管理手段ではなく，全社的視点から進められている利益計画の一環として行われているということを認識する必要があろう。

　1960年代当時は，日本企業は海外のみならず国内でも厳しい競争に見舞われており，売上高の増大と市場シェアの拡大が求められていた。このような競争を克服するためには生産する製品の品質は高いこと，そして顧客に提供する価格は低廉であることが必然的に課題となってくる。価格競争力は，原価引下げの企業努力が結実した結果であるから競争の核をなすものといえよう。当時，わが国において広まっていたTQC（Total quality control，総合的品質管理）は

このような時代状況のなかで進められていた。この総合は全社で行うという意味であり、特定の生産部門や販売部門、また特定のプロジェクトに関するという狭い範囲のものではなく全社を対象とする活動であった。

たとえば、ブルドーザーなどを主製品とする建設機械メーカーのコマツは、当時の状況でアメリカのキャタピラー社などの巨大メーカーが進出すると、同種機械では性能面でも価格面でもはるかに劣ることから、企業存亡をかけてTQCに取り組んだことが知られている。単に製品の開発や改良を見直すのではなく会社全体を見直し、企画力、開発力、財務構造、教育体制、人事考課などのすべてを改革し、その結果としての製品の品質向上と価格競争力を実現したと言われている。

（2）カイゼン予算

原価企画は全社で行う総合的な企画、開発、生産、原価および利益の管理システムである。そのなかで、利益を主たる管理対象として売上増大から利益増大へと目標を実現するのがカイゼン予算である。利益計画ないし利益管理は、開発・設計段階における原価管理ないし利益管理の活動であり、その主たる担い手は設計部門である。他方、原価改善は量産段階における原価管理活動であり、製造部門を中心として展開される活力がある。原価企画と原価改善は互いに関連しかつ補完しあって、目標原価と目標利益の達成に寄与している（田中隆雄、前掲書、p.31）。

一方、C・T・ホーングレン教授らによれば、カイゼン予算（Kaizen budgeting）はコンピュータを基礎とする財務計画モデルおよびABB（活動基準予算）とならぶ新しい予算の1つであるとして、「予算期間内において当該予算に関係するすべての人々に数値により継続的改善を示しかつ実現させる予算管理手法」との意義を述べている（Horngren, *ibid.*, p.468）が、原価企画との関連付けは示していない。

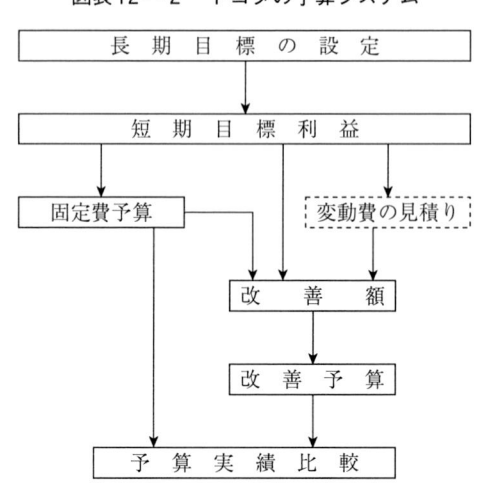

図表12－2　トヨタの予算システム

```
┌─────────────────┐
│  長 期 目 標 の 設 定  │
└─────────────────┘
         ↓
┌─────────────────┐
│  短 期 目 標 利 益   │
└─────────────────┘
    ↓         ↓
┌────────┐  ┌────────┐
│ 固定費予算 │  │変動費の見積り│
└────────┘  └────────┘
      │         ↓
      │    ┌────────┐
      └──→│ 改 善 額 │
           └────────┘
                ↓
           ┌────────┐
           │ 改 善 予 算 │
           └────────┘
                ↓
           ┌────────┐
           │ 予 算 実 績 比 較 │
           └────────┘
```

出所：田中隆雄，前掲書，p.47（レイアウトの一部は著者による修正である）。

　田中隆雄教授によれば原価企画の一環としてのカイゼン予算は，図表12－2のような体系を有している（田中隆雄，前掲書，pp.46-54）。
　カイゼン予算は，①予算管理の重点を変動費，特に変動製造原価に置く，②製造部門の予算が総額を示すのではなく「改善」額（基準原価の改訂によって達成すべき額）を示す，③製造部門は「工場 → 部 → 課 → 組」という段階のコスト・センター別に原価責任を負う，④間接費の配賦計算を行う財務会計とは切り離し，管理会計として間接費を製品原価に配賦しない，⑤ライン部門は機能別管理によってマトリックス組織を形成しており組織補強されているという特徴がある。
　カイゼン予算は，7月1日から始まる会計年度の6カ月前（12月末）に取締役会で決定される次年度目標利益（短期目標利益）から始まる。これは，売上高利益率やマーケット・シェアーなどの長期目標から作られる。目標利益は，課長以上の管理職に知らされる一方，班長以上の管理職には解説書が配布され周知される。

次年度予算は，目標利益と生産台数に基づいて，固定費と変動費に大別されて編成される。固定費予算は，設備投資，人員および試験研究などの関係であり，変動費予算は，素材，変動間接費，変動労務費および購入部品などに関する費目である。変動費の管理は重要な意味を持っており，トヨタの予算管理システムの要でもある改善予算によって管理される。

改善予算は，機能別，部門別，費目別に成り行き予想によって変動費の見積予算が作成され，見積予算から次の式により見積利益が計算される。

見積利益 ＝ 目標売上高 －（固定費 ＋ 購入部品費 ＋ 変動費）

見積利益は通常は目標利益に達しないものであるから，その差額が次の式による「改善」額となる。

改善額 ＝ 目標利益 － 見積利益

この解決は，半分を売上高の達成によって，半分を費用の節約によって実現するよう求める。費用節約の実現はいかに改善額を部門間に配分するかにかかっている。これは，機能別（工程別）に分割され，さらにこの額は工場別，部別，課別，組別に分割される。この額の実現の達成のためには実施方法が必要となり，①製品単位当たり材料消費量の節減，②標準作業の改善などの改善プランが作成される。このためにはVEによる技術部門の支援および従業員からの提案が必要となる。これらによる改善の目標額と実績比較は6カ月ごとに評価される。

■練習問題1
問題1
いわゆる「トヨタ学」の文献より工程の現場における原価企画の成功例を探し，そのなかでVEが果たした役割について調べて発表せよ。

問題 2

トヨタ自動車およびわが国の自動車メーカーの原価企画の結果として企画から販売までの短期間化を図った文献を調査せよ。国別。

> 解　答

解答 1

中日新聞社経済部編（2007）『トヨタの世界』中日新聞社を参照して答えること。

解答 2

次の門田安弘教授のトヨタ自動車の原価企画に関する著書を調べて答えること。

1．(1983)『トヨタ生産方式の新展開』日本能率協会。
2．(1989)『トヨタシステム：トヨタ式生産管理システム』講談社。
3．(1999)『日本のコストマネジメント』同文舘。

第13章　活動基準原価計算

キーワード
活動基準原価計算（Activity-based costing, ABC），
活動基準管理（Activity-based management, ABM），
多機能工化，R・S・キャプラン，R・クーパー

学習のポイント
◎多品種少量生産によって新たな製造間接費の配賦基準を迫られた。
◎原価管理には新しい「コスト・ドライバー」が必要となる。
◎ABMから，利益獲得，コストダウン，環境対策をより効果的に推進できる。

第1節　活動基準原価計算の意義

　活動基準原価計算は，ABC（Activity-based costing）とも称され，次のような意義を持つ（Horngren, 前掲書, p.891）。
　ABCは，企業活動を基本的な中心に置く原価管理の方法である。ABCでは，企業活動別に発生した原価を基準として，原価を製品別，サービス別および顧客別のように原価対象別に賦課し配賦する。
　最近のように製品のライフサイクルが短くなり，新製品として売り出されても，1年たてば消費者から古臭く感じられてしまい，急いで別の新製品を出さなくてはならなくなる。また生産も従来は生産品目をなるべく少なくして大量生産を行い，原材料の低価格での購入や製造間接費を低減することによって原価低減の努力が払われてきた。しかし，このような生産方式は，ユニクロの「50カラー別シャツ」にみられるように，「シャツならサイズがあえばなんでもいい」とか「黒か白の色があればかまわない」の時代は終わり，自分にピタリと合う欲しい色でないと満足しない消費者が増えてきたことを示している。

このように最近は消費者の満足度が多様になって，ことは衣類だけでなく，バッグ，靴，パソコン，自動車，バイク，自転車など，すべての工業製品にわたっている。

　生産方式は，このような時代状況に合わせた多品種少量生産が一般的になった。この生産方式は，いままでの生産現場と異なり，コンピュータによる自動制御技術を駆使したIT（情報技術）による自動機械生産であり，しかもそれらは，いくつもの種類の作業をこなすことができる多機能工が操作する多様化した機械で行われている。多機能工は，いままでの生産現場ではなかった工具のスタイルであり，従来は一作業一工具であった業態を変えて，複数の種類の作業を1人でできるように教育訓練されている。担当する工程についても，時には1つの工程のなかでの作業ばかりではなく，2つの工程にわたって作業することもある。

第2節　ABCにおける製造間接費の計算例

（1）ABCにおける製造間接費の意義

　ABCは，このような製品のライフサイクルの短縮化と多品種少量生産に対応する原価計算として，R・S・キャプランとR・クーパーによって提案された。この方式の特徴は，製造間接費をどのように扱うかにある。生産が高度化すると次のようなことが連続して起こるので製造間接費が大きくなる。たとえば，多品種少量生産であれば，総生産個数はいままでと同じであっても，生産内容は多品種であるから，いままでよりも多くの設計を行う必要があり，設計費は増加する。ITを導入した生産現場であれば，多数のコンピュータが必要となり，コンピュータの減価償却費またリース料は増加する。その操作や運転を行うSE（システム・エンジニア）も必要となり，作業分析とそれに基づいた制御プログラムが必要となり，給料（SE・プログラマー分）が増加する。機械整備もコンピュータ制御に合うように複雑化し，長時間化してくる。機械を操作する工具の多機能工化は前述のとおりであるが，これは教育訓練あっての成

果であり，教育訓練費が増加する。

（2）ABCの計算例

このように新しい生産方式を行うと製造間接費が増大するので，製造間接費の管理は重要な課題となる。キャプランに従い，いままでの原価計算を伝統的原価計算とし，改善した製造間接費計算による方式をABCとして，計算例によって2つの原価計算を比較する。

[資　料]

PQR社は，量産品Aと少量生産品Bの2品種を生産しているとする。両製品のための設計費は1,000万円，Aの設計図は300枚で工具による作業時間は300時間，Bは400枚で100時間であった。

計算例

図表13-1　伝統的原価計算とABCの比較

資　料

費　目	設計費		
金　額	1,000万円		
製品名	A	B	
生産形態	大　量	少　量	
作業時間	200	100	時間
設計図枚数	300	400	枚

解　答　ア．伝統的原価計算による計算

製品名	A	B	合　計
配賦額	667	333	1,000
配賦基準	作業時間		

イ．ABCによる計算

製品名	A	B	合　計
配賦額	571	429	1,000
配賦基準	設計図枚数		

(3) 伝統的原価計算による場合

伝統的原価計算では，製造間接費の配賦は加工費基準が採られているから，ここでの資料による場合は作業時間基準となる。したがって，

$$\text{製品Aの配賦額} \quad 1,000 \times \frac{200}{200+100} = 667$$

$$\text{製品Bの配賦額} \quad 1,000 \times \frac{100}{200+100} = 333$$

(4) ABCによる場合

ABCでは，現場の実態に合うように伝統的計算方法にこだわらずに配賦基準を採用していくので，ここでは設計図の枚数を配賦基準とする。したがって，

$$\text{製品Aの配賦額} \quad 1,000 \times \frac{400}{400+300} = 571$$

$$\text{製品Bの配賦額} \quad 1,000 \times \frac{300}{400+300} = 429$$

このように配賦基準を変更すると，伝統的原価計算で得た配賦額のAへの667万円対Bへの333万円に対して，ABCによる配賦額はAへの571万円に対してBへの429万円となる。両製品の特徴を考えれば，製品Aは大量生産品，製品Bは（多品種）少量生産品である。両者の生産個数が同じとすれば，伝統的原価計算は財務諸表作成では総体としての合計が売上原価となり，計算処理が公正妥当に行われていれば適正な手続である。しかし，管理会計の観点からは問題が生じる。

（5）ABCにおける製造間接費配賦の特質

　製品Aの作業時間が多いということでの配賦額667万円は多すぎ，製品Bには作業時間が少ないということでの配賦額333万円は少なすぎるという印象が強い。これは作業時間基準であるから，直接費を主とする時代の考えであり，製造間接費が大きい比率となっている現在の生産方式では矛盾がある。ABCでは，伝統的な管理思想に関係なく，生産実態に合わせて最も適切な配賦基準を選べばよい。ここでは，その配賦基準を設計図枚数としたのが図表13－1であり，ここでは計算結果として，製品Aの配賦額571万円，製品Bは429万円を得る。これなら伝統的原価計算と比べれば，生産実態に近い配賦額となる。

　結論として，設計図枚数をコスト・ドライバーとしたことが成功の源となっている。

第3節　ABCとABM

　アメリカでは，ABCからABMへの展開を提案する動きもある。ABMはActivity-based managementの略であり，「活動基準管理」と称される。ABMは，図表13－2のように利益改善および顧客満足度を高めるためにABC情報を利用する経営管理システムである。図表でも示されているように，ABMの根本はABCであり，ABCが中心となって動いている。ABCはコストの測定と管理，ABMは企業行動という機能区分が示されている。企業は資源を活用しながら行動を行っていくが，これらのすべてが原価計算対象として経営管理活動に取り入れられていく。この資源活用は，利益を獲得するというプロセスを実行する企業行動としての視点からは活動を行うことによる業績の実現があり，業績尺度として累積されていく。業績は時代に応じて適宜，変更して新しい尺度による測定が可能なように多元的に情報収集が必要であり，そのためのデータベースの必要性は高い。たとえば，利益獲得は常に普遍的な企業目的ではあるが，市場シェアの拡大とされることもあり，コストダウンとされること

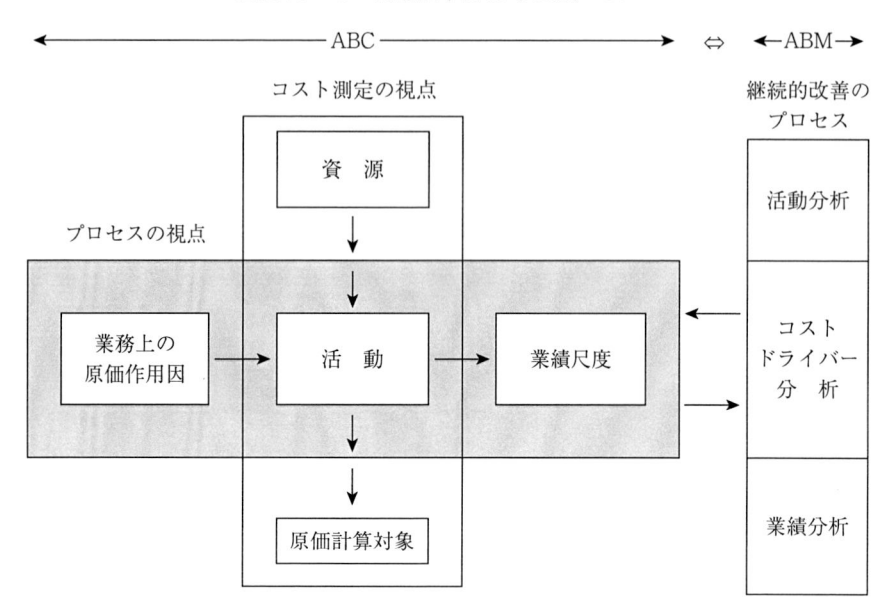

図表13－2　活動基準管理（ABM）モデル

←─────────ABC─────────→　⇔　←ABM→

出所：清水孝，前掲書，p.88。

もある。近年では，環境対策やISO対応の企業行動も目的に加えられることもある。

　ABMは，ABCのシステムが整備されている状態からの展開であり，企業行動を改善することが主な目的である。ABCから得た情報により業績評価などの活動分析を行う。この際に，ABCからコスト・ドライバーの情報の提供を受ける。それによって部門別損益計算書などの業績評価表の作成が容易になり，視点を変えることによる部門管理者の業績の順位も影響を受ける。

第13章 活動基準原価計算

■練習問題1

問題1

次の資料によって伝統的原価計算とABCによる場合とで製造間接費がどのように異なるか計算過程を含めて示せ。

RST社は，量産品甲と少量生産品乙の2品種を生産している。両製品のための設計費は300,000円，甲の設計図は200枚でその作業時間は100時間，乙は300枚で50時間であった（注：伝統的原価計算は加工費基準，ABCは設計費基準で配賦する）。

問題2

VWX社は，量産品Vと少量生産品W・Xの3品種を生産しているとする。両製品のための設計費は100,000円，Vの設計図は40枚でその作業時間は800時間，Wの設計図は70枚でその作業時間は700時間，Xは90枚で500時間であった（注：伝統的原価計算は加工費基準，ABCは設計図枚数基準で配賦する）。

問題3

XYZ社は，量産品αと少量生産品βの2品種を生産している。両製品のための研究開発費は500,000円，α担当部門の電力消費量は60,000kWh，研究者は15人，β担当部門は40,000kWh，35人であった（注：伝統的原価計算は電力消費量基準，ABCは研究者基準で配賦する）。

【解　答】

解答1

資料	費　目	設計費		
	金　額	1,000万円		
	製品名	甲	乙	
	生産形態	大　量	多品種少量	
	作業時間	100	50	時間
	設計図枚数	200	300	枚

解　答　ア．伝統的原価計算による計算

製品名	A	B	合　計
配賦額	667	333	1,000
配賦基準	作業時間		

イ．ABCによる計算

製品名	A	B	合　計
配賦額	400	600	1,000
配賦基準	設計図枚数		

解答2

資　料

費　目	設計費			
金　額	100,000円			
製品名	V	W	X	
生産形態	大　量	多品種少量	多品種少量	
作業時間	800	700	500	時間
設計図枚数	40	70	90	枚

解　答　ア．伝統的原価計算による計算

製品名	V	W	X	合　計
配賦額	40,000	35,000	25,000	100,000
配賦基準	作業時間			

イ．ABCによる計算

製品名	V	W	X	合　計
配賦額	20,000	35,000	45,000	100,000
配賦基準	設計図枚数			

解答3

資 料

費 目	研究開発費		
金 額	500,000円		
製品名	α	β	
生産形態	大 量	多品種少量	
電力消費量	60,000	40,000	kWh
研究者数	15	35	人

解 答　ア．伝統的原価計算による計算

製品名	α	β	合 計
配賦額	300,000	200,000	500,000
配賦基準	電力消費量		

イ．ABCによる計算

製品名	α	β	合 計
配賦額	150,000	350,000	500,000
配賦基準	研究者数		

第14章 ライフサイクル・コスティング

キーワード
ライフサイクル・コスト (Life-cycle cost, LCC), ライフサイクル段階, ライフサイクル曲線, 将来キャッシュ・フローの割引計算, 水俣病, 研究開発費のレバレッジ効果

学習のポイント
◎LCCは, 研究開発・設計・生産・使用・廃棄のコストを集計する。
◎LCCの将来キャッシュ・フローは資本コストで割引される。
◎マテリアルフローコスト会計と共に公害を新たに分析できる。

第1節 ライフサイクル・コスティングの意義と体系

　最近, ライフサイクル・コスティング（またはライフサイクル・コスト）という言葉をよく見聞きする。アメリカでは, 日本の自動車が優秀である最大の理由が工業製品の生産管理技術として「ライフサイクル・コストを重視している」という分析となっているほどである。ライフサイクル・コストは, 元来, 生命保険で使われている用語であり, 保険料の基礎とするために1人の人間がライフサイクル（生涯）においてどれほどのコストが掛かるかを見積もることをいう。

　ライフサイクル・コスティングとは, この生命保険のライフサイクル・コストの考えを工業製品, 土木工事および建築物などに応用して, 1つの製品（または工事）がたどっていく生産と使用の全ライフサイクル段階で, どれほどのコストが掛かるかを事前に計算して, そのトータル・コストとしてのライフサイクル・コストを最小にするよう生産の上流において事前管理を行い, 最適コスト構造を得ようとする考えである。ライフサイクル・コストを工業製品の管

図表14－1　ライフサイクル循環

関与者	段階の機能	内容
消費者	ニーズの認識	システムへの要求または要望（明らかな欠陥または問題によるか，基礎的研究を通じて明らかにされたもの）
生産者	システム計画機能	マーケティング分析；フィージビリティスタディ；高級システム計画（システム選択，システム細目決定，システム計画，実行計画，研究・設計・生産計画，評価計画，システム使用・ロジスティクス支援計画）；点検計画；提案計画
	システム研究機能	基礎研究；応用研究（ニーズ指向のもの）；研究方法評価；研究結果評価；基礎研究からシステム設計・システム開発への展開
	システム設計機能	設計要件決定；概念設計；初期システム設計；詳細設計；設計支援；エンジニアリング・モデル製作・量産型試作モデル開発；量産体制テスト；設計から生産への移行計画実施
	生産・建築機能	生産・建築要件決定；生産体制・運用分析（プラントエンジニアリング，生産エンジニアリング，生産方法エンジニアリング，生産管理体制）；品質管理；生産運用管理
消費者	システム評価機能	評価要件決定；検査・評価の種類；検査準備段階（計画設定・資源要件など）；公式運用検査・評価；データ収集・分析・報告・修正行為；再検査
	システム使用とロジスティクス支援機能	システム分布と運用の使用；ロジスティクスとライフサイクル維持補修支援の要素；システム評価；修正；製品のライフサイクル段階；材料の廃棄；・・・；リサイクル

（注）原題は「LCCは消費者から始まり消費者に終わる」の意味で「consumer-to-consumer process」である。
出所：Fabrycky and Blanchard, *ibid*, p.3.

理の用具として提案した，W・J・ファブリッキーとB・S・ブランチャードは，ライフサイクル・コストを次のように定義し，図表14－1のように体系化している（Fabrycky, W. S. and Blanchard, W. S. 1991. *Life-Cycle Cost and Economic Analysis*, Prentice Hall International Series in Industrial and Systems Engineering, Englewood Cliffs, NJ: Prentice Hall. p.2）。

　製品のライフサイクル・コストは，基本的に取得段階と使用段階に区分されて認識されるものであり，取得段階は，消費者のニーズの認識から始まり，概念設計と初期設計，詳細設計，開発，生産または建設である。また利用段階は，消費者が製品を利用する段階である。

　江頭幸代准教授（大原大学院大学）は，以上のライフサイクル・コストを製品のライフサイクル段階を導入期，成長期，成熟期，衰退期の4期に対応させて図表14－2のように図示している。

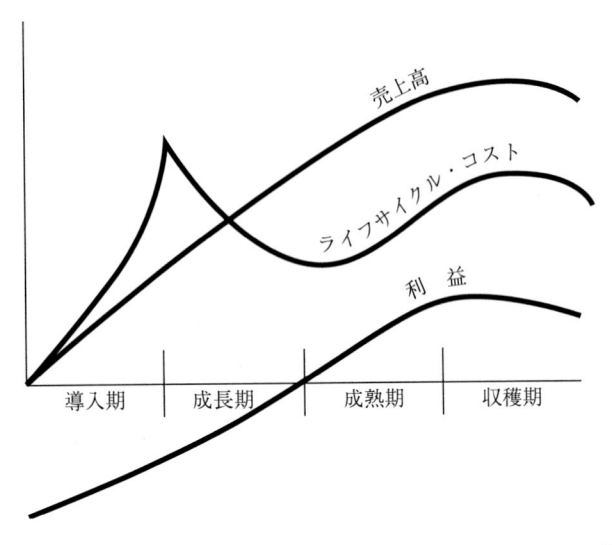

図表14－2　製品のライフサイクル曲線

（グラフ：売上高、ライフサイクル・コスト、利益／導入期・成長期・成熟期・収穫期）

出所：江頭幸代（2008）『ライフサイクル・コスティング』税務経理協会，p.11。

　最も基本的なライフサイクル段階は，生産と使用の2段階であり，生産コストと使用コストの合計額が基本的なライフサイクル・コストである。生産段階では製造原価が発生して，使用段階では維持費（燃料の補充や電気・ガス等の消費，修理用の部品の交換および税金など）が発生する。この2段階を中心として製造業者に関しては生産段階の前に研究開発段階と設計段階があり，一方，消費者に関しては使用段階の後に廃棄段階があるとする考えもある。これを整理すれば，ライフサイクル段階は図表14－3のように5段階となる（この詳細については＜竹森一正（2002）『ライフサイクル・コストマネジメントの理論と応用』創成社，p.178＞を参照せよ）。

図表14－3　製品のライフサイクル・コスト

取得段階			使用段階
概念構築・初期設計	詳細設計・製品開発	生産・建設	製品の利用・支援・寿命・廃棄

出所：Fabrycky and Blanchard, *idid*, p.3.

第2節　ライフサイクル・コスティングの成立の背景

　ライフサイクル・コストの背景は，1970年代にイギリス通産省により表明された「産業革命からもたらされた工業化による悲劇への反省」としてのテロテクノロジー（Terotechnology）である。これは，イギリスが，歴史上初めての産業革命を成功させ，世界最初の工業国家を実現したにもかかわらず，悪い面の結果として生じた社会構造の矛盾や環境悪化を反省して科学技術全般の再検討を試みた技術哲学である。わが国の日本プラントエンジニア協会がこの思想に賛同し，プラント技術者のPM（Productive maintenance，予防保全）を研究する過程でサブシステムとしてのライフサイクル・コスティングの研究が行われた（東海幹夫（2007）『会計プロフェッションのための原価計算・管理会計』清文社，p.315）。同協会は，テロテクノジーの知識を得るために「テロテクノロジー調査団」を編成し，1973年から8年間，延べ287名の産業界の人々をヨーロッパおよびアメリカの官庁，企業および大学に研修団として送り出した。当初はテロテクノロジーを学ぶことが目的であったが，しだいにライフサイクル・コストまたはライフサイクル・コスティングに重点が置かれるようになり，同調査団はわが国産業界のライフサイクル・コスティングの普及に大きく貢献した（竹森一正，同上書，pp.195-212）。故染谷恭次郎教授（早稲田大学）は，同協会の第4次テロテクノロジー調査団米国調査団のコーディネーターとして随行し，調査団資料からライフサイクル・コストを早稲田大学の論集『早稲田商学』に紹介した（染谷恭次郎（1976）「ライフサイクル・コスティングの再認識」

『早稲田商学』No. 260）。ここからわが国において会計学のテーマとしてのライフサイクル・コストやライフサイクル・コスティングの研究が開始された。

　アメリカにおけるライフサイクル・コスティングの発展に貢献したのは，1960年就任の第35代アメリカ大統領 J・F・ケネディ（J. F. Kennedy）の下での国防長官 R・マクナマラ（R. McNamara）である。マクナマラは，フォード自動車での実務経験を評価され同社副社長から国防長官に就任した。マクナマラは，ケネディ大統領が進めようとした国防予算の削減のために国防総省（Department of Defense, DOD）の軍備調達に際して調達業者に納入品のライフサイクル・コストによる見積もりを要求し，その金額を将来キャッシュ・フローの割引により示すよう求めた。このようなライフサイクル・コストの計算方法と割引キャッシュ・フローの計算方法は現在でこそよく知られているが，当時は一部の会計知識に詳しい人々以外には未知の領域であったために，知識を周知させるために国防総省通達や取扱マニュアルが発行され，知識の普及を図った[1]。また，国防総省は首都ワシントンにおいて国防総省主催のライフサイクル・コストのための講演会も頻繁に開催した[2]。空軍中将 R・ルーグ（R. Ruegg）はライフサイクル・コストの普及の責任者となり啓蒙活動に功績を果たしたが，ケネディ大統領の死亡により新大統領が就任したのに伴い，国防総省を退職した。ルーグは，その後，商務省に移籍して連邦建物の建築コストにライフサイクル・コストを適用することに尽力した。このため，建物の建築および維持コストに関してアメリカ全土にライフサイクル・コストが普及することとなった。フォード自動車の社内の製品管理技術として使用されていた技法がアメリカ政府の軍用品調達方針となり，それが建築物の管理技術へと展開して全米から世界へと広がっていった。

　このためわが国へは，ライフサイクル・コストが建築物管理のための思想として導入され，建設省（当時）の研究会を通じて建築コスト管理のためのツールとして普及することとなった。一方，日本プラントエンジニア協会主催のテロテクノロジー調査団による工業製品のためのライフサイクル・コストやライフサイクル・コスティングの情報収集もめざましく行われた。

第3節　ライフサイクル・コストの割引計算

　ライフサイクル・コスティングは，製品の生産と使用に関連して発生するすべてのコストをあらかじめ計算することを目的とするから，将来コスト計算である。将来のコストは，キャッシュ・アウトフローとして将来に予想されるコストである。ライフサイクル・コストはすべて将来キャッシュ・フローであり，現在と将来の発生時点までの間に存在する価値を考慮して割引計算を行う。外部資金に頼る場合は，時間の経過とともに増えていく利子のほかに，将来の企業活動についての不確実性は大きくなり，目標とする利益は減少傾向に陥るリスクを想定せねばならないからである。計画においていかに将来の計画数値の実現に自信があっても現在と将来との間に時間の溝がある以上，ライフサイクル・コスティングでは割引キャッシュ・フロー計算が必要となる。

　会計学の学習における割引との最初の出会いは手形割引である。この割引計算は，現在と手形の決済期日との間の時間に対応する利子を割引いて現在価値としての現金を得る方法であった。この場合の不確実性や将来利益などはすべて手形の利子に含まれることを前提として割引計算が行われる。ライフサイクル・コストの割引も将来キャッシュ・フローの割引という点で計算は手形割引と同じ計算である。キャッシュ・フローの割引要素を投下資本の利子とする見解が多数であるが，将来に期待する資本利益率を中心とする資本コストとする見解も有力である。学説的には，安定証券の利子率，リスク・プレミアムおよびインフレ率を構成要素とする総合概念とする見解もある（竹森一正，同上書，pp.66-70）。

　故染谷教授は，ライフサイクル・コストの割引計算を計算例により紹介した（その計算は現価係数表を用いて「1年当たりのキャッシュ・フロー×現価係数」によっているが，以下では1年ごとの割引キャッシュ・フローを求めて合計する方法による）。

[資　料]
　1年当たりの製品コスト（製造および使用のコスト）10,000円

割引率　10%

耐用年数（生産が行われてから廃棄されるまでの年数）　5年

計　算

$$\frac{10,000}{(1+10\%)^1} + \frac{10,000}{(1+10\%)^2} + \frac{10,000}{(1+10\%)^3} + \frac{10,000}{(1+10\%)^4} + \frac{10,000}{(1+10\%)^5}$$

$= 9,091 + 8,264 + 7,513 + 6,830 + 6,209$

$= 37,907$（製品のライフサイクル・コスト）

第4節　ライフサイクル・コスティングと環境会計

（1）ライフサイクル・コストによる環境会計の意義

　ライフサイクル・コスティングを学ぶと環境会計に強力な分析の視点を持つこととなる。環境会計で分析ツールの思想として確立をみているマテリアルフローコスト会計は生産コストの総合的分析方法であり、原材料から製品へと加工する過程で生じる生産活動によるプラスの面（原材料から仕掛品へ、そして製品への変換と完成）とマイナスの面（生産工程において発生する排熱、排気、排油水、機械運転音、半製品物質、仕損品など）とコストを対応させてすべてのフローするマテリアルを管理することである。この分析視点をライフサイクル・コストの観点から進めるから環境への総合的分析が可能となる。

　公害の発生は常に原材料の加熱、加圧、切断、溶接、触媒投入などの生産過程で環境および人間の健康への被害が生じることから発生している。従来の日本では、それを放置しても社会的に認められていたため、環境への有害な影響が引き起こされ、その結果、多くの地元民および消費者が犠牲となった。どのような原材料であってもなにかの製品の生産のためであれば、プラスの便益・効果として仕掛品または製品への加工度を高めていき、やがては製品として販売されて企業の収益に貢献する。公害は、生産のプラス面の裏に隠されたマイナスの面である。生産工程の管理者である工場長および本社の生産担当役員が

生産過程のプラス面ばかりでなくマイナスの面もすべて把握してマテリアルフローとコストを管理することにより環境会計は新たな展開を示すことが期待されている。

　かつて，わが国は公害放置による汚染環境であふれていた。たとえば，江戸末期から明治時代にかけては栃木県の古川鉱山（現在の古川機械金属工業）による足尾鉱毒事件，昭和に入って，日本の4大公害といわれる熊本県の日本窒素（現在，チッソに社名変更）による水俣病，新潟県の昭和電工による新潟水俣病，富山県の三井金属工業によるイタイイタイ病，三重県の中部電力・三菱石油グループ等による四日市公害などが発生したが，すべてが製品生産のための材料加工の過程において生じたマイナスの便益を社外放出することによって引き起こされた。

（2）事例1——水俣病と石灰石のライフサイクル・コスト

　水俣病は，小説家の石牟礼道子氏および写真家のY・スミス氏によって世界的に有名になった「日本の公害の原点」である。水俣病は，ライフサイクル・コストの観点からは石灰石のマテリアルフローの管理ミスから生じた有機水銀中毒による中枢神経障害であり，公的に認められている患者数は12,615人である。水俣病は1951年5月1日に発見とされているが，ある漁民の娘が非常に悪性の体調不良になったので，日本窒素の附属病院へ診察を受けに来たのを細川院長が「原因不明の中枢神経疾患」として県に届けた日である。当時の水俣では水俣病は地元特有の「業（ゴウ）の病」であり，先祖のタタリを静めるための祈祷師による祈祷が一般的に行われていた。この漁民は祈祷に頼らず医療による治療を選んだために水俣病を世に知らせることになった。

　水俣病は，日本窒素が石灰石を原材料とするカザレー法によって，アセチレンおよびアセトアルデヒトの中間材を作り，化学製品を生産したことに由来する。

　日本窒素の創業者・野口は，中心製品であった窒素肥料に加えて，次の中心的製品として人絹を作ることを考えたが，材質強化のために酢酸が必要となっ

た。そのため，宮崎県に設立した人絹工場のために熊本県側の水俣工場で酢酸を大量生産した。その工程で触媒として水銀が投入されたが，最先端技術者の無邪気さと怠慢のために無害化処理をしない使用済の水銀と薬品が海中投棄されて，魚や藻に蓄積され，食物連鎖を通じて人間に摂取され，めまい，耳鳴り，物忘れ，胎児性水俣病の発症となり，天草島を含む八代海沿岸の「業の病」が広まっていった（大島正克・竹森一正（2006）「わが国の公害に関する環境管理会計学的検証：水俣病のマテリアルフローコスト会計」，経営情報学部論集，第20巻1・2号，p.83，86）。水俣病における有機水銀の毒性は入鹿山教授をはじめとする熊本大学医学部の研究によって解明された。この事態の下で漁民は裁判を行い，すべての民事，行政および刑事訴訟において勝訴し，公害を起こしてまでも進める生産にはメリットがないことを判例として示した。補償総額は総額2,568億円とこれとは別の毎年支払の補償費30億円とされている。

（3）事例2—電気エネルギーとウラン鉱石のライフサイクル・コスト

　今日，先進国において電気エネルギーはあらゆる生活面を支えている。たとえば，テレビ，パソコン，冷暖房のエアコン，湯沸しポット，冷蔵庫，IH調理器，照明，エレベーター・エスカレーター，道路の交通信号，街路灯，電車など，電気によってほとんどの生活が行われている。その電気の約40%は東京，中部，関西の3大電力会社では原子力発電によるとされている。この発電方式では，ウランを燃料としており，その原材料はウラン鉱石である。ライフサイクル・コストの観点からは電気はウラン鉱石のマテリアルフローの過程で生み出されたエネルギーである。

　ウラン鉱石はカナダおよびオーストラリアを主な輸入先として購入される。鉱石から不純物を取り除く濃縮の段階によってウランのみが抽出されて燃料棒に加工される。これは原子炉のなかに据えられて燃焼し（ウランに中性子線を浴びせて核分裂反応を起こさせて発熱させること），その高熱によって発生した蒸気はタービンに導かれ，発電機が運転されて発電が行われる。

　他の発電方式と比較すれば，火力発電で燃焼させる重油やLNGの代わりに

第14章　ライフサイクル・コスティング　171

ウランを使っただけの話であるが，原子力発電の場合は燃焼後にバックエンドといわれる過程でライフサイクルが続くことに特徴がある。その作業はわが国独特の方法で青森県六ケ所村で計画が進められており，原子炉から取り出した使用済核燃料を再処理の過程に移して再利用可能なウラン（重量比で1％）および次世代原子炉の燃料のプルトニウム（重量比で1％）を取り出す。その他の残り（重量比で98％）は高レベル放射性廃棄物としてまとめられて埋設処分することが計画されている。

　このようにウラン鉱石は，多くのライフサイクル段階を通っていく。ウラン鉱石の採掘から発電を経てバックエンドまでのライフサイクル・コストを集計すると，日常の生活で空気や水のような当然の自然の恩恵と感じられる電気エネルギーを現実感をもって体感でき，新たな環境の視点を開くことができる（参照：竹森一正，同上書，p.113）。

第5節　ライフサイクル・コストの計算例

　次の資料が与えられている場合のライフサイクル・コストを計算せよ。
[資　料]
　次の携帯型音楽プレーヤーに関する資料に基づき，新型機と在来型機のライフサイクル・コストのキャッシュ・フローを割引しない場合と割引した場合の双方について計算して，新型機・在来型機両者間でいかなる差が生じるかを計算せよ。

a．課題テーマ：研究開発費のレバレッジ効果とライフサイクル・コスト（LCC）
b．達成目的：携帯型音楽プレーヤーの電池を長持ちさせる改善
c．期待効果：電池代が900円となる。在来型（今までの製品）は年当たり4,500円である。
d．研究開発・生産計画

① 研究開発期間は3年とする。
② 研究開発費に関して第1年目は500,000円，第2年目と第3年目はそれぞれ100,000円を支出する。
③ 第4年目から5年間生産する。年産500台生産して，製造単価は6,000円とする。
④ 消費者は，全顧客が各年の初日に全量を購入して5年間使用する。廃棄は5年目の最終日に全量を無コストで行うとする。
⑤ 在来型機は，現在，単価4,000円で生産している。
⑥ 将来キャッシュ・フローの割引率は，20%とする。内訳は，資本コスト10%，消費者の嗜好の変化のリスク4%，ライバル社の動向のリスク6%である。
⑦ 新型機も在来型機も販売から廃棄までの間，故障も部品の消耗も生じないこと，すべてが5年間を通じて通常に利用されること，また5年間を通じて電池の価格および性能は一定であることを前提とする。

【解　答】

Ⅰ　非割引キャッシュ・フローのライフサイクル・コスト
（図表14－4を参照せよ。）
a．新型機のキャッシュ・フロー

研究開発費（500,000 ＋ 100,000 × 2）	700,000
製造原価（6,000 × 500 × 5）	15,000,000
電　池　代（900 × 500 × 5 × 5）	11,250,000
ライフサイクル・コスト	26,950,000

b．在来型機のキャッシュ・フロー（図表14－5を参照せよ。）

研究開発費（研究開発を実施しない）	0
製造原価（4,000 × 500 × 5）	10,000,000
電　池　代（4,500 × 500 × 5 × 5）	56,250,000
ライフサイクル・コスト	66,250,000

c．新型機と在来型機のキャッシュ・フロー比較
　　新型機のLCC － 在来型機のLCC ＝ 26,950,000 － 66,250,000
　　＝ － 39,300,000（新型機のLCCはこの額だけ少ない）
Ⅱ　割引キャッシュ・フローのライフサイクル・コスト
d．新型機のキャッシュ・フロー（図表14－6を参照せよ。）
　　研究開発費（416,667 ＋ 69,444 ＋ 57,870）　　　　543,981
　　製　造　原　価（1,446,759 ＋ 1,205,633 ＋ 1,004,694
　　　　　　　＋ 837,245 ＋ 697,704）　　　　　　5,192,035
　　電　　池　　代（778,805 ＋ 649,004 ＋ 540,837
　　　　　　　＋ 450,697 ＋ 375,581）　　　　　　2,794,925
　　ライフサイクル・コスト　　　　　　　　　　　　8,530,941
e．在来型機のキャッシュ・フロー（図表14－7を参照せよ。）
　　研究開発費（研究開発を実施しない）　　　　　　　　0
　　製　造　原　価（964,506 ＋ 803,755 ＋ 669,796
　　　　　　　＋ 558,163 ＋ 465,136）　　　　　　3,461,357
　　電　　池　　代（3,894,026 ＋ 3,245,022 ＋ 2,704,185
　　　　　　　＋ 2,253,487 ＋ 1,877,906）　　　　13,974,627
　　ライフサイクル・コスト　　　　　　　　　　　　17,435,984
f．新型機と在来型機のキャッシュ・フロー比較
　　新型機のLCC削減効果 ＝ 新型機のLCC － 在来型機のLCC
　　＝ 8,530,941 － 17,435,984 ＝ － 8,905,043
　　本プロジェクトの研究開発効果 ＝ LCC削減効果 ÷ 研究開発費
　　＝ 8,905,041 ÷ 543,981 ＝ 1,637％

図表14－4　ライフサイクル・コスト計算表（1）

年度	LC段階	研究開発費	製造原価	消費者(1)	消費者(2)	消費者(3)	消費者(4)	消費者(5)
1	研究開発	500,000						
2	〃	100,000						
3	〃	100,000						
4	生産・使用		3,000,000	450,000				
5	〃		3,000,000	450,000	450,000			
6	〃		3,000,000	450,000	450,000	450,000		
7	〃		3,000,000	450,000	450,000	450,000	450,000	
8	〃		3,000,000	450,000	450,000	450,000	450,000	450,000
9	使用				450,000	450,000	450,000	450,000
10	〃					450,000	450,000	450,000
11	〃						450,000	450,000
12	〃							450,000
	小計			2,250,000	2,250,000	2,250,000	2,250,000	2,250,000
	合計	700,000	15,000,000					11,250,000
	LCC（新型機のライフサイクル・コスト）			26,950,000				

（注）「消費者(X)」は第X年度の生産機の消費者が支出する年度別の電池代を示す。

図表14－5　ライフサイクル・コスト計算表（2）

年度	LC段階	研究開発費	製造原価	消費者(1)	消費者(2)	消費者(3)	消費者(4)	消費者(5)
1	研究開発	0						
2	〃	0						
3	〃	0						
4	生産・使用		2,000,000	2,250,000				
5	〃		2,000,000	2,250,000	2,250,000			
6	〃		2,000,000	2,250,000	2,250,000	2,250,000		
7	〃		2,000,000	2,250,000	2,250,000	2,250,000	2,250,000	
8	〃		2,000,000	2,250,000	2,250,000	2,250,000	2,250,000	2,250,000
9	使用				2,250,000	2,250,000	2,250,000	2,250,000
10	〃					2,250,000	2,250,000	2,250,000
11	〃						2,250,000	2,250,000
12	〃							2,250,000
	小計			11,250,000	11,250,000	11,250,000	11,250,000	11,250,000
	合計	0	10,000,000					56,250,000
	LCC（新型機のライフサイクル・コスト）			66,250,000				

（注）「消費者(X)」は第X年度の生産機の消費者が支出する年度別の電池代を示す。

第14章 ライフサイクル・コスティング 175

図表14－6　ライフサイクル・コスト計算表（3）

年度	LC段階	研究開発費	製造原価	消費者(1)	消費者(2)	消費者(3)	消費者(4)	消費者(5)
1	研究開発	416,667						
2	〃	69,444						
3	〃	57,870						
4	生産・使用		1,446,759	217,014				
5	〃		1,205,633	180,845	180,845			
6	〃		1,004,694	150,704	150,704	150,704		
7	〃		837,245	125,587	125,587	125,587	125,587	
8	〃		697,704	104,656	104,656	104,656	104,656	104,656
9	使用				87,213	87,213	87,213	87,213
10	〃					72,678	72,678	72,678
11	〃						60,565	60,565
12	〃							50,470
	小　計			778,805	649,004	540,837	450,697	375,581
	合　計	543,981	5,192,035					2,794,925
	LCC（新型機のライフサイクル・コスト）				8,530,941			

（注）「消費者（X）」は第X年度の生産機の消費者が支出する年度別のDCFによる電池代を示す。

図表14－7　ライフサイクル・コスト計算表（4）

年度	LC段階	研究開発費	製造原価	消費者(1)	消費者(2)	消費者(3)	消費者(4)	消費者(5)
1	研究開発	0						
2	〃	0						
3	〃	0						
4	生産・使用		964,506	1,085,069				
5	〃		803,755	904,225	904,225			
6	〃		669,796	753,520	753,520	753,520		
7	〃		558,163	627,934	627,934	627,934	627,934	
8	〃		465,136	523,278	523,278	523,278	523,278	523,278
9	使用				436,065	436,065	436,065	436,065
10	〃					363,388	363,388	363,388
11	〃						302,823	302,823
12	〃							252,352
	小　計			3,894,026	3,245,022	2,704,185	2,253,487	1,877,906
	合　計	0	3,461,357					13,974,627
	LCC（新型機のライフサイクル・コスト）				17,435,984			

（注）「消費者（X）」は第X年度の生産機の消費者が支出する年度別のDCFによる電池代を示す。

【注】

1）国防総省通達として有名なものは，The United States Department of Defense. 1970. "Economic Analysis/Program Evaluation : Summary of Cost for Format A-1," (Department of Defense Directive Number 7641) および The United States Department of Defense Directive Number 5000. 4. October 30, 1980. である。取扱マニュアルとして有名なものは，The United States Department of Defense. 1973. *Life Cycle Cost Procurement Guide.* [Interim] である。

2）R・ルーグなどが行ったライフサイクル・コストの啓蒙のための講演会は議事録の一部が刊行されている。竹森一正（1992）「研究ノート：国防総省価値工学会議（1967年11月）」（『経営情報学部論集』第7巻1号，pp.69-78）を参照せよ。

■練習問題

問題1

　低公害エンジンを搭載したトラックを販売しようと試みている自動車メーカー・尾張三河株式会社は，在来型車が軽油リッター当り10kmの燃費であるので，これを3年間の研究開発により15kmに改善して，5年間，製造単価800,000円で年1,000台生産することとした（以下，これを新型車とする）。なお，在来型車は，製造原価が750,000円である。将来キャッシュ・フローの割引率は，10%とする。また，新型車も在来型車も，すべてが販売年の初日に販売されて4年間使用され，毎年10,000km走行し，すべてに故障や部品の消耗はなく，間接諸費用を含めた維持費はリッター単価70円の軽油代のみとする。

　新型車と在来型車のライフサイクル・コストのキャッシュ・フローを割引しない場合と割引した場合の双方について計算して，それぞれの計算方法によって新型車・在来型車の間でのライフサイクル・コストを計算せよ。

問題2

①「グーグル・アース」によって水俣病の原因企業であるチッソ水俣工場の場所を調べ、その現在の地点の風景を観察せよ。また同工場を「ストリート・ビュー」によって正門から反時計周り（工場正門から右手に向かう回りかた）で工場を一周せよ。同正門は、肥薩おれんじ鉄道水俣駅の正面50m先にある。

②「グーグル・アース」によって水俣駅から西へ直線距離2.5kmの岬の丘上にある水俣市立水俣病資料館を観察せよ。さらにこの下の海岸沿いの公園を波打ち際沿いに北から南へと観察せよ（この公園は汚泥と有害残渣の処分地であり、無害化確認後に公園とされた）。

問題3

足尾鉱毒事件および4大公害に関係した主な関係企業の現在のHPからCSRおよび環境会計報告を調査し、コンプライアンスの現状をまとめよ。アイウエオ順で、旭化成[※]、石原産業、昭和電工、積水化学工業[※]、中部電力、マツダ[※]、三井金属工業、三菱石油、古川機械金属工業（[※]印はチッソが上場廃止となっているので、元チッソ企業集団の会社を示す）。

【解　答】

解答 1

I 非割引キャッシュ・フローの LCC

1. 新型機のライフサイクル・コスト計算表

年度	LC段階	研究開発費	製造原価	消費者(1)	消費者(2)	消費者(3)	消費者(4)	消費者(5)
1	研究開発	700,000						
2	〃	150,000						
3	〃	150,000						
4	生産・使用		800,000,000	46,666,667				
5	〃		800,000,000	46,666,667	46,666,667			
6	〃		800,000,000	46,666,667	46,666,667	46,666,667		
7	〃		800,000,000	46,666,667	46,666,667	46,666,667	46,666,667	
8	〃		800,000,000		46,666,667	46,666,667	46,666,667	46,666,667
9	使用					46,666,667	46,666,667	46,666,667
10	〃						46,666,667	46,666,667
11	〃							46,666,667
	小計			186,666,667	186,666,667	186,666,667	186,666,667	186,666,667
	合計	1,000,000	4,000,000,000			933,333,333		
	LCC（新型機のライフサイクル・コスト)				4,934,333,333			

(注)「消費者(X)」は第X年度の生産機の消費者が支出する年度別の軽油代を示す。

2. 在来型機のライフサイクル・コスト計算表

年度	LC段階	研究開発費	製造原価	消費者(1)	消費者(2)	消費者(3)	消費者(4)	消費者(5)
1	研究開発	0						
2	〃	0						
3	〃	0						
4	生産・使用		750,000,000	70,000,000				
5	〃		750,000,000	70,000,000	70,000,000			
6	〃		750,000,000	70,000,000	70,000,000	70,000,000		
7	〃		750,000,000	70,000,000	70,000,000	70,000,000	70,000,000	
8	〃		750,000,000		70,000,000	70,000,000	70,000,000	70,000,000
9	使用					70,000,000	70,000,000	70,000,000
10	〃						70,000,000	70,000,000
11	〃							70,000,000
	小計			280,000,000	280,000,000	280,000,000	280,000,000	280,000,000
	合計	0	3,750,000,000					1,400,000,000
	LCC（新型機のライフサイクル・コスト)				5,150,000,000			

(注)「消費者(X)」は第X年度の生産機の消費者が支出する年度別の軽油代を示す。

第14章　ライフサイクル・コスティング　179

3．新型機のLCC優位性および研究開発費のレバレッジ効果

（1）新型機のLCC優位性

① 新型機のLCC
  - 研究開発費　　1,000,000
  - 製造原価　　4,000,000,000
  - 電池代　　　　933,333,333
  - LCC　　　　4,934,333,333

② 在来型機のLCC
  - 研究開発費　　　　　0
  - 製造原価　　3,750,000,000
  - 電池代　　　1,400,000,000
  - LCC　　　　5,150,000,000

③ 結論　　4,934,333,333 － 5,150,000,000 ＝ －215,666,667 より新型機のLCCが優位である。

（2）新型機の研究開発費のレバレッジ効果

① 結論　　215,666,667 ÷ 1,000,000 ＝ 21,567％
　　　　　（研究開発費を投入すると、21,567％の効果がある。）

Ⅱ　割引キャッシュ・フローのLCC

1．DCFによる新型機のライフサイクル・コスト計算表

年度	LC段階	研究開発費	製造原価	消費者(1)	消費者(2)	消費者(3)	消費者(4)	消費者(5)
1	研究開発	636,364						
2	〃	123,967						
3	〃	112,697						
4	生産・使用		546,410,764	31,873,961				
5	〃		496,737,058	28,976,328	28,976,328			
6	〃		451,579,144	26,342,117	26,342,117	26,342,117		
7	〃		410,526,495	23,947,379	23,947,379	23,947,379	23,947,379	
8	〃		373,205,904		21,770,344	21,770,344	21,770,344	21,770,344
9	使用					19,791,222	19,791,222	19,791,222
10	〃						17,992,020	17,992,020
11	〃							16,356,382
小計				111,139,785	101,036,168	91,851,062	83,500,966	75,909,969
合計		873,028	2,278,459,366					463,437,950
LCC（新型機のライフサイクル・コスト）				2,742,770,344				

（注）「消費者（X）」は第X年度の生産機の消費者が支出する年度別のDCFの軽油代を示す。

2．DCFによる在来型機のライフサイクル・コスト計算表

年度	LC段階	研究開発費	製造原価	消費者(1)	消費者(2)	消費者(3)	消費者(4)	消費者(5)
1	研究開発	0						
2	〃	0						
3	〃	0						
4	生産・使用		512,260,092	47,810,942				
5	〃		465,690,992	43,464,493	43,464,493			
6	〃		423,355,448	39,513,175	39,513,175	39,513,175		
7	〃		384,868,589	35,921,068	35,921,068	35,921,068	35,921,068	
8	〃		349,880,535		32,655,517	32,655,517	32,655,517	32,655,517
9	使用					29,686,833	29,686,833	29,686,833
10	〃						26,988,030	26,988,030
11	〃							24,534,573
	小　計			166,709,678	151,554,253	137,776,593	125,251,448	113,864,953
	合　計	0	2,136,055,655					695,156,925
	LCC（新型機のライフサイクル・コスト）				2,831,212,581			

（注）「消費者(X)」は第X年度の生産機の消費者が支出する年度別のDCFの軽油代を示す。

3．新型機のLCC優位性および研究開発費のレバレッジ効果

（1）新型機のLCC優位性

　① 新型機のLCC　　　研究開発費　　　　873,028
　　　　　　　　　　　　製造原価　　　2,278,459,366
　　　　　　　　　　　　燃料代　　　　　463,437,950
　　　　　　　　　　　　LCC　　　　　2,742,770,344

　② 在来型機のLCC　　研究開発費　　　　　　　0
　　　　　　　　　　　　製造原価　　　2,136,055,655
　　　　　　　　　　　　燃料代　　　　　695,156,925
　　　　　　　　　　　　LCC　　　　　2,831,212,580

　③ 結　論　　　2,742,770,344 － 2,831,212,580 ＝ －88,442,236 より新型機のLCCが優位である。

（2）新型機の研究開発費のレバレッジ効果

　① 結論1　　　88,442,236 ÷ 873,028 ＝ 10,131％
　　　　　　　（研究開発費を投入すると，10,131％の効果がある。）

　② 結論2　　　DCFによってLCCを計算することによって，非割引での，根拠のない楽観主義に陥る可能性を排除できた。

第14章 ライフサイクル・コスティング　181

解答2
1．グーグルやヤフーがインターネット上で提供する地図ソフトから熊本県水俣市の肥薩おれんじ鉄道水俣駅を調べ，その周辺地理から駅所在地を確認する。
2．グーグルアースをダウンロードする。
3．最初は大西洋が初期設定で投影されるから，右側のメニューを操作して太平洋アジア地域，日本，九州，熊本県と画像を絞る。
4．水俣駅を見つけて同上駅前の旧チッソ工場をみて，一周する。

解答3

						環境会計	
社　名	タイトル	副　題	ページ数	特　徴		投　資	費　用
旭化成	CSRリポート	人びとの"いのち"と"くらし"に貢献します	42	第3者検証意見書		1,883	9,646
石原産業	無			コンプライアンス宣言			
昭和電工	社会・環境への取組み(CSR)	人に地球に優しい生活！	35	レシポンシブル・ケア		2,105	4,889
積水化学工業	CSRリポート	環境・CSR活動・人材で際立ち，事業を通じて社会へ貢献	87	第三者審査		47,071	34,734
中部電力	中部電力グループCSR報告書		80	第三者意見			
マツダ	マツダ社会・環境報告書2008		70	LCAの取組み		5,767	47,462
三井金属鉱業	三井金属工業環境報告書2007		20			4,400	433
三菱石油	CSR報告書2008		23	第三者意見			※
古河機械金属	2008環境・社会報告書	Technology To Our Future	32			279	1,039

※1999年に日本石油と合併し現在新日本石油（ENEOS）。
　データは2009年3月10日11：30－13：30（日本時間）にダウンロードした結果である。金額は単位百万円である。

第15章 原価予測

キーワード
原価予測,変動費,固定費,費用別精査法,回帰分析法,最小自乗法,決定係数,相関係数

学習のポイント
◎原価を,固定費や変動費などに分解させる技法を習得する。
◎回帰分析法で次年度以降の原価予測。
◎原価予測値の信頼性を検証する。

第1節 原価予測の意義

　原価計算・原価管理を的確に行うためには,次年度またはそれ以降に発生する原価を予測する必要がある。原価には,変動費や固定費,准変動費,准固定費など,操業度の変化に応じて変化パターンの異なる原価要素が存在し,次年度以降の操業度がある程度予測できれば,原価も予測可能である。原価予測方法としては,費用別精査法や,高低点法,スキャッターグラフ法,回帰分析法などがよく取り上げられる。この章では,費用別精査法と回帰分析法を説明する。

(1) 費用別精査法

　費用別精査法 (Account classification method) とは,各費用項目を変動費と固定費とに分け,固定費は固定し,変動費だけを操業度と比例して増減させ,原価を予測する方法である。この予測計算式は,以下のように表す。

$TC = a + bX$

ここに，TC ＝ 総原価の予測額
　　　　a ＝ 見積り固定費
　　　　b ＝ 見積り変動費率
　　　　X ＝ 予測操業度

例題1 01年の実際製造量は1,000単位であった。また，原価情報は以下の通りであった。02年の予想製造量を1,200とする場合，原価の予測額はいくらであろう。

費用項目	実際原価	変動費	固定費
直接材料費	100	100	
直接労務費	200	200	
製造間接費			
間接材料費	10	10	
間接労務費	20	10	10
光　熱　費	50	40	10
減価償却費	50		50
修　繕　費	20	10	10
保　険　料	10		10
合　　計	460	370	90

【解　答】まず，見積り固定費 a と見積り変動費率 b を計算すること。

$a = 90$

$b = \dfrac{370}{1,000} = 0.37$

よって，予想製造量が1,200の場合，原価の予測額は

$TC = 90 + 1,200 \times 0.37 = 534$

費用別精査法の長所は，計算が簡単で，損益分岐点の計算などによく用いられる。しかし，原価を固定費と変動費に分ける際，主観的な判断に頼るところが多いという欠点も存在する。

第2節 回帰分析法

　回帰分析法（Regression analysis）は，過去の実績データを利用して，独立変数と従属変数との関係を測定する統計方法である。従属変数は予測したい変数である。従属変数と1つだけの独立変数との関係を求める回帰分析を単純回帰分析（Simple regression analysis）と呼び，従属変数と2つ以上の独立変数との関係を究明する回帰分析を多重回帰分析（Multiple regression analysis）と呼ぶ。ここでは，単純回帰分析だけを取り上げて解説する。

　まず相関関係が存在しそうな2組のデータをグラフに分布表示し，両者の関係を観察する。データが広く分散していれば，両者が独立変数と従属変数という関係ではないと思われる。逆に，緊密な接近状況が観察されれば，両者の間に相関関係があると考えられる。

　単純回帰分析には，最小自乗法がよく使われている。

　最小自乗法とは，一組の変数（従属変数）と他の一組の変数（独立変数）との関係を直線で表し，その直線と実際に観察したデータとの距離（偏差）の自乗の合計を最小化するように，直線の切片と傾きを求める方法である。

　計算式で表すと，

$Y' = a + bX$

ここで，　Y' ：　予測値
　　　　　a ：　切　片
　　　　　b ：　傾　き

この計算式を原価予測に適用する際，Y'は原価予測値，aは見積り固定費，bは見積り変動費率となる。

　最小自乗法を，数学的に説明すると，次のように示される。

$$\sum_{i=1}^{n} = (Y_i - Y')^2$$

偏差の自乗の合計を最小化する a と b の値は，次の2つの方程式を解くことで求められる。

$\Sigma Y = na + b\Sigma X$ ----------------------①
$\Sigma XY = a\Sigma X + b\Sigma X^2$ ----------------------②

この2つの方程式において，a と b の値が求められる。
ここで，簡単な設例で説明したい。

例題2 A社は，01年の月間作業時間数（X）と修繕費（Y）の事績は，以下の通りであった。これによって，見積り固定費 a と見積り変動比率 b を求めよう。

	作業時間（X）	修繕費（Y）
1月	50	1,300
2月	60	1,800
3月	70	2,000
4月	55	1,450
5月	30	1,320
6月	62	1,950
7月	70	2,150
8月	80	2,300
9月	68	2,000
10月	72	2,150
11月	45	1,550
12月	55	1,600
合　計	717	21,570

【解　答】まず，a，b を計算するため，ΣXY および ΣX^2 を計算する必要がある。

	作業時間 (X)	修繕費 (Y)	XY	X^2
1月	50	1,300	65,000	2,500
2月	60	1,800	108,000	3,600
3月	70	2,000	140,000	4,900
4月	55	1,450	79,750	3,025
5月	30	1,320	39,600	900
6月	62	1,950	120,900	3,844
7月	70	2,150	150,500	4,900
8月	80	2,300	184,000	6,400
9月	68	2,000	136,000	4,624
10月	72	2,150	154,800	5,184
11月	45	1,550	69,750	2,025
12月	55	1,600	88,000	3,025
合 計	717	21,570	1,336,300	44,927

$\Sigma X = 717 \qquad \Sigma Y = 21{,}570 \qquad \Sigma XY = 1{,}336{,}300 \qquad \Sigma X^2 = 44{,}927$

それらの数値を上記方程式①と方程式②に代入し，a と b の値が計算される。

$a = 437.32 \qquad b = 22.76$

そして，修繕費の予測額（Y'）は，

$Y' = 437.32 + 22.76\,(X)$ で予測される。

たとえば，作業時間を65と予定している場合，修繕費は

$437.32 + 22.76 \times 65 = 1{,}916.72$

第3節　決定係数と相関係数

　最小自乗法によって原価予測が行われるが，それがどの程度の信頼性があるものか。すなわち，上記の方程式で計算された予測値と実績データとの乖離がどのぐらいのものなのかを検証する必要がある。ここでいう信頼性とは，決定係数 r^2 と相関係数 r を意味する。

　決定係数 r^2 は独立変数 X の変化によって説明される偏差の，偏差の全体に対する割合のことを意味する。

　偏差の全体とは，実績データ Y と平均値 Y_a との差の2乗の合計である。すなわち，

$\Sigma(Y-Y_a)^2$

　一方，説明される偏差は，予測値 Y' と平均値 Y_a との差の2乗の合計である。

$\Sigma(Y'-Y_a)^2$

　そして，決定係数 r^2 は

$$r^2 = \frac{\Sigma(Y'-Y_a)^2}{\Sigma(Y-Y_a)^2}$$

この計算方法によって，上記の計算結果の信頼性を検証してみる。

　検証のために，まず，原価予測値，偏差の全体，説明できる偏差のそれぞれの値を計算しなければならない。

　それは，次頁の図表で計算する。

	作業時間	修繕費	原価予測	偏差の全体	説明できる偏差
	X	Y	$Y'=437.32+22.76(X)$	$(Y-Y_a)^2$	$(Y'-Y_a)^2$
1月	50	1,300	1,575.32	247,506.25	49,363.9524
2月	60	1,800	1,802.92	6.25	29.3764
3月	70	2,000	2,030.52	41,006.25	54,298.3204
4月	55	1,450	1,689.12	120,756.25	11,746.2244
5月	30	1,320	1,120.12	228,006.25	458,843.6644
6月	62	1,950	1,848.44	23,256.25	2,594.8836
7月	70	2,150	2,030.52	124,256.25	54,298.3204
8月	80	2,300	2,258.12	252,506.25	212,170.7844
9月	68	2,000	1,985.00	41,006.25	35,156.2500
10月	72	2,150	2,076.04	124,256.25	77,584.5316
11月	45	1,550	1,461.52	61,256.25	112,882.5604
12月	55	1,600	1,689.12	39,006.25	11,746.2244
合　計	717	21,570	21,566.76	1,302,825.00	1,080,715.0930

☆　平均値 $Y_a = 21,570 / 12 = 1,797.5$

$$r^2 = \frac{1,080,715}{1,302,825} = 0.83$$

　r^2 の値の領域は，0から1である。Y'のすべての値がY_aに等しいときに，r^2は0であり，偏差の全体をXの変動によって説明することができない。逆に，Y'のすべての値がYに等しいとき，r^2は1であり，偏差の全体はXの変動によって説明できる，ということになる。

　相関係数rは，r^2の平方根であり，その領域は－1から＋1である。－1の場合は，逆方向の完全相関であり，＋1の場合は，正の相関関係となる。作業時間と修繕費との相関関係は，作業時間が増加すれば修繕費も増加するという関係にあるので，正の相関関係にあると考えられる。したがって，$r=0.91$。

　回帰分析は原価予測にとって有用な方法であるが，独立変数と従属変数との間に，一定期間において相関関係があることが前提となる。また，乖離の分布

は正規分布であるのも必要条件となる。

■練習問題

ABC社の直接作業時間と製造間接費の事績データは、次の通りである。

直接作業時間	20	14	15	18	20	16	21	17	22
製造間接費	2,000	1,600	1,650	1,760	1,600	1,580	2,280	1,500	2,300

問題1
単純回帰分析法により、見積り固定費aと見積り変動比率bを計算し、製造間接費の予測計算式を示しなさい。

問題2
次期直接作業時間18時間であると予想した場合、見積り製造間接費を計算しなさい。

問題3
予測計算式の信頼性を検証するため、決定係数および相関関係を示しなさい。

解　答

解答1
　　$a = 549$　　　$b = 68$
　　予測計算式　　$y' = 549 + 68(X)$

解答2
　　次期製造間接費予測値：1,767

解答3
　　決定係数　　　$r^2 = 0.53$
　　相関係数　　　$r = 0.73$

第16章　設備投資経済性計算

キーワード
設備投資，経済効果，キャッシュ・フロー，資本コスト，時間価値，回収期間法，内部利益率法，正味現在価値法

学習のポイント
◎企業経営における設備投資の意義を認識する。
◎正味現在価値で投資案の経済効果測定の意味合いを認識する。
◎貨幣の時間価値を理解する。

第1節　企業経営と設備投資

　貸借対照表をみてわかるように，企業の資産は流動資産と固定資産とに分かれている。この固定資産のなかに，建物や機械設備，車両運搬具などが含まれている。これらは企業の経済的資源であり，生産能力の決定的要因の1つとなっている。

　企業は，継続的発展を追求するため，このハードウエアにあたる部分を絶えず強化していかなければならない。これは，一般的に設備投資と呼ばれる。

　設備投資は通常，投資額が大きい。そのうえ，長期にわたって企業の経営業績に影響を及ぼすので，慎重にかつ，厳密に計画を立てて行う必要がある。

　また，設備投資は，さまざまな目的において行われる。
1）取替投資：現有設備を新しい設備と取り替えるための投資。
　　取替前後の生産能力は変わらないが，原価低減の経済効果が期待される。
2）拡張投資：現有設備を拡張するための投資。
　　拡張投資によって生産能力が上昇し，売上増加と利益増加が期待される。

3）製品投資：現有製品の改良または新製品開発のための投資。
製品投資によって売上増加や利益の増加が期待される。

第2節　設備投資の経済的効果

設備投資は，重要な経営意思決定の1つであり，その意思決定において重要な決定要因は投資による経済的効果である。

設備投資の経済的効果の測定では，以下の3つのコンセプトが非常に重要なものとなっている。

（1）キャッシュ・フロー

キャッシュ・フローとは，ある期間に企業に流入・流出した現金あるいはそれに同等的なもの（売掛金や受取手形など）の流れのことである。

通常，企業の業績を測定する場合は，発生主義に基づいて期間利益を用いることが多い。しかし設備投資の経済性を測定する場合には，会計方法の選択適用に左右されない観点から，むしろキャッシュ・フローを用いるのがより適切であると考えられる。キャッシュのインフローとアウトフローを比較し，ネット・キャッシュ・フローがプラスであることが設備投資意思決定の重要な決定要因である。

（2）資本コスト

企業の資本は，外部から借り入れるか，あるいは株主からの出資によって調達される。いずれの調達方法でも，コストがかかる。これはいわゆる資本コストである。借入れの場合は，利息などを払わなければならない。一方，株主から調達した場合も，株主の期待した投資利益を創出しなければならない。調達した資本を設備投資にまわした場合，これは資本コストである。

(3) 時間価値

　金額が同じであっても，得られるタイミングが異なれば価値が異なっている。このことは，以下のような状況で考えればよく理解できるであろう。仮に現在，100万円を受けられるチャンスがあるとし，ただし，今すぐ受け取るかまたは1年間待ってから受け取るかという選択肢が与えられているとしよう。ほとんどの人は，「今すぐ受け取る」との選択をするであろう。なぜかと言うと，1年後にもらえる約束があっても，確実にもらえる保証はない。もう1つ重要なことは今すぐにもらった100万円を，直ちに銀行に預け入れ，仮に貯金利息率を5％とすれば，1年後には105万円を手にすることができる。したがって，今現在の100万円は，1年後の105万円の価値に相当するということになる。この状況をグラフで示せば，つぎの通りである。

```
100万円            105万円
  |                  |
 現　在            1年後
```

　ここで，今現在の100万円は現在価値（Present value, PV）といい，1年後の105万円は将来価値（Future Value, FV）という。

　現在価値と将来価値の関係は，このようになる。

現在価値　⟶　$100 = 100 \times (1 + 5\%) = 105$　⟵　将来価値

　将来価値は1年後のものだけとは限らない。仮に100万円を3年の定期預金に預け入れたとすると，3年後は，いくらになるであろう。

現在価値　⟶　$100 = 100 \times (1 + 5\%)^3 = 115.7625$　⟵　将来価値

　では，3年後の100万円の現在価値はいくらであろうか。

将来価値　⟶　$100 = 100 \times \dfrac{1}{(1+5\%)^3} = 86.3838$　⟵　現在価値

つまり，現在価値を将来価値に換算する場合，その数値は大きくなるが，将来価値を現在価値に換算する場合は，数値は小さくなる。差額の大きさは，期間の長さと利息率などの割引率によって決定される。

第3節　経済効果の計算方法

設備投資の経済性については，さまざまな計算方法がある。ここでは，回収期間法や，内部利益率法，正味現在価値法の3つの方法について説明する。

（1）回収期間法（Payback period）

回収期間法とは，設備投資の資金回収の長さによって，投資を評価する方法である。この方法を用いるとき，一般的にキャッシュ・フローよりも利益額を使い，しかも割引計算はしない。たとえば，初期投資が100億円で毎年17億円の利益が得られる場合，回収期間は約6年（100／7）となる。もし最初に設定した回収期間の基準が「7年以内」であれば，この投資案が採択されることになる。

（2）内部利益率法（Internal rate of return）

内部利益率法は，投資によって得られる正味キャッシュ・フロー（Net Cash Flow）と初期投資を比較し，同額となった場合の割引率を当該投資案の利益率とみなす。この利益率が最初に設定した内部利益率を上回った場合，投資案を採択し，逆に，内部利益率より低い場合は投資案を採用しない。

たとえば，初期投資が100億円で，投資後7年間，毎年18万円の正味キャッシュ・フローが得られ，7年後の残存価額がゼロの場合，内部利益率は6.15％であった。この場合，事前に設定された内部利益率が8％であったら，この投資案は採択されないことになる。

(3) 正味現在価値法 (Net present value)

　正味現在価値法とは，投資案を採択した際，将来得られるキャッシュ・フローの変化を予測し，それをすべて現時点での価値 (Present value) に換算し，初期の投資額と比較して正味現在価値を算出する方法である。正味現在価値がプラスであれば，投資案を採択するが，マイナスであれば選択しない。現在価値を計算する際に，一般的に加重平均資本コスト (Weighted Average Capital Cost, WACC) を割引率として使う。

　たとえば，上記「内部利益率」での例でみると，もし当該企業のWACCが6.00％であれば，今後7年間得られるキャッシュ・フローを現在価値に換算すると，

$18 \times 5.58 = 100.44$

　それを初期投資の100億円と比較すると，4,400万円のプラスとなり，利益があると判断される。

　回収期間法，内部利益率法，正味現在価値法の3方法を比較すれば，それぞれの長所・短所は以下の通りである。

	回収期間法	内部利益率法	正味現在価値法
長所	理解しやすい　回収期間が長いことで将来の不確実性が多くリスクも高い	内部利益率と投資案の予測利益率を比較し，ストレートでわかりやすい	金額で比較するので，投資案の規模を考えている
短所	時間価値や資本コストを考慮していない	パーセンテージだけで判断するので，規模のことを考慮していない	計算が比較的に難しい

第4節　ケーススタディ[1]

　Ben Paul さんは，アメリカ西部にある大学の会計学科の在学生で，このごろ新事業を起こそうとしている。この大学は都市部から約60マイルのところに位置し，ほとんどの学生は都会から通っていて，週末に家に帰る。大学と市

内との交通機関が発達していないので，多くの学生にとっては帰宅するのはうれしいが，通学手段に困っている。それに目をつけたBenは，大学と市内との間の輸送サービスを事業としてできないかと考えていて，投資に必要な情報収集を始めた。

① 初期投資：輸送サービスに必要な設備となる小型バス5台を購入し，その購入代金は90,000ドルである。購入資金は全額銀行から年利6％で借り入れる。中古車のため，耐用年数は3年，3年後の残存価額はゼロ。減価償却方法は定額法を適用する。
② 人件費：ドライバー10名を雇用し，その人件費は年間43,200ドル。
③ 年間運営費用は，以下の通りである。

ガソリン代：　26,000ドル
修　繕　費：　 4,000ドル
修　理　代：　 6,000ドル
保　険　料：　 4,500ドル
広　告　料：　 2,200ドル

④ 収益予想は，以下の通りである。1台のバスにつき，1週間に10往復を運転し，平均乗客数は6名である。年に32週間を営業し，乗車料金は1往復につき15ドルとする。
⑤ Benは，この事業に10％の利益率を期待している。
⑥ 法人税率は40％とする。

設　問
（1）年間損益計算書を作成しなさい。
（2）回収期間法でこの事業を評価しなさい。
（3）内部利益率法でこの事業を評価しなさい。
（4）正味現在価値法でこの事業を評価しなさい。

【解　答】
（1）損益計算書

　　　　収　　益　　　　　　　　　　　　144,000
　　　　運営費用
　　　　　　人　件　費　　43,200
　　　　　　ガソリン代　　26,000
　　　　　　修　繕　費　　 4,000
　　　　　　修　理　代　　 6,000
　　　　　　保　険　料　　 4,500
　　　　　　広　告　料　　 2,200
　　　　　　支 払 利 息　　 5,400　　　 91,300
　　　　減価償却費　　　　　　　　　　　 30,000
　　　　税引き前利益　　　　　　　　　　 22,700
　　　　法人税　　　　　　　　　　　　　　9,080
　　　　純利益　　　　　　　　　　　　　 13,620

【解　説】収益は以下のように計算される。

$$6 \times 15 \times 10 \times 32 \times 5 = 144,000$$

（2）回収期間法（Pay back period）
　　　初期投資額：　　　　90,000ドル
　　　年間キャッシュ回収額：
　　　　純　利　益：　13,620
　　　　減価償却費：　30,000
　　　　合　　　計：　43,620
　　　回収期間：　90,000÷43,620＝2.06（年）

【解　説】減価償却費は，現金支出を伴わない経費なので，キャッシュ・フロ

ー計算の際にそれを純利益に加算する。

　　回収期間は，2年と1カ月未満で，事業期間3年より短い。したがって回収期間を判断基準とすれば，この投資案を採択すべきである。

（3）内部利益率法（IRR）

　内部利益率法を適用する際，事業期間中各年度のキャッシュ・フローを算出して，その割引現在価値（Discounted cash flow）と初期投資額が同額になった場合の割引率を計算しなければならない。

① そこでまず，投資期間にわたってキャッシュ・フローの状況をみる。

期　間	0	1	2	3
初期投資	90,000			
収　益		144,000	144,000	144,000
運営費用		91,300	91,300	91,300
減価償却費		30,000	30,000	30,000
税引き前利益		22,700	22,700	22,700
法人税		9,080	9,080	9,080
純利益		13,620	13,620	13,620
キャッシュ・インフロー		43,620	43,620	43,620

② 初期投資額90,000ドルを43,620で割って，「年金係数」を算出する。それは，2.06であることがわかった。

③ 続いて，2.06との係数を「年金係数表」で計算し，年数が3年である場合にその割引率は21.4％であった。

④ Ben Paulさんが目標としている利益率は10％であった。したがって，この投資案は採択されるべきものである。

（4）正味現在価値法（NPV）

期　間（年）	0	1	2	3
初期投資	90,000			
収　　益		144,000	144,000	144,000
運営費用		91,300	91,300	91,300
減価償却費		30,000	30,000	30,000
税引き前利益		22,700	22,700	22,700
法　人　税		9,080	9,080	9,080
純　利　益		13,620	13,620	13,620
キャッシュ・インフロー		43,620	43,620	43,620
割　引　率	2.4868			
現在価値	108,474			
正味現在価値	18,474			

【解　説】

① 初期投資は，現在の時点で投下した投資であり，時期をゼロとする。
② 各期間の収益や費用，支払い利息は，すべて年末に行うと仮定している。
③ 割引率の計算は，割引率10％，期間3年で，年金係数表で算出したもの。

【注】

1）ここで使用するケースは，Weygandt, Kimmel, Kieso. 2006. *Management Accounting*, Wiley, pp.547-548に掲載されたものを執筆者が修正し再作成したのである。

第16章　設備投資経済性計算　199

■練習問題

　プロジェクトAの初期投資額は4,000万円，期間は5年，5年後の残存価額はゼロである。減価償却法は定額法を適用する。投資期間中には，年間収益は2,000万円，運営費用は800万円である。また，加重平均資本利益率は8％で，法人税率は30％とする。
（1）年次の損益計算書を作成せよ。
（2）回収期間法で当該プロジェクトを評価せよ。
（3）内部利益率で当該プロジェクトを評価せよ。
（4）正味現在価値法で当該プロジェクトを評価せよ。

付録：年金係数表（一部）

n＼r	0.02	0.03	0.04	0.05	0.06	0.08	0.1	0.214
1	0.980	0.971	0.962	0.952	0.943	0.926	0.909	0.824
2	1.942	1.913	1.886	1.859	1.833	1.783	1.736	1.502
3	2.884	2.829	2.775	2.723	2.673	2.577	2.487	2.061
4	3.808	3.717	3.630	3.546	3.465	3.312	3.170	2.522
5	4.713	4.580	4.452	4.329	4.212	3.993	3.791	2.901

　　　エクセルでの計算式：＝1/r−1/r*(1+r)^−n

【解　答】

（1）年次損益計算書

　　　収　　益　　　2,000
　　－運営費用　　　　800
　　－減価償却　　　　800
　　税引前利益　　　　400
　　－法　人　税　　　120
　　当期純利益　　　　280

（2）回収期間：4.35年（約4年4カ月）
　　　5年より短いので，当該投資案は採用すべきである。

（3）内部利益率：約11％

　　　8％より高いので，当該投資案は採用すべきである。

（4）312万円

　　　プラスであるので，当該投資案は採用すべきである。

第17章 在庫管理

> **キーワード**
> 在庫管理，経営資源，ABC分析，EOQ分析，保管費用，発注費用

> **学習のポイント**
> ◎在庫管理の重要性を理解する。
> ◎ABC分析法を習得する。
> ◎EOQ分析法を習得する。

第1節 在庫管理の意義

　企業は，経営活動を持続させるために，一定の量の原材料や製品の在庫を持つ必要がある。経営活動が間断なく行われる点だけを考えれば，在庫が多いほうが安心できるので理想的と思われる。しかし，在庫は，限りのある経営資源によってできたものなので，必要以上に持つことは，その分，経営資源の無駄使いを意味する。したがって，効果的な在庫管理は，経営をスムーズに行うために必要なだけではなく，経営資源の有効的な利用という視点においても重要なことである。
　この章では，在庫品に対し重要性に基づいて管理するABC分析と，発注費用と保管費用の合計額を最少化するEOQ分析について説明する。

（1）ABC分析
　ABC分析とは，在庫品を重要度に基づいてAグループ，Bグループ，Cグループに分けて管理する方法である。

企業は通常，さまざまな在庫を所有しており，それらは数の上でも，金額的にもさまざまである。多くの企業では，10％の品目が金額的に80％前後の比率を占め，80％の品目が全体の金額の10％以下しかないという状況がよく見受けられる。この場合，すべての在庫品を同程度で管理することは非効率的であり，不可能でもある。したがって重要性の高いAグループ製品について重点的に管理を行い，重要性の低いCグループに関しては日常的な管理にとどめることがより現実的である。

ABC分析はこのような考え方に基づいた管理方法である。その具体的な運用は，以下の設例で説明する。

例題1　A社は，コンピュータ関連の製品を販売している。各製品の売上高は次の通りである。これらのデータに基づいてABC分析を試してみよう。

A社の各製品の販売データ（単位：億円）

製品名	売上
デスクトップPC	￥100
ノートPC	￥95
USBメモリ	￥85
プリンタ	￥35
バッテリ	￥27
マウス	￥15
キーボード	￥13
その他	￥12
合計	￥382

【解 答】

各製品のランク付け

製品名	売 上	売上累計	比 率	ランク
デスクトップPC	￥100	￥100	26.18％	A
ノートPC	￥95	￥195	51.05％	A
USBメモリ	￥85	￥280	73.30％	A
プリンタ	￥35	￥315	82.46％	B
バッテリ	￥27	￥342	89.53％	B
マウス	￥15	￥357	93.46％	C
キーボード	￥13	￥370	96.86％	C
その他	￥12	￥382	100.00％	C
合 計	￥382			

① まず，各製品を売上高の多い順に並べ，そして高い順に累計売上高を計算する。
② 次に，合計額に対し，各累計額の比率を計算する。
③ 80％までの各製品にAランク，80％から90％までの製品にBランク，90％を超えた製品にCランクをつける[1]。

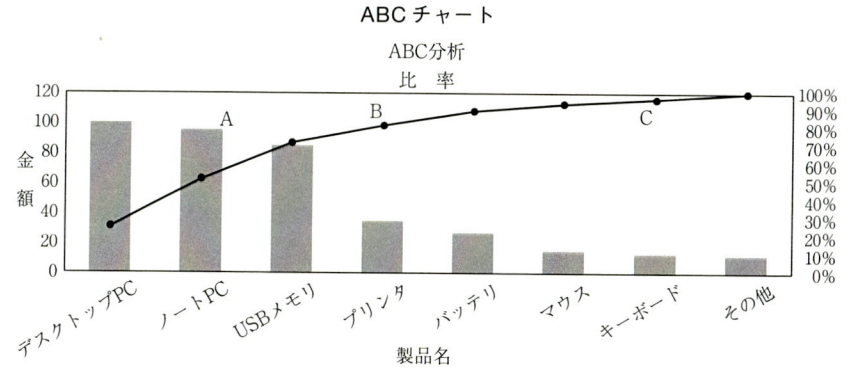

ABCチャート

ABC分析
比　率

(注) ABCの区分については，A領域を50％，B領域を75％，C領域をそれを超える範囲とする見解や，統計学の標準偏差値を利用した，A領域を68％（1σ，第1標準偏差領域内），B領域を95％（2σ，第2標準偏差領域内），C領域をそれを超える範囲とする見解もある。

第2節　EOQ分析

　在庫品のうち，原材料や部品などは，一般的に外部から購入するものが多い。経営者はしばしば，どの時点でまたどのぐらいの量を購入すればよいか，いわゆる資材購入に関する意思決定を行わなければならない。この際に用いられる経営管理ツールは，「経済的発注量」（Economic Order Quantity, EOQ）という。
　EOQとは，在庫費用が最も経済的となる，1回の発注量のことを意味する。
　資材の在庫費用には，発注費用と保管費用，品切れ費用の3種類がある。発注費用は，資材を発注する際にかかる人件費や通信費などである。保管費用には，資材を保管するために発生する保険料や運搬費，倉庫施設費用などがある。また，品切れ費用とは，顧客からの注文に応じられないことで失った機会原価のことである。
　品切れ費用は別にして発注費用と保管費用は，トレードオフの関係にある。一度の発注量を増加させれば，発注回数が減り，発注費用は減少するが，在庫量が増加するので保管費用は増大する。したがって発注費用と保管費用の合計額を最少化するような1回の発注量を求める必要がある。

＜EOQ計算式＞
　EOQは計算式によって計算される。しかし，いくつかの要件は前提条件となっている。
　①　資材の需要は，急激な変動が無く一定している。
　②　一定期間における需要は，既知のものである。
　③　長期の保管による資材の陳腐化は発生しない。
　④　大量購入による割引などは考慮しない。
　これらの前提条件の下，EOQは以下の計算式によって計算される。

$$\sqrt{\frac{2 \times 1回あたりの発注費用 \times 需要量}{保管費用}}$$

ここで，設例でEOQの計算を説明する。

[例題2] A社は，ある部品の年間需要量が1,000個である。当該部品の保管費用は1個当たり1,000円で，1回の発注費用は30,000円である。

毎回の発注数を同じ数とする場合，年に何回発注するか。また，1回の発注量はいくつであろうか。

【解　答】
① 回数を想定し，一覧表を作成する。

発注回数	1回当たりの発注量	平均在庫量	保管費用	発注費用	総費用
1	1,000	500	500,000	30,000	530,000
2	500	250	250,000	60,000	310,000
3	333	167	166,667	90,000	256,667
4	250	125	125,000	120,000	245,000
5	200	100	100,000	150,000	250,000
6	167	83	83,333	180,000	263,333
7	143	71	71,429	210,000	281,429
8	125	63	62,500	240,000	302,500
9	111	56	55,556	270,000	325,556
10	100	50	50,000	300,000	350,000

② グラフを作成する

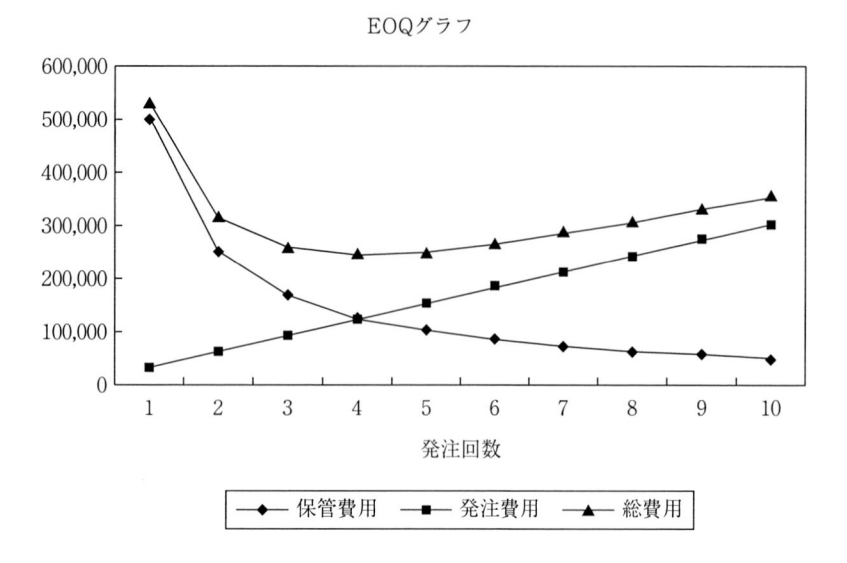

EOQグラフ

（発注回数を横軸としたグラフ：保管費用、発注費用、総費用の3系列を表示）

③ 計算式で計算する

　　EOQ ＝ 245個

なお，1回の発注数を均等にするため，EOQに最も近い「1回の発注量」は250個であり，発注回数は年4回であった。

【解　説】
① 平均在庫量は，1回当たり発注量を2で割って計算される。
② 保管費用は，平均在庫量に1個当たり保管費用をかけて計算される。
③ グラフの作成は，「保管費用」，「発注費用」，「総費用」との3列数値を選択してエクセルのグラフ機能を使えば，簡単に作成できる。

【注】

1) ランク付けに関しては，マイクロソフトのエクセルの関数機能を使用すれば，簡単にできる。ちなみに，この例題を作成したとき，デスクトップの比率26.18％をセルE20に設定していたので，以下のコマンドでランク付けを作成した。

　　　　IF(E20<=0.8,"A",IF(E20<=0.9,"B","C"))

■練習問題

　A商品の1年間の需要量は500個で，発注費用3,000円，1個当たりの年間保管費用は1,500円である。EOQモデルを用いて最適発注量を計算しなさい。

解　答

$$最適発注量 = \sqrt{\frac{2 \times 3{,}000 \times 500}{1{,}500}} = 44.7$$

　∴ 45個が最適発注量である。

第18章　広告費の管理

キーワード
政策費用，広告費の予算管理，広告費の費用効果分析，広告費とブランド資産

学習のポイント
◎広告費は政策費用と規定され管理が困難である。
◎広告費は費用効果分析によりその効果を明らかにする。
◎広告費をブランド資産の形成と関連付けて把握する。

第1節　広告費管理の特徴

（1）広告活動の基本概念

　市場に物がなかったり，不足している状況の企業経営では製品の製造能力を高めることが重視されたが，製品が市場に十分供給されるようになれば，製品の販売能力を高めることが重視される。広告はこのための有力な手段であり，マーケティングの一環として発展してきた。広告は有料媒体を活用しての商品や企業に関する情報発信を指すが，広告に類似した概念には人的活動を中心とした販売促進（セールスプロモーション：SP）や情報発信一般を指す広報（パブリックリレーションズ：PR）があり，広告を狭義に捉えればこれらの活動と広告は区分される。しかし，現実にはこれらと広告との境界があいまいなことも多い。さらに，広告では誇大表現などが社会問題になっており，業界ごとの自主規制や広告倫理の確立が求められている。

　それでは企業の広告活動はどのように行われるのか。一般的なケースを確認しておこう。まず，広告を実施する企業（広告主）は一定の目標を達成するた

めの広告計画を設定し，計画に必要な広告費予算を編成する。広告制作は自社が直接実施する場合と広告会社に委託する場合があり，広告会社は専門知識やノウハウを有していることから，これらを活用すれば後者となる。広告会社は広告主の依頼を受けて広告を制作し，媒体社（メディア）は広告会社や広告主の依頼を受けて広告メッセージを消費者へ向けて発信する。広告媒体にはテレビやラジオなどの放送広告，新聞や雑誌などの印刷広告および屋外広告やダイレクトメールなどのSP広告が中心となっているが，最近ではバナー広告や電子メールのようなインターネットによるものが普及している。

　このように広告活動には3つの経済主体が関与しているが，通常，広告費管理という場合には広告主の視点から実施するものを指し，本章でも広告主による広告費管理について解説する。

（2）広告費の意義と種類

　現代の管理会計は基本的にすべてのコストを管理対象とするが，コスト管理は製造分野から着手され，その後に営業分野へと拡大した。営業費は営業活動の性格に応じて注文獲得費，注文履行費および全般管理費に分類される。このような分類は1950年代に当時の米国会計人協会（NAA）によって示され，費目の性格に応じて管理手法を適用することが試みられた。その後，コスト上昇や管理手法の発展などにより各費目の管理はさらに精緻化され，経営領域別の管理会計が定着している。

　このうち，注文獲得費の典型が広告費であり，注文履行費の例としては物流コストを挙げることができる。前者は費用と効果の因果関係を特定できないため目標売上高を達成するために必要なコストを事前に示すことが困難である。後者は主として定型的な活動であるため必要なコストを事前に見積もり，目標の達成度とコストを関連付けて評価することが可能である。

　すなわち，広告費支出の結果として売上高や利益がどれだけ増加するかというプロセスを明らかにすることが広告費管理における課題であり，この課題が解決されれば，広告費の管理可能性が飛躍的に高まることになる。しかしなが

ら，広告費支出と売上高との関連性を過去のデータに基づいて検証することは行われていても，管理目的に活用する段階には至っていない。

　管理会計において，このような広告費は政策費用（Policy costs）と規定される［西澤, 1985］。ここに政策費用は経常費用と対比されるものであり，経営者の政策的判断によって支出総額を決定する。状況に応じて単年度ごとに費用を増減させることが可能である反面，戦略投資としての性格を有しているため，長期的な視点に立った支出計画を設定することが必要である。たとえば，ある製品の市場占有率を3年後に20％以上拡大するという目標を設定した場合には，今後3年間にわたりどのような広告手法を組み合わせて必要な広告費を年度ごとに支出を行い各年度の活動間にどのように配分していくかを決定する。同じ金額の広告費でも広告の実施方法や回数の組み合わせにより，その成果は大きく異なることが予想されるであろう。

　また，広告費管理では管理対象とする広告費の範囲をあらかじめ確定しておく必要がある。広告費を狭義に捉えると広告会社や媒体社に支払ったコストとなり，損益計算書に計上される支払広告料などがこれに相当する。広告費を広義に捉えると外部への支払金額に加えて自社の広告部門で消費した制作費，人件費および管理費が含まれる。通常，管理目的からは広義の広告費を対象とする。

　このような広告費を集計するためには原価計算が必要である。広告費の原価計算では，その他の営業費計算と同様に，費目別計算，機能別計算およびセグメント別計算の順に実施する。費目別計算では広告費を支出の形態別に分類して各費目の金額とともに原価構成を明らかにする。機能別計算では費目別計算に基づいて広告の実施機能別に原価を集計する。さらに，セグメント別計算では，機能別原価に基づいて広告費を製品別，顧客別または地域別に集計して広告セグメント別の原価を明らかにする。

　なお，広告費の支出状況に関しては統計資料も毎年公表されている。代表的なものとしては日経広告研究所『有力企業の広告宣伝費』や電通『日本の広告費』がある。前者は広告主の広告費を有価証券報告書に基づいて推計し，後者は広告媒体別の広告費を中心に集計している。このような統計資料は各企業が

広告費予算を設定する際の1つの参考資料となろう。

第2節　広告費の予算管理

　広告費の予算管理では，経営者が政策的に予算総額を決定し，広告部門では総額に基づいて予算案を作成する。広告費の予算総額の決定は予算管理論と広告論の双方において論じられる重要なテーマであり，代表的な予算総額の決定方法には以下のものがある。

①　売上高百分率法

　売上高の何％という形で広告費予算を設定するものであり，過去の売上高に基づくものと予算期間の売上高など将来の売上高に基づくものに大別できる。過去の売上高を参考にするのは広告費の上限をあらかじめ設定するためであり，将来の売上高を参考にするのは売上高と広告費を関連付けて把握しようと試みるためである。同様の考え方は売上高にかえて利益にも適用される。

②　支出可能高法

　年間に支出可能な金額のうち広告費に割当可能なものを広告費予算とする。資金制約を考慮してその他の予算との調整を行うために利用される。単独で利用されることはなく，他の方法を補完するために活用される。

③　任意増減法

　前年の広告費実績を参考に経営者が経済環境や広告効果を考慮して必要な増減を行い広告費予算とするもの。市場が安定的な場合に活用され，短期的な市場変動にも対応できる。

④　競争者対抗法

　競争企業や業界における平均的な広告活動や広告費を見積もった上で，これに対抗可能な活動に必要な金額を予算とするもの。有力企業の広告費をベンチマークとしながら設定することもある。

　このうち，①は多くの企業において採用されているが，理論的に優れているというよりは容易に実施可能であることが主たる理由として考えられる。売上

が減少傾向にあれば，積極的に広告費を支出して売上を伸ばすことも必要となるが，かえって現在の売上規模に活動が制約されるという問題点がある。予算総額の決定では唯一の正しい方法は存在しないため，状況に応じて複数の方法を併用することが必要である。

　予算総額が決定すれば広告部門は各活動の目標を達成するために必要な広告費を見積もった上で予算案を作成する。この際，ゼロベース予算を採用すれば新規のものと継続中のものを同等に評価するため広告活動間の資源配分が効率的に実施されることも指摘されている。

　なお，広告費の場合，予算期間終了後における予算・実績の差異分析は製造や物流ほどには重視されていない。予算と目標を明確に結びつけることは一般に困難と考えられ，一定の予算から最大の効果を得る消費方法を採用したか否かを検証することが必要である。したがって，差異分析の結果はあくまで参考程度にされるにすぎない。

第3節　広告費の効率管理

　企業経営においては継続的なコストダウンが必要なことはいうまでもない。特に，景気後退時には3K（広告費，交際費，交通費）の削減が着手される。これらは一見したところ当面の売上増加と無関係に見えるため，削減による影響が少ないと経営者は判断するのであろう。また，景気が回復局面に向かうと広告活動が活発となるため，広告活動の増減は売上高の変動と密接な関係があるようにも見える。

　しかしながら，経済状況が悪化した場合にこそ売上増加のために広告が必要であり，短期的な売上動向にかかわらず，継続的な活動によって効果が得られるものも多い。このように広告費支出に際してはその効果を事前に予測するとともに事後に検証を行い，以降の広告費管理に活用することが必要である。また，広告のアカウンタビリティ（説明責任）も主張され，広告管理者や広告会社は経営者や広告主に対して広告費支出の結果を定期的に説明することが求め

られている。

　このために活用する手法が広告費の効率管理である［西澤, 1996, p.398］。広告費の効率管理では，企業が支出する広告費とその結果得られる効果を対比して効率を測定し，効率を向上させる手段を講じるものである。効率管理では特定の広告プロジェクト活動を対象とするものと年間の広告活動全体を対象にするものに大別できる。前者はプロジェクト間の効率を判定し，後者は年度ごとの広告費効率を判定するが，一般に管理目的からは前者が重視される。さらに，広告費の効率管理では広告費より得られる効果を物量表示するものと金額表示するものに大別できる。

$$広告費効率 = \frac{広告効果（物量または金額）}{広告費}$$

　前者は知名度や好感度の向上としてのコミュニケーション効果を中心としたものであり，後者は売上高または利益などの経済効果である。これまで広告論においては前者を中心として広告活動の前後に実施すべきことが提唱されてきた。しかし，インターネット広告の普及により，広告効果への関心がこれまで以上に高まっていることからコミュニケーション効果に加えて経済効果の算定にも関心が高まっている。

　広告論では広告費支出の結果として経済効果が見込まれることが明らかでも，このような関係を直接把握することは困難が多いと考えられてきた。さらに，広告により知名度が高まり，たとえコミュニケーション効果が得られても，製造や物流がネックとなり，売上が予想より伸びないことがある。このため，広告とコミュニケーション効果の関係をまず明らかにすることが試みられてきた。他方，管理会計においてはコミュニケーション効果のみでは不十分であり，広告と広告以外の要因による経済効果を区分することが必要とされた。最終的には，広告費支出による直接的な経済効果を明らかにしていくことが求められる。

　これまで管理会計では設備投資を中心に現在価値による経済性計算が試みられてきた。その後，現在価値の考え方が財務会計にまで普及するに伴い，経済

性計算の適用対象は拡大しつつある。広告は設備投資のように大規模支出を伴うことが少ないものの，将来の経済効果を見込んで行う投資であることは明らかである。効率管理では予測の困難性を考慮して広告費より何倍の経済効果が得られるかを明らかにして広告プロジェクトの優劣を判定するが，現在価値の普及を考慮すれば広告費支出の結果としての年間キャッシュ・フロー増加分を可能な限り明らかにしていくことも考えられる。

第4節　広告費管理の課題

　最近の企業経営の目的は資産の有効活用による企業価値の向上とされ，有形資産よりも無形資産の重要性が認識されている。無形資産の1つにブランド資産があり，ブランド資産の価値を高めるには広告は有力な手段の1つである。

　ブランド資産では企業の内外からその評価に関心が払われてきた。すなわち，毎年の広告費支出によりブランド資産が形成されると考えれば，そのプロセスを解明することが広告費管理において求められる。ブランド資産が確立されれば競争優位がもたらされ，以降の広告費支出も同業他社と比較してより効果的なものとなるであろう。広告費支出によりこのような資産が形成されるという考え方は広告費管理の対象をコストから資産へと拡大させ，経済効果を売上や利益と直接結びつけるのではなくブランド資産の管理と結びつけることが試みられている。

　ブランド資産の評価についてはいくつかの手法が考案されてきたが，現在価値に基づく手法が有力である。たとえば，経済産業省による『ブランド価値評価研究会報告書』(2002) では，公表財務諸表から算定するブランドの価値をプレステージ・ドライバー，ロイヤリティー・ドライバーおよびエクスパンション・ドライバーという3つの要素により算定する。

　すなわち，プレステージ・ドライバーはブランドの信頼性によって同業他社よりも安定した高い価格で製品を販売できることに着目したファクターであり，価格優位性を表している。価格優位性はブランド製品の単価がノン・ブラ

ンド製品の単価を超過する金額であり,ブランドがもたらすキャッシュ・フローの増加分である。この超過分はブランド起因率によってもたらされ,ブランド起因率は営業費用全体に占める広告費やブランド管理費の割合の大小によって決定される。

また,ロイヤリティー・ドライバーはリピーターやロイヤリティーの高い顧客が安定的に存在することによって長期間にわたり一定の安定した販売量を確保できることに着目したファクターである。さらに,エクスパンション・ドライバーはステータスの高いブランドは認知度も高く,現在の業種や市場にとどまらずに,異業種などに進出する際のブランド拡張力に着目したファクターである。

このようなブランド価値評価法は企業評価の観点から入手可能なデータに基づき貨幣表示可能なものを対象として実施されるが,経営者が他社のブランド価値を評価するためにも利用可能であろう。さらに,ブランド価値は3つのドライバーによる相互の影響により決定されるという考え方は管理目的からも参考になり,ブランド起因率の計算をより詳細に実施したり,現時点では貨幣表示不能な要因によって補完していくことも考えられるであろう。

これまで広告費はコストと成果を明確に結びつけることが困難であるため,経営者の最終判断に予算総額の決定を委ねる政策費用とされてきた。しかし,広告費支出をブランド価値と結びつけ,ブランド価値より超過収益が得られるという考え方が示されたことにより,コストと成果のプロセスの一端が明らかになりつつあるといえる。

参考文献

Aaker, D., A.. 1991. *Managing Brand Equity*, Free Press.
Dean, J.. 1951. *Capital Budgeting*, Columbia University Press.
Keller, K. L.. 2007. *Strategic Brand Management : Building, Measuring and Managing Brand Equity*, 3rd. edition, Prentice Hall.
経済産業省(2002)『ブランド価値評価研究会報告書』経済産業省。

猿山義広（2000）「広告費の管理」中原章吉編『管理会計論』税務経理協会。
西澤　脩（1985）『広告費の会計と管理』白桃書房。
西澤　脩（1996）『経営管理会計』中央経済社。

■練習問題

問題1
　EDINETから損益計算書において企業が広告費をどのような費目として計上しているか調べなさい。

問題2
　最新の日経広告研究所『有力企業の広告宣伝費』から広告費を最も多く支出している企業とその金額を調べなさい。

問題3
　最新の電通『日本の広告費』から広告媒体別の広告費の特徴を調べなさい。

解　答

解答1
　販売費および一般管理費の一部として広告宣伝費を計上する企業が多い。しかし、広告宣伝費に販売促進費を含めて計上する企業もあれば、販売促進費と広告宣伝費を区分して計上する企業もあり、広告と販売促進の関連性について企業間で解釈が異なっている。

解答2
　平成20年版によれば、1位はトヨタ自動車の1,083億円である（単独決算ベース）。

解答3
　平成20年版によれば、日本の広告費総額は6兆6,926億円（前年比95.3％）であり、マスコミ四媒体（テレビ、ラジオ、新聞、雑誌）広告費は減少傾向にあるが、インターネット広告費や衛星メディア関連広告費は増加傾向にある。

第19章 物流コストの管理

キーワード
物流氷山説，物流原価計算のガイドライン，物流ABC，グリーン物流

学習のポイント
◎物流コストを明らかにするためには原価計算が必要である。
◎物流原価計算のガイドラインが公表されている。
◎物流では活動基準原価計算（ABC）が導入されている。

第1節 物流コスト管理の特徴

（1）財務会計と物流氷山説

　財務会計では，製造原価以外のコストは損益計算書上において支払形態別分類を基本として計上される。たとえば，製造以外の人件費や減価償却費であれば用途にかかわらず総額がそれぞれ販売費および一般管理費の区分に計上される。しかし，このような分類では経営資源の使用目的がわからないため管理会計の視点からは十分とはいえない。管理対象とする経営領域（販売，物流，研究開発など）のコストは支払形態別コストに基づいて機能別コストを算定すれば経営資源の使用目的が明らかになり，管理可能性も高まる。

　物流活動では外部に支払った物流コストは支払運賃や支払保管料として損益計算書に計上されるが，自社で物流活動を行った場合，人件費や減価償却費はその他の活動とともに合計額が示され，物流にどれだけ使用したかがわからない。さらに，原材料などを購入した際に必要な物流コストは費用収益対応の観点から取得原価の一部を構成するため物流コストを把握することはますます困

難である。

　このように物流コストは全体の一部が損益計算書に計上されるため，この金額に基づいて物流に関する意思決定や業績評価を行えば判断を誤ることになる。損益計算書からは物流コストの一部しか明らかでない状況は海面に浮かぶ氷山にたとえられてきた［西澤，1999，p.66］。すなわち，氷山は海面に現れる部分のみを見ることができるが，この部分が企業外部への支払物流コストに相当し，海面下の部分が社内で消費した物流コストになる。企業経営を船の運航にたとえれば氷山に衝突することだけは避けなければならない。したがって物流コスト管理では外部に支払った物流コストに加えて内部で消費した物流コストを算定することが肝要である。

（2）荷主の会計と物流事業者の会計

　通常，物流コスト管理はメーカーなどの荷主の視点から行われる。荷主の物流活動は委託物流と自家物流に区分される。前者は専門の物流事業者が実施し，後者は自社の物流部門が行う。コスト管理の視点からは上述の通り前者の金額に後者を加えて総額を明らかにすることが必要である。

　さらに，大手荷主は物流部門を独立させて物流子会社を設立し，物流活動の効率化と親会社以外からも収益を獲得する外販拡大をはかってきた。物流部門は基本的にコスト・センターであるが，物流子会社となれば独立採算によるプロフィット・センターとなるため，物流の管理会計はコスト管理から利益管理へと発展する。日本において物流子会社は1970年代を中心に設立されたが，2000年以降になると多くの企業において再編成が行われている。

　再編成の方法の1つとして物流子会社に物流活動を直接実施させることなく，他の物流事業者に活動を委託させ仲介業務や管理業務に専念させる傾向がある。特に，サードパーティ・ロジスティクス（3PL）の提唱により，このような傾向が高まっている。3PLは荷主（ファーストパーティ）や物流事業者（セカンドパーティ）ではない第三者（サードパーティ）が荷主に対して包括的な物流業務の請負や物流改善提案を行うものである。荷主として3PLを活用する

こともあれば，物流子会社に外販拡大を目的として3PL業務に着手させていることもある。

　他方，日本における物流事業者の多くは中小零細企業であり，物流コスト管理の基礎となる物流コスト計算を十分に実施していないのが現状である。物流活動を効率化させるためには荷主によるコスト管理に加えて物流事業者自身によるコスト管理が必要である。特に，荷主と物流事業者との提携による効率化を行う際にはコスト情報が不可欠となる。また，多頻度輸送の定着により物流料金の決定は必要とする物流コストに基づいて実施すべきことが認識されている。しかし，現状では一部の大手物流事業者を除いて困難な状況にあり，その原因の1つとして物流コスト計算が十分に実施されていないことが挙げられる。最近では規制緩和により物流分野に参入する企業が増加しているが，荷主にとっても物流事業者による物流コストの計算および管理がこれまで以上に必要とされている。

（3）物流とロジスティクス

　日本に物流という考え方が導入されたのは1960年代であり，Physical distributionの訳語として定着した。物流とは，輸送，包装，保管，荷役，流通加工およびこれらの情報管理を統合した概念である。物流管理では各機能のコストを算定した上でトレードオフを考慮する。たとえば，輸送コストを削減するためには輸送回数を減らすことが必要となるが，余分な在庫を保有することにより保管コストなどが増加する。他方，保管コストを削減するためには必要に応じて発注を行うため輸送コストが増加することになる。このようなトレードオフを考慮して各機能の規模や水準を決定しコスト管理の対象とすれば統合して把握可能となるため物流管理は物流コスト管理を中心に発展してきた。

　1990年代には物流に代わるものとしてロジスティクス（Logistics）が提唱された。ロジスティクスでは物流機能の管理にとどまらず，市場適合の視点から輸送や保管などの各機能が在庫削減やキャッシュ・フローの増大にどのように貢献するかを重視する。物流とロジスティクスの関係を巡ってはさまざまな

議論が行われたが，現時点では明確な結論を得るに至っていない。これらは，①物流が進化したものがロジスティクスである，②物流は時代とともに進化するため物流とロジスティクスは同様なものである，③物流は製造や販売と並ぶ企業職能であり，ロジスティクスはマネジメントであるため両者は本質が異なる，という見解に分類できる。当初，Logisticsの日本語訳として戦略物流が提唱されたが，最近ではロジスティクスと表記するのが一般的である。物流の英訳をLogisticsとしたり，物流とロジスティクスは代替的に用いられることも多い。

　さらに，サプライチェーンの発展により物流やロジスティクスを単独の管理対象とみるのではなくサプライチェーンの一環として把握することが定着している。サプライチェーンとは，原材料の調達から製品の製造および販売にいたる一連のプロセスを意味し，複数企業が関与するため企業間の提携が重視される。プロセス全体を管理することは困難であるため，プロセスの一部を対象とした管理が試みられている。情報の共有化やコスト削減による成果の分配方法を確立することが必要である。サプライチェーン・マネジメントでは個別企業の物流コスト削減よりも企業間の物流コスト全体の削減を重視する。

第2節　物流コスト管理のガイドライン

　物流コスト管理では物流コストの現状把握から着手する。物流コスト管理は個別企業にとっても必要であるが，社会にとっても必要なため1970年代より関係省庁からガイドラインが公表されてきた。ガイドラインの代表的なものを示せば以下の通りである。

① 　中小企業庁（1975）『物流コスト算出マニュアル』
② 　旧・運輸省（1976）『物流コスト算定統一基準』
③ 　旧・通産省（1992）『物流コスト算定・活用マニュアル』
④ 　中小企業庁（2003）『物流ABC準拠による物流コスト算定・効率化マニュアル』

⑤　中小企業庁（2008）『卸・小売連携による物流コストの削減』

　本来，コスト管理は各企業が独自に行うものである。しかし，物流コスト上昇は社会的な影響も大きいためそれぞれの時代背景のもとで関係省庁がガイドラインを公表して企業の物流コスト管理を推進している。

　1970年代では高度経済成長に伴い増大する輸送量に対応することが目標とされた。同時に原油高の発生を原因とする物価上昇を抑えるためにも企業の物流コスト管理が必要とされた。これまで物流コスト管理は十分に実施されてこなかったために削減の余地も大きく，物流コスト削減は「知られざる第三の利潤源」とされた［西澤，1970］。すなわち，売上増大や製造原価削減に次いで，物流コスト削減を実施すれば結果として大幅な利益増となることが明らかにされた。たとえば，売上高に占める物流コストの割合が5％で売上高利益率が2％の企業では物流コスト全体の20％を削減できれば売上高を50％増やしたのと同じ効果が得られることも指摘されている。

　また，1980年代から90年代では多頻度輸送など物流方法の変化に対応した経営環境のもとでの物流コスト管理が重視された。製造活動が少品種大量生産から多品種少量生産へ移行すれば物流においても少量多頻度輸送がこれまで以上に重視され，定着するに至っている。特に，少量の在庫しか保有しないことを基本とするコンビニエンス・ストアが全国に拡大したことの影響も大きい。このように物流方法の変化を反映したコスト上昇分を明らかにした上で適正な物流活動の水準を明らかにする必要性が認識された。

　さらに，2000年代では過度な多頻度輸送が物流コスト上昇の原因であるとともに環境問題の原因であるという反省により，物流コストと環境負荷を考慮した物流活動を実施すべきことがグリーン物流やエコ物流として提唱されている。また，急激な原油高を背景としてトラック輸送についても燃料サーチャージの導入が試みられ，これまで定着してきた多頻度輸送の見直しが行われている。

　このように物流コスト管理のガイドラインがそれぞれの時代背景のもとに公表されてきたが，このうち①から③では基本的に荷主の視点からの物流コスト

の体系と分類を示している。これらに共通する点を要約して示せば図表19－1の通りである。

図表19－1　物流コストの種類

荷主の物流コスト ─┬─ 自社払物流コスト ─┬─ 自家物流コスト
　　　　　　　　　│　　　　　　　　　　└─ 委託物流コスト
　　　　　　　　　└─ 他社払物流コスト

　まず，荷主の物流コストは自社が支払い負担を行う自社払物流コストと一時的には他社が負担しても最終的には自社が負担する他社払物流コストに区分される。後者はサプライヤーがメーカーに原材料などを納入する際に消費した物流コストを本体価格に上乗せして請求するものである。

　自社払物流コストは自家物流コストと委託物流コストに区分される。自家物流コストの計算ではまず費目別計算として材料費（輸送の場合は燃料費），労務費および経費を集計する。このうち，経費では資本コストとしての金利を考慮すべきことや減価償却費の計算では残存価格を考慮すべきでないという見解が1970年代に示されていたことは注目すべきである。

　続いて，機能別（輸送，保管および包装など）ならびに領域別（調達，社内，販売および回収）にコストを集計する。なお，社内物流の一部に工場内の移動など製造に関するものがある。このようなコストは製造原価の一部と考えられ，物流コスト管理では対象外とするのが一般的である。また，環境問題に対する関心の高まりから回収物流は後にリバース物流として注目され，製品や包装材の回収に加えて廃棄およびリサイクルに要する物流コストも対象としている。

　委託物流コストは詳細については不明でも支払総額は明らかなため総額を自家物流コストに加算する。また，他社払物流コストはこれまで何らかの方法で推定するしかなかったが，最近ではミルクラン・システムや引取輸送といってサプライヤー主導の物流活動からメーカー主導へと変更することにより原材料

価格と物流コストを分離して管理することが試みられている。複数のサプライヤーを巡回して原材料を調達すれば物流コストが低減できると共に環境対策にもつながることが認識されている。

他方，センターフィーについては算定方法の明確化が求められている。センターフィーとは，主としてスーパーなどの大規模小売業者が卸やメーカーに自社の物流センターへ製品を納品させる際に物流センターの使用料として徴収する料金である。小売業者のなかにはセンターフィーを収益源の1つとみなしているものもあるが，料金が適正でないと全体としての物流効率化を妨げるという批判もある。

第3節　物流コストの管理手法

物流コストの管理手法は，①原価計算，②予算管理および③効率分析に大別される［西澤，2003］。このうち，②予算管理では総合予算の一環として物流予算を編成するが，輸送や保管などの物流量は販売計画や製造計画に基づいて決定されるため，物流予算では予想される物流量を処理するために必要な活動量に基づいて決定する。物流量の変化に対応した変動予算を採用することや物流活動を継続的に見直すためにはゼロベース予算を導入することも提唱されてきた。また，③効率分析では物流センターなどの物流施設の投資により予想される売上増加分や効率化に伴う物流コスト削減分をキャッシュ・フローに換算して必要投資額と比較するものであり，通常の設備投資の経済性計算と同様に実施される。このように物流コスト管理は通常の管理会計手法によって実施されるが，②および③に必要な物流コストに関する情報を提供するためには①は不可欠であり，物流コストの管理手法は原価計算を中心に発展してきた。

製造においては1980年代後半より活動基準原価計算（ABC）の導入が提唱され，製造間接費の相対的な上昇など原価構成の変化に対応して正確な原価を算定する必要性が主張された。物流においても製造と同様な状況であり，多頻度輸送に伴う物流コスト上昇が伝統的な物流原価計算では十分に認識されない

という状況が生じた。

　このような状況を改善するために日本では1990年代から物流ABCが主張され定着している。製造を対象とするABCは決算目的には使用できないため十分に定着しているとはいえない。しかし，物流コストの原価計算は管理目的から実施するため，伝統的な物流原価計算から物流ABCへの移行が製造よりも急速に行われている。

　すなわち，物流ABCでは，まず物流機能をいくつかの活動に区分して活動別にコストを集計し，その増減要因である活動量で割り活動単価を求める。さらに，製品や顧客などの原価計算対象に使用した活動量に応じて活動コストを割り当てる。このように活動を基本としてコスト管理を行うが，一般に現行の活動を所与とすれば活動数が多くなり計算が大変複雑になる。活動基準管理（ABM）を導入して不要な活動を削減することも必要である。

　物流ABCの導入は大手荷主から着手されたが，最近では中小の物流事業者にも普及している。中小企業庁からは簡易なソフトウエアを活用した物流ABC導入のガイドラインが示され，多くの企業が物流コスト削減に取り組んでいる。日本では物流における国際競争力強化のために物流コスト削減が不可欠であり，物流ABCが有力な手段として認められている。

第4節　物流費管理の課題

　日本ロジスティクスシステム協会（JILS）では物流コストの発生状況に関するアンケート調査を毎年行い，その結果を『物流コスト調査報告書』として公表している。報告書は大部であるが，概要についてはJILSがWeb上に公開しているためJILSのホームページから閲覧可能である。同報告書によれば，売上高に対する物流コストの割合は全業種を平均すれば5％程度で推移しており，自家物流コストと物流子会社支払分を含む委託物流コストの割合では後者の占める比重が高まりつつある。物流活動は多くの企業にとってアウトソーシングの対象となり，3PLの導入が試みられている状況からはこの傾向はさらに

加速することが予想される。

　上述のように物流コスト管理は自家物流コストの算定を中心に発展してきた。しかし，委託物流コストの増加という傾向を踏まえれば，自家物流コストの計算に加えて委託物流コストの詳細な計算を実施すべきである。すなわち，輸送量，輸送回数，輸送距離など委託物流コストの増減に影響を与える要因を明らかにして委託物流コストの管理を詳細に実施することが必要である。

　さらに，物流コスト管理は基本的に物流部門が実施するが，製造や販売など他部門との提携や情報共有を重視すべきである。物流の活動量は製造部門や販売部門が決定するものであり，物流部門にとって基本的に管理不能である。物流コストのうち物流部門にとって管理可能なコストを明らかにするとともに，管理不能なコストについては他部門との提携により削減を試みるべきである。

　また，現在の物流の中心であるトラック輸送については環境問題の原因とみなされているため，エコ物流やグリーン物流に関心が高まっている。たとえば，低公害車の導入に加えてトラックから鉄道や船舶へ輸送手段を変更するモーダルシフトに着手する企業が増加している。さらに，過剰な物流活動を見直すことは環境対策と物流コスト削減の両立となるため，複数荷主による共同輸送の実施により積載率の向上に取り組むことが普及している。物流コスト管理において環境関連コストを算定する試みは発展段階にあるが，物流における環境対策は着実に進展している。今後はこのようなコストを考慮しながら物流に関する意思決定や業績評価を行うべきである。

参考文献

忍田和良（2002）『日本のロジスティクス』中央経済社。
中　光政（1994）「活動基準原価計算（ABC）による物流費の管理」，『東京経済大学会誌』186号，151-167頁。
中田信哉，橋本雅隆，嘉瀬英昭編（2007）『ロジスティクス概論』実教出版。
西澤　脩（1970）『流通費』光文社。
西澤　脩（1999）『ロジスティクス・コスト』白桃書房。

西澤　脩（2003）『物流活動の会計と管理』白桃書房。
湯浅和夫編（2003）『「物流ABC」導入の手順』, かんき出版。
Bowersox, D. J., Closs, D. J. and Cooper, M. B.. 2007. *Supply Chain Logistics Management*, Second Edition, McGraw-Hill Irwin.
Kumar, S. and Zander, M.. 2007. *Supply Chain Cost Control Using Activity Based Costing*, Auerbach Publications.

■練習問題

問題1
　EDINETから損益計算書において企業が物流コストをどのような費目として計上しているかを調べなさい。

問題2
　最新のJILS『物流コスト調査報告書』から売上高に占める物流コストの割合が高い業種と低い業種を調べなさい。

問題3
　次の状況から物流コストを計算しなさい。なお、輸送コストは人件費300,000円、燃料費100,000円および経費100,000円である。また、包装コストは材料費150,000円、人件費100,000円および経費50,000円であり、製品10個ごとに必要な包装が行われる。

	顧客A	顧客B	顧客C
販売量	40	80	200
配送回数	5	6	2
配送距離 (km)	12	5	5

① 販売量に応じて計算した顧客別の物流コスト
② 輸送コストは総配送距離、包装コストは包装回数でそれぞれ計算した場合の顧客別の物流コスト

解 答

解答 1
　販売費および一般管理費の一部に運送費，運搬費，配送費，運賃諸掛費などの輸送関連費を中心に物流コストの一部が計上されている。現時点では損益計算書上において研究開発費や広告宣伝費のように物流コストを計上する企業はなく物流コストは管理会計上の概念である。

解答 2
　2007年度調査によれば，通信販売業の12.39%と医薬品業の1.03％である。

解答 3
① 顧客A　100,000円　　顧客B　200,000円　　顧客C　500,000円
② 顧客A　337,500円　　顧客B　225,000円　　顧客C　237,500円

第20章　研究開発費の管理

キーワード
基礎研究，応用研究，新製品開発研究，工程開発研究，プロトタイプ，研究開発予算管理，研究開発費用便益分析，研究開発割引利益指数法

学習のポイント
◎研究開発費会計は，財務会計と管理会計の2部に分けられる。
◎研究開発財務会計では研究開発費を全額一括計上する。
◎研究開発管理会計では予算管理と費用便益分析が重要である。

第1節　研究開発費の管理の重要性

　研究開発は，製造業を営む企業にとって経営の将来を決定付ける要である。企業は，資本投下により製品を製造し販売して資本回収を行い，ゴーイング・コンサーン（継続企業）として継続していく。その過程では新製品を常に投入して消費者の新しいニーズをつかみ，市場で人気が落ちた製品を撤退させて，市場の進化と新陳代謝と共に進化する。このダイナミズムに乗りきることができれば成長発展することができ，乗りきれなければ衰退消滅となる。したがって企業のトップ・マネジメントは，社会・経済・文化の動向に気を配りつつ，常に新技術や新製品の開発について努力を注ぐことが要求されている。

　研究開発についてわが国では，「事物，機能，現象などについて新知識を得るために，又は，既存の知識の新しい活用の道を開くために行われる<u>創造的な努力及び探求</u>をいいます。特に会社の場合には，いわゆる研究のみならず製品及び生産・製造工程などに関する開発や技術改善を図るために行われる活動も研究となります。」と定義している（総務庁統計局（1999）『科学技術研究調査報

第20章 研究開発費の管理　229

告』，p.216，注：下線部は原文ではゴチ体表記である）。

アメリカの全米科学財団（National Science Foundation）は次の財務会計基準審議会（Financial Accounting Standards Board）の定義を引用して財団の定義としている。

(a) 研究（Research）とは，新しい知識の発見を目的とした計画的な探求又は批判的調査であって，当該知識を新しい製品若しくはサービス（以下「製品」と略称），又は，新しい工程若しくは技術（以下「工程」と略称）の開発，又は既存の製品若しくは工程に実質的な改良を施すために役立てることを本旨としている。

(b) 開発（Development）とは，研究成果又は他の知識の販売を目的とするか使用を目的とするかに関係なく，新製品若しくは新工程又は現製品若しくは現工程の実質的な改良を計画又は立案することにとり入れることである。開発には，代替製品の考案，設計及び検査，プロトタイプ（試作用の量産型製品）の製作並びに，パイロット・プラント（量産用生産設備の試作設備）の稼動をも含む。しかし，既存の製品，生産品種，製造工程及びその他の現行作業に関する常規的又は定期的な活動は，例え改善を行うものでも，開発には含めない。さらに市場調査又は市場テストも開発には含めない。

（Financial Accounting Standards Board. 1974. Statement of Financial Accounting Standards No.2―Accounting for Research and Development Costs. para8-10. ＜アメリカ財務会計基準審議会『財務会計基準書第2号―研究開発費のための会計』8-10段＞，西澤脩（1980）『研究開発費の会計と管理』白桃書房，82頁の邦訳を参考とした）。

研究開発の体系について，上記では，基礎研究，応用研究，開発研究に3区分すると述べている。開発研究の詳細内容として，新しい材料，装置，製品，システム，工程等の導入または既存のこれらのものの改良を例にあげている。この体系は図表20－1のようにまとめることができる（第3段階の開発研究は表

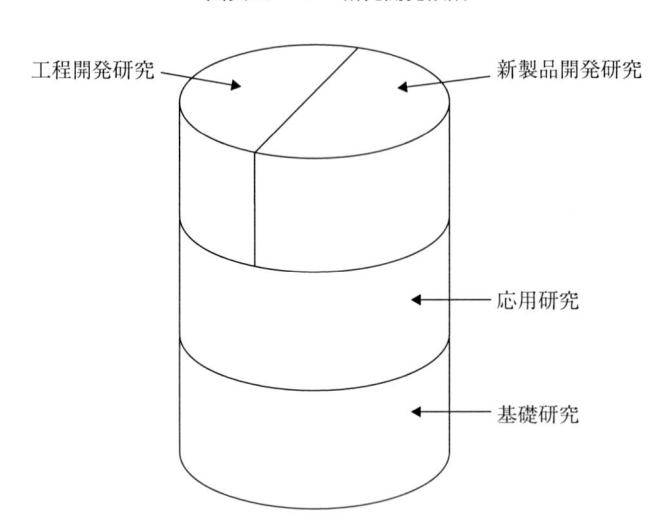

図表20－1　研究開発段階

（工程開発研究／新製品開発研究／応用研究／基礎研究）

示を簡略化した）。

　研究開発のために支出または発生した費用が研究開発費である。研究開発費の報告および管理のための会計が研究開発会計であり，外部報告するための研究開発財務会計と企業内で管理するための研究開発管理会計より成っている。

第2節　研究開発財務会計

（1）損益計算書における表示

　外部報告において研究開発を示す経営成績の数値は，研究開発費または試験研究費として表示され，損益計算書において，「売上原価」および「販売費および一般管理費」の1項目として計上されている。一般の分析は，この数値を根拠としている。ただし，損益計算書は複式簿記の集計結果から得た財務表であるから，形態別勘定体系の報告様式であることに留意する必要がある。仕訳帳で研究開発費として計上されるのは，直接に研究開発に投下された支出項目

であり，研究開発素材の購入や実験材料の購入等に限定されている可能性が高い。ちなみに製造業各社が誇っている中央研究所の建物は複式簿記では「建物」であり，研究に使用されている実験装置は「備品」であり，研究開発に従事している人々の人件費は「給料」であり，研究所のさまざまな資産の減価償却は「減価償却費」で扱われている。

　これらを研究開発という企業の経営機能に集約して表示する必要性はあっても，「公正妥当な会計原則」に従って作成し，かつ監査を受ける現在の会計制度では義務とされていない。仮に，製造，販売，研究開発，販売および広告宣伝等の経営機能別に費目を再編成した損益計算書が作成されたとしても，法令上の制約や『財務諸表規則』との関連という障害が起こり，またキャッシュ・フロー計算書とも整合性がなくなる。また，監査を受けることはできない。

（2）研究開発費の全額費用計上

　損益計算書に示されている研究開発費は，「一般管理費及び製造間接費に含まれている研究開発費については，その総額を注記しなければならない」と，その年度の全額であることが定められている（『財務諸表等の用語，様式及び作成方法に関する規則』第86条，この通称が『財務諸表規則』）。

　この全額計上という処理方法の背景に旧『商法』での実務処理の実態がある。旧法は研究開発費を繰延処理することを認めていたことから実務で拡大解釈され，研究開発費を繰延処理することが一般の慣習となっていた。巨額の研究開発費の支出があると，その年度は利益が圧迫されて，営業利益をはじめとする各種利益が大幅下落するが，繰延処理を採用すると，研究開発費の一部のみ費用とするので，利益を大きく計上することができた。旧法では「5年以内の均等額以上の償却」を可としていたので研究開発費を5等分してその年度は実際額の20％だけを費用計上し，残りの80％は次年度以降の4年間に償却し，費用化した。この処理によって費用としなかった80％は，資産の実態がないにもかかわらず貸借対照表で「繰延資産」に属する資産として扱われ，この80％の金額分が貸借対照表での利益を過大に表示した。

実際支出の20％だけが費用計上であるから残りの80％の金額は，営業利益の増額となる。この計算による増額分は実体のない利益であるにもかかわらず，損益計算書では税引前当期純利益および当期純利益の増額となり，税金，配当金および取締役賞与となって社外流出する不合理さをもたらしていた。

　国際会計基準およびアメリカを中心とする欧米諸国では，このような研究開発費の繰延処理を認めていなかったため，金融および証券投資の国際化が進むにつれて廃止の傾向が強くなり，『金融商品取引法』と『会社法』への移行を機に廃止された。

　この大改正が抵抗なく施行できたのは，近年のわが国の製造業の上場企業各社はいずれも研究開発に努めて世界最先端の代表的企業となっており，常に世界トップの技術開発を進めているために，毎年，恒常的に巨額の研究開発費を支出しており，繰延処理による利益の平準化操作の必要性がなくなったためであると言われている。

第3節　研究開発管理会計

　研究開発管理会計は，研究開発費の管理を目的とする。その体系は，研究開発費の意思決定会計と研究開発費の業績評価会計であり，次のように構成されている。
1．研究開発費の意思決定会計　研究開発計画，研究プロジェクト，研究開発予算管理を行う。
2．研究開発費の業績評価会計　研究開発内部統制，研究開発費費用効果分析を行う。

（1）研究開発予算管理
1．研究開発予算管理の計画機能
　研究開発予算管理は，計画機能と統制機能から構成される。計画機能は，次の段階を経て実施される。

ア．経営方針に準拠する

　研究開発方針は全社的経営方針に準拠して決定される。研究開発は経営哲学に基づいた政策が必要とされる。巨額の資金を必要とする新製品開発の意思決定は，全般方針に基づいて行う。

イ．長期利益計画を遵守する

　長期利益計画から導かれた長期研究開発計画は，研究性格別にプロジェクトが決定される。このため，各研究開発プロジェクト別に，他のライフサイクル段階ともトレードオフを設定すべきである。急速な技術革新の進展に見合うように長期研究開発計画は柔軟に計画し運用するようなシステム化を行う。

ウ．製品別に複数代替案を設定する

　従来の研究開発プロジェクトは，一製品について単一の計画として策定された。しかし，ライフサイクル・コストを念頭において，当該研究開発プロジェクトがもたらす研究開発計画と生産段階のメーカーサイドでのコストと，使用維持段階のユーザーサイドでのコストとのライフサイクル段階間でのトレードオフが必要とされるので，次のような製品ごとの複数プロジェクトが提案される（使用コストに廃棄コストを含める案もある）。

　　①　使用者にとって，取得時のコストは小さいが，使用コストは大きい案。
　　②　使用者にとって，取得時のコストは大きいが，使用コストは小さい案。
　　③　以上の両案の折衷案。

エ．製品思想および工程の改善を図る

　トレードオフを前提として研究開発プロジェクトの代替案を策定した場合，上記の②案のように使用段階でのコストを小さくするためには，研究開発および生産段階でのコストが大きくなり，ライフサイクル・コスト全体としてむしろ高まる可能性もある。このような恐れがある場合，トータル・コストの最小化のために部品や素材の新製品化によるコストダウンを図ったり，工程に新しい生産方式を導入するなどが必要になる。

オ．全ライフサイクル段階の担当者が参加する

　以上のようにライフサイクル・コストの最小化を前提とする研究開発において

ては，すべてのライフサイクル段階の担当者が参加してコストを予測し，ライフサイクル段階別のトレードオフを行う。
2．研究開発予算管理の統制機能
　研究開発予算管理の統制機能は，次の段階を経て実施される。
ア．研究開発費の目標額を設定する
イ．研究開発費の予算・実績を差異分析する
ウ．研究開発段階別の予算・差異の分析を計算し，修正を行う
　上記の研究開発プロジェクトを技術類型別に予算・実績を整理して差異計算を行い，不利差異が生じている場合は次の修正を行う。
　① 研究開発プロセスおよび研究開発費の構成を再検討する。
　② 長期研究開発計画に準拠し，研究開発プロセスおよび研究開発費の構成を再検討する。
　③ 経営方針および長期利益計画に準拠し，研究開発プロセスを再検討し，予算額の増大を図る等の代替案を策定する。
エ．製品改良研究および工程研究における目標額との差額を計算し，修正行動を実施する
　研究開発においては，研究開発終了後に量産に入った段階でのコストに加えて，市場を経由した後のユーザーの観点からも維持，修理，廃棄等のライフサイクルの下流段階で発生するコストについても情報収集し，研究開発部門へのフィードバックも行う。改良が必要な場合は，改良のための製品改良研究および工程研究のプロジェクトを立上げる。
イ．研究開発費の予算・実績を差異分析する
　研究開発プロジェクト予算が実施されると，予算と実績を比較して，差異を分析する。差異の分析は，次のように研究開発プロジェクトの進行内容および研究に投入される技術水準別に識別区分して実施する。
　① 研究開発プロジェクトの目標が現在の技術で容易に達成できる程度であるために，成果を高い確率で予測できる場合に生じた差異。開発研究プロジェクトおよび工程研究プロジェクトの分析について行う。

②　研究開発プロジェクトの目標が現在の技術で達成できる見込みがあるために，成果を高い確率で予測できるが，研究開発施設や設備・機器自体の運用技術のノウハウ自体が研究対象となっている場合に生じた差異。応用研究プロジェクトおよび基礎研究プロジェクトの分析について行う。

③　研究開発プロジェクトの目標が過去に達成したプロジェクトと近いために，成果を過去に実施した類似の研究開発プロジェクトと比較して予測できるが，研究開発施設や設備・機器自体の運用技術が未完成であり，それらを完成させて研究に投入するまでに相当の期間を要する場合に生じた差異。応用研究プロジェクトおよび基礎研究プロジェクトの分析について行う。

④　研究開発プロジェクトの目標が高いために現在の技術力では容易に達成することができず，そのため成果の正確な予測も困難であり，研究開発施設や設備・機器自体の運用技術のノウハウ自体が研究対象となっている場合に生じた差異。応用研究プロジェクトおよび基礎研究プロジェクトの分析について行う。

　なお，①の類型に属する研究開発プロジェクトは経常的な管理下におくことができる。④の類型に属する研究開発プロジェクトと②と③の類型のあるものは経営戦略的な管理下におく必要がある（竹森一正，前掲書，pp.5-8）。

（2）研究開発費用便益分析

　研究開発費用便益分析は，研究開発業績評価会計のなかで最重要なものである。西澤脩教授は，研究開発費用便益分析を，図表法，採点法，公式法に区分している。公式法については特に詳細に検討を加え，図表20－2のように，研究開発費用便益分析公式を①利益比較法，②費用比較法，③投資利益率法，④利益指数法，⑤資金回収期間法の方法に分類して，それらを非割引法と割引法で再分類して10の研究開発費用便益分析公式の体系を示している。このうち，最も単純に特徴を示している公式は，「単純利益指数法」（「利益指数法」の非割引法）である。これは，次の公式で示されており，計算結果は図表20－3

図表20－2　研究開発費用便益分析の公式集

名称	非割引法	割引法
a　利益比較法 ΣO （円）	①　単純利益比較法 $\sum_{t=1}^{T} O_t$	②　割引利益比較法 $\sum_{t=1}^{T} \dfrac{O_t}{(1+K)^t}$
b　費用比較法 ΣI （円）	③　単純費用比較法 $\sum_{t=0}^{T} I_t$	④　割引費用比較法 $\sum_{t=0}^{T} \dfrac{I_t}{(1+K)^t}$
c　投資利益率法 $\dfrac{\bar{O}}{\Sigma I}$ （％）	⑤　単純投資利益率法 $\dfrac{\bar{O}_t}{\sum_{t=0}^{T} I_t}$	⑥　割引投資利益率法 $\dfrac{\bar{O}_t}{\sum_{t=0}^{T} \dfrac{I_t}{(1+K)^t}}$
d　利益指数法 $\dfrac{\Sigma O}{\Sigma I}$ （指数）	⑦　単純利益指数法 $\dfrac{\sum_{t=1}^{T} O_t}{\sum_{t=0}^{T} I_t}$	⑧　割引利益指数法 $\dfrac{\sum_{t=1}^{T} \dfrac{O_t}{(1+K)^t}}{\sum_{t=0}^{T} \dfrac{I_t}{(1+K)^t}}$
e　資金回収期間法 $\dfrac{\Sigma I}{\bar{O}}$ （年）	⑨　単純資金回収期間法 $\dfrac{\sum_{t=0}^{T} I_t}{\bar{O}_t}$	⑩　割引資金回収期間法 $\dfrac{\sum_{t=0}^{T} \dfrac{I_t}{(1+K)^t}}{\bar{O}_t}$

出所：西澤脩著（1991）『研究開発費の会計と管理』第三新訂版，白桃書房，p.372。

のとおりである。

$$Q = \frac{\sum_{t=1}^{T} O_t}{\sum_{t=0}^{T} I_t}$$

ただし，

Q ：単純利益指数
O_t：t 年中に得られる成果（売上増加額または工程原価節約額，単位円）（発生利益額 100,000　150,000　200,000　250,000　200,000）
I_t：t 年中の研究開発費の金額（10,000 円，ただし０年度のみ発生）
t ：利益と費用が発生する各年度（１～５）
T ：利益と費用が発生する最終年度（５）

図表20－3　単純利益指数の計算

t	0	1	2	3	4	5	合　計
O		100,000	150,000	200,000	250,000	200,000	900,000
I	10,000	0	0	0	0		10,000
Q							90.00

結論：利益指数は90.00なので良好である。

　西澤教授は，これらの公式を総合的に検討した結果から，西澤法ともいうべき研究開発費便益公式「確率割引利益指数法」を提案している。この公式による計算結果がR＝2.0以上であればプロジェクトは採用可とされる（西澤，同上書，p.384）。（　）内の金額は，計算例のための仮の数値である。計算結果は図表20－4のとおりである。

$$R = \frac{\sum_{t=1}^{T} \frac{P_t \cdot A \cdot S_t}{(1+K)^t}}{\sum_{t=0}^{T} \frac{I_t}{(1+K)^t}}$$

ただし，
　R ：研究開発費利益指数
　S_t：t 年中にプロジェクトから得られる成果（売上増加額または工程原価節約額，値は０～５年の年次順の成果，単位円）（0　100,000　150,000　200,000　250,000　200,000）
　A ：売上高対経常利益率（５％）
　Pt：t 年中に得られる利益の発生確率（70％）

I_t：t年中の研究開発費の金額（10,000円，ただし0年度のみ発生）
t：利益と費用が発生する各年度（1〜5）
T：利益と費用が発生する最終年度（5）
K：資本コスト率（10％）

図表20－4のように分子の$P_t \times A \times S_t$について年度ごとに割引計算する。分母のIは0年度のみ発生しているので，その値で分子を割ってRを得る（Iは0年度のみ発生なので0乗であり，Iの値を1で割っていることになる）。分子÷分母の計算よりR＝2.31を得るので，このプロジェクトは採用可である。

図表20－4　確率割引利益指数の計算

t	0	1	2	3	4	5	合　計
S		100,000	150,000	200,000	250,000	200,000	―
A		5%	5%	5%	5%	5%	―
P		70%	70%	70%	70%	70%	―
I	10,000	0	0	0	0	0	10,000
K	10%	10%	10%	10%	10%	10%	―
分子部	0	3,182	4,339	5,259	5,976	4,346	23,102
R							2.31

結論：確率割引利益指数は2.31なので実施可とする。

■練習問題

問題1
次の資料により，単純利益指数法による利益指数を計算せよ（数字は0〜5年の年次順の金額，単位円　tの年次順である）。
Q：単純利益指数
t：利益と費用が発生する各年度（0〜5）
T：利益と費用が発生する最終年度（5）
O：アウトプット：0　50,000　55,000　60,000　60,000　45,000
I：インプット：5,000　0　0　0　0

問題 2

次の資料により，割引利益指数法による利益指数を計算せよ（数字は，％値を除き上に同じ）。

R：研究開発費利益指数
S_t：成果（0　100,000　150,000　200,000　250,000　200,000）
A：売上高対経常利益率（3％）
P_t：利益の発生確率（50％）
I_t：研究開発費の金額（10,000，ただし0年度のみ発生）
t：利益と費用が発生する各年度（0～5）
T：利益と費用が発生する最終年度（5）
K：資本コスト率（8％）

問題 3

次の資料により，割引利益指数法による利益指数を計算せよ（数字は，％値を除き上に同じ）。

R：研究開発費利益指数
S_t：成果（0　5,000,000　6,500,000　6,500,000　7,000,000　7,000,000　6,500,000　6,000,000）
A：売上高対経常利益率（2.5％）
P_t：利益の発生確率（65％）
I_t：研究開発費の金額（200,000　10,000　5,000　2,500　2,000　1,500　500　500）
t：利益と費用が発生する各年度（0～7）
T：利益と費用が発生する最終年度（7）
K：資本コスト率（15％）

解 答

解答1　単純利益指数の計算

t	0	1	2	3	4	5	合　計
O		50,000	55,000	60,000	60,000	45,000	270,000
I	5,000	0	0	0	0		5,000
Q							54.00

結論：利益指数は54.00なので良好である。

解答2　確率割引利益指数の計算

t	0	1	2	3	4	5	合　計
S		100,000	150,000	150,000	250,000	200,000	－
A		3%	3%	3%	3%	3%	－
P		50%	50%	50%	50%	50%	－
I	5,000	0	0	0	0	0	5,000
K	8%	8%	8%	8%	8%	8%	－
分子部	0	1,389	1,929	1,786	2,756	2,042	9,902
R							1.98

結論：確率割引利益指数は1.98なので実施不可とする。

解答3　確率割引利益指数の計算

t	0	1	2	3	4	5	6	7	合　計
S		5,000,000	6,500,000	6,500,000	7,000,000	7,000,000	6,500,000	6,000,000	－
A		2.5%	2.5%	3.0%	3.5%	3.0%	2.5%	2.0%	－
P		65%	65%	65%	65%	65%	65%	65%	－
I	200,000	10,000	5,000	2,500	2,000	1,500	500	500	－
K	15%	15%	15%	15%	15%	15%	15%	15%	－
分子部	0	70,652	79,868	83,340	91,052	67,865	45,665	29,323	467,765
分母部	200,000	8,696	3,781	1,644	1,144	746	216	188	216,415
R									2.16

結論：確率割引利益指数は2.16なので実施可とする。

第21章 環境コストの管理

> **キーワード**
> 環境省の環境会計ガイドライン，環境管理会計，環境経営，CSR経営

> **学習のポイント**
> ◎環境コスト管理では環境会計手法の導入が必要である。
> ◎環境経営では環境負荷とコストの同時削減が目標である。
> ◎環境経営はCSR経営へと移行している。

第1節 環境マネジメントと環境会計

(1) 企業経営と環境マネジメント

　地球環境問題への関心の高まりから環境規制が強化され，企業による環境コスト負担が増加している。このような状況にあって規制を遵守する段階にとどまらず規制を超えた自主基準を制定し，環境報告書などを通じてその達成状況を積極的に公表する企業も増加している。実際，ISO14001環境マネジメントシステムの認証取得を受けた企業数は日本が最も多く，長期的な視点に立って環境対策と経済活動の両立に取り組む環境経営という考え方が定着している。
　環境マネジメントでは企業活動に伴う環境パフォーマンスを定期的に算定して向上させることが目的である。製品のライフサイクルにわたる環境負荷を算定して評価する手法としてはライフサイクル・アセスメント（LCA）も導入されている。既存製品の評価に加えて，新製品開発における環境適合設計（Design for environment）に際してその情報を活用する。また，環境配慮型製品は消費者へ積極的にアピールすることが必要であり，環境ラベルやエコラベ

ルも導入されている。さらに，環境マネジメントの効率向上を目的とした環境監査も実施されている。

このような手法を導入して企業活動を環境配慮型へと転換すれば環境パフォーマンスは当然のことながら向上するであろう。しかし，企業が直接目標とするのは財務パフォーマンスの向上であり，環境パフォーマンスの向上ではない。いくら環境パフォーマンスが向上しても財務パフォーマンスが損なわれれば企業は環境マネジメントの実施に躊躇するであろう。実際，経営再建中の企業では環境報告書などを積極的に公表するケースは少なく，ある程度の財務パフォーマンスが達成できていることが環境経営を実施するための条件といえる。そこで，2つのパフォーマンスをどのように関連付けていくかが企業の環境対策をすすめる上での解決すべき課題となっている。

（2）企業経営と環境会計

環境会計は企業の環境関連活動を測定して可能な限り貨幣表示を試みる会計の一領域である。企業の経済活動は基本的に会計によって測定されるため，企業の環境関連活動も会計により測定できれば，通常の企業活動と環境関連活動を統合して把握することが可能になる。

貨幣表示の前提には物量計算があり，環境会計では管理会計以上に物量計算を重視する。企業が直面する環境問題は複雑であり，種類の異なる環境負荷を比較してどの程度まで削減するのかについて明確な基準を得ることは困難であるが，このような事態を解決するために「環境政策優先度指数日本版」（JEPIX）が開発されている［宮崎，2008］。

JEPIXでは，日本において合意が得られた環境政策目標と現状との乖離から重点的に削減すべき環境負荷を明らかにする。物質ごとに係数を掛け，その結果として計算される環境負荷をエコポイントという単一的な尺度で評価する。エコポイントは企業全体や製品を対象に毎年算定されるが，売上高や付加価値などの経済指標と関連付けて環境効率性指標としても活用される。このように環境負荷を定期的に算定することが環境会計を導入するための前提であ

る。

　さて，通常の企業活動と環境対策はトレードオフの関係にあることが多い。すなわち，環境対策のためにコスト増を伴うが，その結果として環境負荷が削減されるというものである。このような場合，経営者は長期的な視点に立ち環境対策のためのコストをどの程度まで支出するかの判断が必要となる。しかし，一時的にはコスト増を伴ってもそれ以上にコストが削減されるか，収益が増加するケースもある。すなわち，財務パフォーマンスと環境パフォーマンスが両立可能な場合である。このような場合には環境対策を積極的に推進することが期待できる。たとえば，原材料の改善や廃棄物の削減により環境負荷とコストの同時削減に成功したり，環境配慮型製品により収益が向上することがある。いずれにしても，環境配慮が財務パフォーマンスに及ぼす影響を明らかにすることが必要であり，環境会計は環境配慮の影響を企業経営上の意思決定に統合する役割が期待され，すでに多くの企業において導入されている。

（3）環境会計の種類

　環境会計には対象とする環境コストの種類に応じていくつかのものが考案されているが，日本で最も定着している環境会計としては環境省『環境会計ガイドライン』（2000）が示した環境保全コスト会計である。環境保全コスト会計では主に外部報告を目的とし，年間の環境保全コストを事業活動や環境保全対策分野に応じて集計した上でコストに対応する効果を算定する。効果には環境保全上の効果と環境保全上の効果より派生する経済効果がある。環境報告書などに記載される環境会計のほとんどが『環境会計ガイドライン』に準拠したものである。

　環境保全コスト会計が外部報告を目的としているのに対して，内部管理目的の環境会計を環境管理会計（Environmental management accounting）という。環境管理会計は環境コスト管理のための一連の手法の体系であり，企業は必要に応じて特定の手法を活用する。経済産業省からは『環境管理会計手法ワークブック』（2002）が公表され，企業への普及が試みられてきた。同ワークブッ

クでは次の手法を示している。
① 環境配慮型設備投資のマネジメント
② 環境配慮型原価管理システム
③ マテリアルフローコスト会計
④ ライフサイクル・コスティング
⑤ 環境配慮型業績評価システム

　このような手法は③のように環境会計独自の手法とそれ以外のように通常の管理会計手法に環境コストを追加的に考慮したものとに大別できる。
　通常の企業会計は内部管理を目的とする管理会計と外部報告を目的とする財務会計とに区分され，管理会計の成果は財務会計として報告される。しかし，このような区分を現時点の環境保全コスト会計と環境管理会計にあてはめることは困難であり，環境管理会計と連携した外部報告目的の環境会計を確立する必要性が指摘されている［國部, 2005］。すなわち，現時点の環境保全コスト会計は環境保全コストのみを対象としているのに対して，環境管理会計では原材料コストを対象とするなど環境コストを広範囲に捉えているために同じ環境会計でも対象とする環境コストの種類が異なるためである。

第2節　環境コストの意義と種類

　環境会計は対象とする環境コストの種類に応じていくつかのものが考案されているが，環境コストは基本的に私的コスト（内部コスト）と社会的コスト（外部コスト）に大別される。前者は企業が発生原因を作り出し企業の責任で負担を行うものである。後者は企業が発生原因を作り出しても因果関係が明らかでないことなどを理由に結果として企業以外の経済主体が負担するものである。通常の企業会計では前者を対象とするが，最近の環境会計では後者も対象とすることを試みている。
　日本では1960年代に公害問題が顕在化して特定企業を原因とする大量の社会的コストが発生した。当初，企業は社会的コストの存在を否定して負担を拒

否していたが，長期にわたる訴訟を通じて因果関係が徐々に明らかにされ，最終的に賠償金や和解金として社会的コストの一部を負担している。このような状況を踏まえて1970年代以降には環境規制が強化され企業は公害防止のための投資を積極的に実施したことにより，日本は公害防止の先進国として世界的にも注目されるに至った。

しかし，環境問題では一般に影響が長期にわたり広範囲であるため被害者と加害者を特定することすら困難である。特に規制対象外の環境負荷については企業の自主性に委ねるしかないのが現状であるが，環境経営の考え方が普及して以来，環境規制以上の対応を積極的に行う企業行動が定着しつつある。ステークホルダーも環境の視点から企業を評価するため，環境格付けも実施されている。たとえば，日本経済新聞社では1997年から企業の環境対策を総合的に評価する環境経営度調査を毎年実施してその結果を公表している。

私的コストと社会的コストは一定時点からみた区分であり，環境規制の強化や企業の自主対応によりかつては社会的コストであったものが私的コストへと変化して，企業のコスト負担が増加している。このため，企業において社会的コストを算定する必要性がこれまで以上に高まっている。社会的コストの算定では，環境負荷が社会に与える影響を明らかにして貨幣評価することが必要である。評価方法としては影響を回避するために必要な金額と影響を修復するために必要な金額という2つの考え方に大別できる。前者は企業の事前対策コストに相当し，後者は事後対策コストに相当するが，一般に後者は前者より高額であるため，自主的な環境対策に取り組むことが企業にとっても得策であるという認識が持たれている。

2003年にイギリスで公表されたSIGMAプロジェクトの環境会計では税引前利益から社会的コストを控除する環境持続可能性修正後利益（Environmentally sustainable/Adjusted profit）という考え方を示している[SIGMA, 2003]。企業活動に伴い環境の許容量を超えて発生させた環境負荷を持続可能性ギャップと認識して，ギャップに回避コストとしての単価を掛けることにより社会的コストを算定する。

さらに，社会的コストとしての環境コストを削減するためには私的コストとしての環境コストを広範囲に捉えることも必要である。アメリカ環境保護局（USEPA）が1995年に示した環境会計では通常コスト（Usual costs）から環境関連コストが派生して発生するという考え方を示していた［USEPA, 1995］。換言すれば，企業活動を環境配慮型に転換すれば環境コストの発生も抑制できるということである。企業の環境対策の方法には発生した環境負荷に事後的に対処するエンドオブパイプ型の環境配慮と環境負荷の発生自体を事前に抑制するインプロセス型の環境配慮がある。前者の方法は対症療法的であるため，原因療法的な後者の方法へと移行することが環境経営の基本的な考え方である。

第3節　環境コストの管理手法

　最近の管理会計手法では環境コストを考慮することが定着している。たとえば，活動基準原価計算では製品の製造段階や処分段階で発生する環境コストを明らかにした上で製品に関する意思決定を行うべきことが主張されている。また，設備投資の経済性計算においても環境コストを考慮すれば環境配慮型設備投資の優位性を示すことが可能であるとしている。しかしながら，環境コストの計算では環境負荷を考慮して実施すべきであり，管理会計手法のみでは一定の限界があることも事実である。

　環境負荷を考慮した環境コストの算定および削減を通常の企業活動に統合する環境会計手法としてはマテリアルフローコスト会計（MFCA）がある［中嶌・國部, 2008］。MFCAはドイツで考案された手法であるが，日本に導入されて急速に普及した。その結果，日本の導入経験に基づきISO規格化が提案され承認されるに至っている。

　MFCAでは，主として工場内におけるマテリアル（主に原材料）のフローとストックを工程内に設定した物量センターごとに把握して物量に単価を乗じてコストを計算する。原材料コストのほかにも，システム・コスト（減価償却費や人件費などの加工費）や廃棄物の配送および処理コストを算定する。投入した

原材料は製品となるものと製品とならず廃棄物となるものがある。廃棄物となった原材料コストおよびシステム・コストは資源を結果として浪費したことになり，配送および処理コストが余分にかかることになる。したがって，このような情報を定期的に明らかにすれば，資源生産性の向上により廃棄物を削減するインセンティブが与えられ，環境負荷とコストを同時に削減することが試みられる。伝統的な原価計算ではある程度までの仕損や減損はやむを得ないものと考えられていたが，MFCAでは製品コストと同様に廃棄物コストを算定してその存在を明らかにする点に特徴がある。

　MFCAは個別企業の製造活動を対象に開発された手法であるが，その後，企業間の製造活動を中心としたサプライチェーンへと拡張されている。サプライヤーなどに資源生産性の向上を要請して製品ライフサイクルにわたる環境負荷とコストが同時に削減されることが期待されている。

　このように投入した企業資源のうち有効に活用されたものとそうでないものに分け，それぞれの金額を算定し，後者に注目して削減を試みるという考え方は製造以外にも適用されるであろう。たとえば，サプライチェーンでは物流活動が重視され，製造とともに環境負荷発生の原因となっている。物流活動においては返品輸送などに投入された物流コストを明らかにして，これらを削減する物流システムの構築が必要である［日本能率協会，2006，pp.90-96］。さらに，輸送における燃料消費においても環境負荷を考慮した燃料コスト管理を実施することなどが考えられる。

第4節　環境コスト管理の課題

　日本に環境会計が本格的に導入されたのは2000年以降であるが，この間，環境会計は急速に普及している。当初，環境省『環境会計ガイドライン』を中心とした外部報告目的の環境保全コスト会計が中心であったが，その後，環境コスト管理を目的とした環境管理会計の必要性が認識されている。しかし，2つの環境会計は対象とする環境コストの範囲が異なるため，環境管理会計の成

果を環境保全コスト会計として公表してもその一部が示されるにすぎない。そこで，環境保全コスト会計をさらに拡張した外部報告目的の環境会計を確立することが必要である。実際，環境報告書などにおいて環境省ガイドラインによる環境会計と併記する形でマテリアルフローコスト会計の導入成果を公表する企業もある。

　企業の環境対策では環境負荷とコストの同時削減の機会を発見してコスト管理を通じての環境負荷削減が有効である。既存の管理会計手法では環境負荷に基づいた環境コストの算定が困難であるため，環境負荷の算定手法や環境会計を積極的に導入することが必要である。

　また，最近では環境経営を拡張してCSR経営へ移行することが主流になっている。環境問題が解決したわけではないが，多くの企業がISO14001を取得して，環境会計も定着したことから解決に向けた体制が整いつつあるといえる。他方，規制緩和による雇用問題や製品の安全性など新たな問題が発生して企業の社会的責任（Corporate social responsibility）が問われている。実際，環境報告書という名称のものを発行する企業は少なくなり，従来の環境報告書をCSRレポートや社会環境報告書へと変更する企業が増加している。環境問題の取組みに加えて社会性についての取組みが公表されている。

　しかしながら，社会性については多様な項目を含み，環境パフォーマンスに相当するものが発展段階にある。初期の段階では報告書において実施項目についての簡単な説明を行うにすぎなかったが，後に報告書の公表に加えてCSRの目的を決定する際にはステークホルダーを積極的に関与させるステークホルダー・エンゲージメントやCSRの実施状況に関して有識者などと意見交換を行うステークホルダー・ダイアログが実施されている。

　このようにCSRでは管理対象の明確化から着手されているが，環境保全コスト会計の考え方をCSRにも拡張したCSR会計を導入して公表することも一部で試みられている。しかし，環境管理会計を発展させたCSR管理会計は現時点では存在しない。環境会計においては環境負荷を統合化する必要性は認識されているが，ステークホルダーの要求を統合化することは極めて困難であろ

う。管理会計の視点からも CSR の重要性は認識されているが，成果を算定する段階には至っていない。したがって，主要なステークホルダーごとにコストに対応した成果を明らかにしてパフォーマンス指標を確立することが当面の課題として必要である。

> 参考文献

國部克彦編（2004）『環境管理会計入門』産業環境管理協会。
國部克彦（2005）「環境会計体系再考」『会計』Vol.168, No.6，森山書店, pp.13-23.
國部克彦・伊坪徳宏・水口剛（2007）『環境経営・会計』有斐閣。
丹下博文編（2007）『地球環境辞典　第2版』中央経済社。
中嶌道靖・國部克彦（2008）『マテリアルフローコスト会計　第2版』日本経済新聞社。
日本能率協会コンサルティング（2006）『大企業向け MFCA 導入共同研究モデル事業調査報告書』日本能率協会コンサルティング。
　（http://www.jmac.co.jp/mfca/document/pdf/MFCA17.pdf）
真船洋之助・石崎忠司編（2004）『環境マネジメントハンドブック』日本工業新聞社。
宮崎修行（2001）『統合的環境会計論』創成社。
宮崎修行編（2008）『共生型マネジメントのために　環境影響評価係数 JEPIX の開発』風行社。
USEPA. 1995. *An Introduction to Environmental Accounting As A Business Management Tool : Key Concepts and Terms*, USEPA.
　（http://www.epa.gov/oppt/library/pubs/archive/acct-archive/pubs/busmgt.pdf）
SIGMA. 2003. *The SIGMA Guidelines-Toolkit SIGMA Environmental Accounting Guide*, SIGMA.
　（http://www.projectsigma.co.uk/Toolkit/SIGMAEnvironmentalAccounting.pdf）

■練習問題

問題 1
　マテリアルフローコスト会計と仕損・減損を度外視する伝統的な原価計算を比較しなさい。

問題2

環境報告書などに記載されたJEPIXの活用方法について説明しなさい。

問題3

環境報告書などに記載された環境会計のうち環境省『環境会計ガイドライン』による環境保全コストと相違する企業を挙げ，その相違点を説明しなさい。

解 答

解答1

前者は物量ベースに基づき通常の製品コストに加え環境負荷の原因である廃棄物コストを算定する。後者は廃棄物コストを製品コストに含めて算定し回収すべき投入資源額を明らかにする。資源生産性の向上により環境負荷を削減し，その結果としてコスト削減を可能とするのが前者の利点である。

解答2

たとえば，株式会社山武の『2008年3月期・企業活動報告書』では売上高とJEPIXによって算定した環境負荷を対比した環境効率目標を示して前年度比4％改善という目標に対して7％改善を達成したことが示されている。

解答3

たとえば，トヨタでは環境コストを維持コストと環境投資に分類し，富士重工では環境負荷低減コスト，投資コストおよびその他のコストに分類している。それぞれ独自の考え方に基づくものであるが，環境省の環境会計ガイドラインとの対応関係についても明記している。

索　引

<A-Z>

ABB …………………………149
ABC …………………………153
　　──分析 ………………201
ABM …………………………157
ASOBAT ……………………5, 8
CASB …………………………9
CPFR ………………………110
CSR …………………………10
DP …………………………122
DTC …………………………147
DU …………………………122
EDINET ……………………16
EOQ …………………………204
NACA …………………………3
OR …………………………130
PDCA ………………………110
PM …………………………165
SCM …………………………110
TQC …………………………148
VE …………………………147
　　──ハンドブック ……145
ZBABC ………………………126
ZBB委員会 …………………124

<ア>

浅田孝幸 ……………………11
旭化成 ………………………177
足尾鉱毒事件 ………………169
アメリカ会計学会 …………5, 8
安全余裕率 …………………42
アンソニー …………………8
安定証券の利子率 …………167
意思決定単位 ………………122
意思決定のパック …………122
石原産業 ……………………177
石牟礼道子 …………………169
イタイイタイ病 ……………169
1年基準 ……………………85
移転価格税制 ………………73
医療機関 ……………………115
医療経営 ……………………111
入鹿山教授 …………………170
因果連鎖 ……………………110
インターネット ……………16
インフレ率 …………………167
インベストメント・センター …96
上野一郎 ……………………145
上埜進 ………………………11
ウェルシュ …………………5
ウドンの自動販売機 ………135
ウラン鉱石 …………………170
売上高営業利益率 …………23
運転資金の流れ ……………83
営業費 ………………………10
営業利益 …………………19, 102
江頭幸代 ……………………163
エンティティ ………………94
大島正克 ……………………170
大野耐一 ……………………144
岡本清 ………………………11
オペレーション・コントロール …8
オペレーションズ・リサーチ …130

＜カ＞

回帰分析法 …………………………184
会計監査人 …………………………17
階差機関 ……………………………2
会社計算規則 ………………………17
会社法 …………………………15, 16
回収期間法 …………………………193
カイゼン予算 ………………………149
科学技術研究調査報告 ……………228
科学的管理法 …………………3, 121
核分裂反応 …………………………170
確率分布 ………………………134, 135
カザレー法 …………………………169
カシオ ………………………………145
上総康行 ……………………………11
カーター ……………………………119
活動基準管理 ………………………157
活動基準原価計算 …………………153
活動基準予算 ………………………149
カローラの開発 ……………………145
環境会計 ……………………………169
環境管理会計 ………………………243
環境経営 ……………………………241
環境政策優先度指数日本版（JEPIX）…242
環境保全経費 ………………………10
環境保全材料費 ……………………10
環境保全労務費 ……………………10
環境マネジメント …………………241
関西電力 ……………………………28
監査特例法 …………………………17
監査役会 ……………………………17
勘定合って銭足らず ………………82
ガント ………………………………4
管理会計委員会 ……………………5
管理会計人協会 ……………………3

管理可能費 …………………………98
管理不能費 …………………………98
企業会計原則 ………………………16
企業会計審議会 ……………………9
企業会計の基準 ……………………16
企業統合の進捗評価 ………………110
企業の社会的責任 …………………248
企業予算 ……………………………6
起死回生の手段 ……………………148
基準パッケージ ……………………123
基礎的会計理論報告書 ……………5
キャタピラー社 ……………………149
キャッシュ・フロー ………………191
　　──計算書 ……………………84
キヤノン ……………………………145
キャプラン …………………………109
強圧的の予算 ………………………121
業績の順位 …………………………158
業績評価表 …………………………158
金融商品取引法 ……………………15
金融庁 ………………………………15
グーグル・アース …………………177
繰延資産 ……………………………231
繰延処理 ……………………………231
黒字倒産 ………………………81, 82
経営資源 ……………………………107
経営成績 ……………………………19
経営分析 ……………………………14
経営方針 ……………………………81
計算書類 ……………………………16
経常利益 ……………………………19
京成電鉄 ……………………………28
継続企業 ……………………………228
継続パッケージ ……………………122
決定係数 ……………………………187
ケネディ ……………………………166

索引 253

限界利益 ………………39, 98, 99, 101	広告費の予算総額 …………………211
―――率 ……………………………101	公式法 …………………………………235
原価改善 ………………………………147	工場の生産設備 ………………………24
原価管理部門担当者 …………………147	公正妥当 ………………………………16
原価企画 ………………………………145	工程研究 ………………………………234
原価技術者 ……………………………3	工程の改善 ……………………………233
原価計算基準 …………………………9	行動科学 ………………………………121
現価係数表 ……………………………167	公認会計士試験 ………………………9
原価センター …………………………96	業の病 …………………………………169
原価中心点 ……………………………96	高レベル放射性廃棄物 ………………171
研究開発 ………………………………228	国際振替価格 …………………………72
―――業績評価会計 ………………235	国防総省通達 …………………………166
―――段階 …………………………230	コスト・センター ……………………96
―――の体系 ………………………229	固定資金の流れ ………………………83
研究開発費 ……………………………10	固定資産回転率 ………………………24
―――の意思決定会計 ……………232	固定長期適合率 ………………………27
―――の業績評価会計 ……………232	固定費 ……………………………36, 99
―――の全額費用計上 ……………231	コマツ …………………………………149
―――の目標額 ……………………234	コミュニケーション ………………121
―――の予算・実績 ………………234	―――効果 …………………………213
―――用便益分析 …………………235	コーラー会計学辞典 …………………7
研究開発プロジェクト ………………235	ゴーン …………………………………28
研究開発予算管理の計画機能 ………232	コンプライアンス ……………………177
研究開発予算管理の統制機能 ………234	
研究プロジェクト ……………………10	<サ>
現金経済 ………………………………85	財政状態 ………………………………18
現行パッケージ ………………………122	採否の審査結果 ………………………124
現在価値 ………………………………116	財務会計基準審議会 …………………229
原子力発電 ……………………………170	財務省 …………………………………15
ゴーイング・コンサーン ……………228	財務諸表規則 …………………………15
高圧的労働環境 ………………………121	財務諸表分析 …………………………14
航空券自動発行機 ……………………140	財務方針 ………………………………107
貢献利益 ………………40, 98, 99, 102	再利用可能なウラン …………………171
広告のアカウンタビリティ …………212	作業時間基準 …………………………156
広告費の原価 …………………………210	酢酸 ……………………………………170
広告費の効率管理 ……………………213	佐藤正雄 ………………………………2

サードパーティ・ロジスティクス	218	将来コスト	167
サプライチェーン	220	昭和電工	177
参加	121	食物連鎖	170
────的予算	121	新規パッケージ	122
産業革命	1	人絹工場	170
市価基準	67	信用経済	85
事業所別環境保全コスト	10	水銀	170
事業部制組織	65	推薦パッケージ	122
資金運用表	88, 89	スカンディア社	111
────ワークシート	86, 87	ステークホルダーの満足	111
資金管理	82	ストリート・ビュー	177
資金繰り	26	スミス	169
資金繰表	84	政策費用	210
資金計画	81	生産計画	81
資金循環	81	製造間接費	155
資金増減表	85, 86	制度会計の損益計算書	97
自己実現	121	製品改良研究	234
自己資本	18	製品企画	147
試作品	147	製品組合せ	42
システム・エンジニア	154	製品思想	233
自動制御技術	154	積水化学工業	177
資本コスト	167	責任会計	94
清水孝	11, 109	石灰石のマテリアルフロー	169
シミュレーション	133	設計図枚数	157
シミュレーター	134	ゼロ思考の経営	119
シャープ	145	ゼロスペース	118
ジャンバルボ	12	全社的利益計画	147
収益性分析	19	全社デシジョン・パッケージ採否表	125
上意下達方式	121	センターフィー	223
償却資産の耐用年数表	18	全部原価	50
証券取引法	84	────計算	50
使用済の水銀	170	────プラス基準	70
情報の共有	121	全米会計人協会	3
情報フィードバック	121	全米科学財団	229
正味運転資金の増加	87	戦略的原価管理	145
正味現在価値法	194	戦略的志向型組織	110

索　引　255

戦略分析 …………………………108
戦略マネジメント・システム …109, 111
相関係数 …………………………188
操業度 ……………………………36
総合的経営計画システム ………106
総合的品質管理 …………………148
総資本 ……………………………18
　　───営業利益率 ……………23
　　───回転率 ………………23
　　───経常利益率 …………23
増分パッケージ ……………123, 124
ソニー ……………………………28
染谷恭次郎 ………………………165
損益計算書 ………………………19
損益分岐点 ………………………40
　　───比率 ………………41

＜タ＞

第3の利益概念 …………………97
胎児性水俣病 ……………………170
貸借対照表 ………………………18
退職給与引当金 …………………18
代替パッケージ …………………122
多機能工 …………………………154
竹森一正 …………………………235
タチト ……………………………1
田中隆雄 …………………………146
多品種少量生産 …………………154
多頻度輸送 ………………………221
短期利益計画 ………………33, 34
単独の財務諸表 …………………18
地球環境保全コスト ……………10
チッソ企業集団 …………………177
中小企業の経営指標 ……………19
中枢神経障害 ……………………169
中部電力 …………………………177

注文獲得費 ………………………209
長期研究開発計画 ………………233
長期利益計画 ………………81, 233
調整機能 …………………………115
直接原価計算 ……………………50
追加のサービス水準 ……………124
テキサス・インスツルメント社 …118
デシジョン・パッケージ ………122
デシジョン・ユニット …………122
テーラー …………………………3
テロテクノロジー調査団 ………165
電気エネルギー …………………170
電子開示 …………………………16
電子広告規則 ……………………17
東海幹夫 …………………………165
投下資本の利子 …………………167
動機付け ……………………95, 121
東京電力 …………………………28
当座資金 …………………………18
当座資産 ……………………26, 27
当座比率 …………………………26
倒産 ………………………………81
　　───の兆候 ……………26
投資 ………………………………24
　　───センター …………96
東芝 …………………………28, 145
投資リスク ………………………84
東武鉄道 …………………………28
トップ・マネジメント ………7, 97
トヨタ学 ……………………144, 151
トヨタ自動車 ………………28, 144
トヨタ生産システム ……………144
トヨタの予算システム …………150
ドライバー ………………………126
取締役会 …………………………17

＜ナ＞

内閣総理大臣 …………………………15
内閣府令 ………………………………15
内部振替価格 …………………………66
内部報告 …………………………………7
内部利益率法 ……………………………193
新潟水俣病 ……………………………169
西澤脩 ………………………8, 11, 119, 235
日産自動車 ……………………………28, 145
荷主の物流コスト ……………………222
日本管理会計学会 ……………………113
日本窒素 ………………………………169
　　　──の付属病院 ………………169
日本的経営 ……………………………143
日本能率協会 …………………………143
日本の公害の原点 ……………………169
日本プラントエンジニアリング協会 …165
人間の欲求段階 ………………………121
ネッペル …………………………………4
燃料棒 …………………………………170
ノートン ………………………………109

＜ハ＞

廃止パッケージ ………………………122
バックエンド …………………………171
発生頻度 ………………………………135
パナソニック …………………………28, 145
バベッジ ………………………………2, 9
バランスト・スコアカード ………………109
ハリス ……………………………………4
販売計画 …………………………………81
ピアー ………………………………119
比較貸借対照表 …………………………85
ビジネス・チャンス …………………107
日立製作所 ……………………………28, 145
評価尺度 ………………………………101
費用別精査法 …………………………182
ピリオド・プランニング ………………8
ファブリッキー ………………………163
フォード自動車 …………………………3
負債純資産合計 …………………………18
物流ABC ………………………………224
物流子会社 ……………………………218
部分原価 …………………………………50
部門管理者 ………………………………95
部門別業績評価 ………………………101
部門別損益計算書 ……………………97, 101
ブランチャード ………………………163
ブランド資産 …………………………214
不良在庫 …………………………………27
古川機械金属工業 ……………………177
プルトニウム …………………………171
プログラマー …………………………154
プロジェクト・プランニング …………8
プロジェクト別環境保全コスト ………10
プロトタイプ …………………………147
プロフィット・センター ………………96
分権化組織 ………………………………95
分権的管理 ………………………………94
ペイオフ（利得）表 …………131, 132
ベイヤー …………………………………8
ヘス ………………………………………4
変動製造マージン ………………………98
変動費 …………………………………36, 99
　　　──基準 …………………………70
法務省 …………………………………16
補償総額 ………………………………170
ホーングレン …………………………6, 107
本田技研 ………………………………28

＜マ＞

埋設処分 …………………………………171
マイナスの便益 …………………………169
マキシマックス …………………………139
　　──原理 ……………………………133
マキシミン ………………………………139
　　──原理 ……………………………131
マクドナルド・ジャパン ………………28
マクナマラ ………………………………166
マックファランド …………………………8
マッケンジー ………………………………4
松下電器 …………………………………145
マツダ ……………………………………177
マテリアルフローコスト会計……168, 246
マトリックス組織 ………………………150
マネジメント・コントロール ……………8
　　──・システム …………………110
マネジメント・サービス ………………113
三井金属鉱業 ……………………………177
三菱石油 …………………………………177
見積利益 …………………………………151
水俣病 ……………………………………169
宮本寛爾 ……………………………………11
無害化処理 ………………………………170
無形固定資産 ………………………………24
ムダの短縮 ………………………………144
村田機械 …………………………………145
目標売上高 ………………………………151
目標原価 …………………………………149
目標利益 ……………………………149, 151
モスフードサービス ………………………28
モチベーション ……………………………95
モナコ公国 ………………………………134
モンテカルロ・シミュレーション
　……………………………………134, 140

＜ヤ＞

　　──計算表 …………………………137
山口直也 …………………………………113
有価証券報告書 ……………………………15
有機水銀 …………………………………170
　　──中毒 …………………………169
ユニクロ …………………………………153
予算 ………………………………………107
　　──意識 …………………………119
　　──管理 …………………………106
　　──キャッシュ・フロー計算書…107
　　──サイクル ……………………107
　　──損益計算書 …………………107
　　──貸借対照表 …………………107
吉川武男 …………………………………110
吉田博文 …………………………………113
四日市公害 ………………………………169
予防保全 …………………………………165

＜ラ＞

ライフサイクル …………………………153
　　──曲線 …………………………164
　　──・コスティング ……………162
　　──・コスト ……………148, 162
　　──循環 …………………………163
　　──段階 …………………………164
　　──の短縮化 ……………………154
利益計画 ……………………………………81
利益責任 ……………………………………95
利益センター ………………………………96
利益中心点 …………………………………96
利益の平準化操作 ………………………232
利益目標 ……………………………………81
リスク ……………………………………107
　　──評価 …………………………110

――・プレミアム……………167
流通業界の大型店舗 ……24
流動性分析 ………………25
流動比率 …………………26
ルーグ……………………166
レバレッジ効果…………179
連結財務諸表……………18

ロジスティクス…………………219
六ケ所村……………………171

<ワ>

早稲田商学……………………165
割引キャッシュ・フロー ………116, 166
ワンイヤールール ……………85

《著者紹介》（五十音順）

竹森一正（たけもり・かずまさ）
　1974年　早稲田大学大学院商学研究科博士課程単位取得退学。
　現　在　中部大学経営情報学部教授、修士（商学）早稲田大学。
　主要業績　"Japanese KOGAI in an Environmental Management Accounting Examination：A Case" アジア太平洋環境管理会計カンフェランス（タイ・バンコク），2005年11月。
　　　　『ライフサイクル・コストマネジメントの理論と応用』創成社，2005年。

長岡　正（ながおか・ただし）
　1995年　早稲田大学大学院商学研究科博士後期課程単位取得退学。
　現　在　札幌学院大学経営学部教授。
　主要業績　『環境会計と情報開示』（共著），税務経理協会，2000年。
　　　　『環境経営論の構築』（共著），成文堂，2002年。

皆川芳輝（みながわ・よしてる）
　1982年　名古屋大学大学院経済学研究科博士後期課程単位取得退学。
　現　在　名古屋学院大学商学部教授，博士（経済学）名古屋大学。
　主要業績　『多国籍企業の租税戦略』名古屋大学出版会，1993年。
　　　　『原価計算論』創成社，2002年。

林　慶雲（りん・けいうん）
　1987年　Business School, Dalhousie University, Canada 修了，MBA取得。
　1992年　名古屋大学大学院経済学研究科博士後期課程単位取得退学。
　現　在　名古屋外国語大学現代国際学部国際ビジネス学科教授。
　主要業績　『国際会計論』（共著）創成社，2005年。
　　　　『財務会計論─国際的視点から』（共著）税務経理協会，2007年。

（検印省略）

2009年5月20日　初版発行　　　　　　　　　略称―テキスト管理

テキスト管理会計

著　者　竹森一正・長岡　正
　　　　皆川芳輝・林　慶雲
発行者　塚田尚寛

発行所　東京都豊島区池袋3-14-4　株式会社　創　成　社
　　　　電　話　03（3971）6552　　FAX　03（3971）6919
　　　　出版部　03（5275）9990　　FAX　03（5275）9993
　　　　http://www.books-sosei.com　振替　00150-9-191261

定価はカバーに表示してあります。

©2009 Kazumasa Takemori, Tadashi Nagaoka,　　組版：でーた工房　印刷：エーヴィス・システムズ
Yoshiteru Minagawa, Keiun Lin　　　　　　　　製本：宮製本所
ISBN978-4-7944-1380-2 C3034　　　　　　　　　落丁・乱丁本はお取り替えいたします。
Printed in Japan

──────── 簿記・会計学選書 ────────

テキスト管理会計	竹森一正・長岡　正 皆川芳輝・林　慶雲　著	2,700円
ライフサイクル・コストマネジメントの理論と応用	竹　森　一　正　著	2,800円
会計の基礎ハンドブック	柳　田　　　仁　編著	2,600円
原　価　計　算　論	皆　川　芳　輝　著	2,600円
管　理　会　計　論	中　村　彰　良　著	2,200円
管理会計入門ゼミナール	高　梠　真　一　編著	2,000円
アメリカ管理会計生成史 ―投資利益率に基づく経営管理の展開―	高　梠　真　一　著	3,500円
監査入門ゼミナール	長吉　眞一・異島須賀子　著	2,200円
簿記入門ゼミナール	山　下　寿　文　編著	1,800円
会計入門ゼミナール	山　下　寿　文　編著	2,900円
監査報告書の読み方	蟹　江　　　章　著	1,800円
明　解　簿　記　講　義	塩　原　一　郎　編著	2,400円
明　解　会　計　学　講　義	塩　原　一　郎　編著	1,900円
簿　記　会　計　の　基　礎	小川　洌・小澤康人　編著	2,700円
会　計　学　の　基　礎	小川　洌・小澤康人　編著	3,000円
入　門　商　業　簿　記	片　山　　　覚　監修	2,400円
中　級　商　業　簿　記	片　山　　　覚　監修	2,200円
簿　記　テ　キ　ス　ト	山　下　正　喜　編著	2,700円
新　版　財　務　会　計　論	山　下　正　喜　編著	3,100円
簿　記　原　論	坂　本　眞一郎　著	2,400円
現　代　会　計　学　研　究	坂　本　眞一郎　著	2,600円
入門アカウンティング	鎌　田　信　夫　編著	3,200円
簿記精鋭Ⅰ（6色刷）	野口和男・山本展雅　著	3,400円
簿記精鋭Ⅱ（2色刷）	野口和男・山本展雅　著	2,400円
簿記システム基礎論	倍　　　和　博　著	2,900円

（本体価格）

―――― 創　成　社 ――――